八事山仏教シリーズ 4

『普賢行願讃』のテキスト資料

続編

Bhadracarīpraṇidhāna Text Vol. 2

周 夏【編】

八事山仏教文化研究所

はしがき

『『普賢行願讃』のテキスト資料』に引き続き、『普賢行願讃』の翻訳テキストを中心に漢文、チベット語、満州語、モンゴル語の資料、並びに慈雲尊者が自ら書写したとされる梵字悉曇テキストを整理して掲載することにしました。

これらの資料には私が大学生時代に複写したものも含まれており、原本が中々入手しがたいものも見られます。特に漢訳文献の中で、敦煌写本とされるものは影印版となっており、当時技術では最高レベルの印刷として誇られるものの、明瞭さから見れば現在のものに比べると、些か劣ります。これらのテキストの中で、『大正新脩大蔵経』に収録されるものと異なる箇所もいくつか見られるゆえ、テキストを校訂する際に、大変参考になるかと思われます。なお、漢字では「異体字」と呼ばれるものを素早く解読できるように表にて掲示しました。

本書は八事山仏教文化研究所が発足してから、二年目の業績の一つでありま す。このような交流の場があったからこそ我々はこれまでの研究成果の公開を実現できました。幸せに思うと同時に心より感謝を申し上げたい次第です。

資料を蒐集する際、同朋大学大学院に在籍する留学生の高婧氏に多大な協力を得られましたので、ここで感謝の意を示したいと思います。

なお、本書での資料は前巻のサンスクリット・テキスト集に比べて、取り扱う言語の数が増え、いっそう水準が高くなりました。出版社あるむのみなさんにはお手間をおかけしたかと思います。再度御礼を申し上げます。

2023 年 12 月

周夏　撈月齋にて

もくじ

南伝テキストおよび主な翻訳

『賢行願』(*Bhadracarīpraṇidhāna*,「普賢行願讃」ともいう)は漢文、チベット語はもちろんモンゴル語、満州語などにも翻訳されていることから、かなり多くの地域において普及していたことは推察できる。

般若によって40巻に翻訳された『華厳経』[1]の底本とされる *Gaṇḍavyūha* の最後に付随する北伝の系統に帰せられるサンスクリット・テキストは周[2022]に提示された。本書は続編として、『賢行願』の悉曇文字に書かれた単独経典として日本に伝来した写本、いわば、南伝の系統に属するものを掲載し、翻訳に関して、漢訳、チベット語訳、満州語訳、モンゴル語訳さらに、白石真道[1962]によるローマ字に転写されたテキストをも掲載することにした。

南伝サンスクリット・テキスト

本書で掲載している梵字悉曇で書かれているテキストは 1953 年に出版された『慈雲尊者梵本註疏英華』に収録されたものである。それは慈雲の生誕 150 年を際にして結成された「慈雲尊者百五十年遠忌奉讃会」によって刊行されたものである。編集責任は石濱純太郎が務め、慈雲の数多くの資料より選出して四冊にまとめられた。四冊の構成は次の通りである。

1　梵篋三本　一帖

(1) 普賢行願讃

(2) 般若心経

(3) 阿弥陀経

2　梵学津梁巻第四十　一帖

---

1 通称「四十華厳」、大まかに60巻、80巻『華厳経』の「入法界品」に相当するが、一部の相違も見られる。特に『四十華厳』の最後の偈は「賢行願」の内容にかなり近いものとなっているが、60巻、80巻『華厳経』には見られない。

(1) 天龍八部讃
(2) 法身偈
(3) 十一面讃
(4) 蓮華部讃

3　自受用　一冊（法樹蔵）

(1) 無題偈
(2) 三昧耶
(3) 警発地神
(4) 請白阿利沙
(5) 教誡阿利沙
(6) 勧発阿利沙
(7) 為捨彼三事
(8) 金籌偈
(9) 明鏡
(10) 法輪法螺偈
(11) 洒浄真言
(12) 三昧耶偈
(13) 三昧耶

4　理趣経講義　三巻

『普賢行願讃』は第1冊の「梵篋三本　一帖」の最初に掲げられている。石濱氏の説明によれば、これは慈雲がサンスクリット貝葉写本に模倣してあえて横書きにして漢訳を付けて作成したものである。

後書の文章によると、テキストは慈雲が無量壽院、金剛三昧院、總持寺金剛台に所蔵されるもの並びに摂州小曽根海輪氏に寄贈された四点の写本を参考したものである。四点の中、前者の三点は縦書きとなっているが、基準となっている底本は小曽根氏による横書きのものである。最後に記された年号「天明三癸卯夏」となっていることからこのテキストが慈雲に整理されたのは西暦1783年であることが分かる。

もう一つ言及すべきなのは慈雲のテキストの最後に次の二つの真言が付さ

れており、次のように記述されている。

1　『普賢菩薩行願讃』を読みたいとき、先に次の真言を読むべき
namaḥ stryidhivikānaṃ tathāgatānaṃ oṃ āśuvaravehadi svāhā

2　『行願（讃）』を読み終わった後この真言を読むべき
namaḥ stryidhivikhānaṃ tathāgatānaṃ oṃ samantagāmine indrajalāya svāhā

不空が翻訳した『普賢菩薩行願讃』の最後に次のように真言を付されているが、それは慈雲のテキストに見られる１の真言と一致するように見える。

速疾滿普賢行願陀羅尼曰　曩麼悉底哩也（四合）地尾（二合）迦（引）南（二）怛佗（引）蘖哆南（二）唵（引）（三）阿（引）戌嚩囉尾擬儞娑嚩（二合引）訶（引）（四）

この真言をサンスクリットに還元すると、次のようなものになると推察できる。

namas tridhivikhānaṃ tathāgatānam oṃ āśuvaraveginī svāhā

したがって、慈雲のテキストは不空のものに基づいて、加筆したものであると考えられる。

五種の漢訳

『賢行願』の漢訳は訳出の順序に従って次の五つのものが挙げられる。

- 420年　『文殊師利発願経』仏駄跋陀羅訳
- 8世紀後半　『普賢菩薩行願王経』失訳
- 8世紀後半　『大方廣佛花厳経普賢菩薩行願王品』失訳
- 753年　『普賢菩薩行願讃』不空訳
- 795年　「普賢廣大願王清浄偈」般若訳

文殊師利発願経　現在知られている最も古い翻訳である『文殊師利発願経』は44偈からなる。それに相当するサンスクリット・テキストは未だ発見されていない。訳者の仏駄跋陀羅は60巻『華厳経』の訳師でもあったが、『文殊師利発願経』は60巻『華厳経』に見られない。仏駄跋陀羅訳の底本となったサンスクリット本は法領が于闐国から将来したものであり、元熙２年（西暦420年）に道場寺において訳出された。詳細な情報は僧祐『出三蔵記集』（大正蔵2145）に記録されている。

『文殊師利発願経』の内容は現在のサンスクリット本と比べてみたところ、対応する箇所に関しては、偈文の順番が多少の相違点があるのみで、内容に関してはそれほど異なっていない。さらに、意味伝達の角度から見れば、仏駄跋陀羅の訳文は後の漢訳に比べて、より優れているように思われる。また、五本漢訳の中で、『文殊師利発願経』のみが五言訳であり、その他の漢訳はすべて七言訳となっている。

敦煌訳本　『普賢菩薩行願王経』と『大方廣佛花厳経普賢菩薩行願王品』はともに敦煌で発見されたものである。その中で、『普賢菩薩行願王経』の写本は大英博物館および北京図書館において所蔵されており、中国仏教研究者の陳垣が著した『敦煌劫余録』において、それらは唐の訳であると言われている。ただし、『大正蔵』に見られる翻訳はそれほど多くの写本との校訂が行われていなかったため、本書に掲載されるものに比べて、数箇所の相違部分が見られる。

この二部の経典に共通している特徴は偈文の数は同じく 60 であり、偈順が南伝系統に一致するが、現在流行しているサンスクリット・テキストの第61、62の偈文にあたるものはない。また、訳された漢文の特徴から見ると文章はほぼ直訳であり、語順さえも理解しやすいように調整されず、やや硬く感じられ、不空、般若二人の風格とは明らかに異なっている。さらに、二経は『賢行願』より二偈が欠けているため、不空、般若からの影響はまったくないといってもよいだろう。[2]

---

[2] 井ノ口［1982: 25］は安史の乱（西暦755〜763年）以後、唐朝の勢力が衰えるに伴い、辺境地と中心地域の交流は十分でなくなったといっている。

もう一つ重要な点は敦煌の二つの訳本のタイトルは『普賢菩薩行願王経』の「経」から『大方廣佛花厳経普賢菩薩行願王品』の「品」へと変化したことである。二つの訳本の中、「経」を題名とするものは少なくとも単独した経典であることを示しているのに対して、「品」を名とするものはもはや経の一章（品）として大きい経典に帰せられていたことを明示している。同じ現象が他の漢訳三本からも見られる。『賢行願』は元来、『文殊師利発願経』、『普賢菩薩行願讃』のように独立した経典の題を有するものとして伝承されたが、不空より30年ほど遅れて、般若に訳されたとき、すでに「普賢廣大願王清浄偈」として40巻『華厳経』の一部とされるようになったのである。これに関して、井ノ口［1982: 30］は吐蕃支配期以後、敦煌と中国本土の交通は細々ながらも復活し、諸師の新訳経典が敦煌にもたらされた。そこで、訳師たちは漢地訳経にある般若訳の『賢行願』が「普賢廣大願王清浄偈」として40巻『華厳経』に付されているのを見て、『普賢菩薩行願王経』の文体、題目を変え、『大方廣佛花厳経普賢菩薩行願王品』にしたのではないかといっている。

不空の訳本　不空が訳したものは南伝本とも言われ、その原本は本人が師子国(今日のスリランカ)から中国に海のルートを経由して持ってきたもので、天宝12年（西暦753年）開元寺において訳された。不空の訳文の順番は現在流布しているものにもっとも相似しており、最後に「速疾滿普賢行願陀羅尼」が付されていることは、不空が将来したテキストが単独した経典として密教的色合いを帯びていることを物語っている。

さらに、真言の後に次のような説明も見られる

> 毎日『普賢菩薩行願讃』を唱えた後で、ただちにこの真言を一回唱えると、普賢の行願はことごとく円満され、三摩地人は即座に三昧をえることができ、福徳および智慧の二の荘厳も現前し、堅固たる法獲得し、成就することがすばやく実現できる[3]

このような記述から、当時『賢行願』を読誦することは不空が牛耳る密教

---

[3] 毎日誦普賢菩薩行願讃後。即誦此真言纔誦一遍。普賢行願悉皆圓滿。三摩地人速得三昧。現前福徳智慧二種莊嚴。獲堅固法速疾成就。大正蔵巻10・881c

の一派に属す僧侶および信者にとって毎日の勤行内容の一環となっていたことが分かる。

また、冒頭に不空が詔を奉じて訳したとの旨を伝える一文があり、この経典の翻訳は皇帝の命令によるものであったことが確認できる。[4]密教僧として有名である不空が顕教経典を訳し、弟子たちに持誦させた理由について、岩崎［1997: 365-378］は次のようにまとめている。

1. 『賢行願』は密教の教理から、密教瑜伽行による無上正等正覚を得るための前段階として位置付けることができ、密教に入るために必修科目として弟子たちにつとめさせるためのものとしての機能を有する。
2. 当時の朝廷の全力の支持があり、代宗皇帝が「普賢行願」を実現することは「正法治国」を実現することと一致すると考えたからである。

般若の訳本　*Gaṇḍavyūha* は般若が訳した 40 巻『華厳経』のサンスクリット・テキストとは大いに相似するが、最終章の部分においては内容の欠如や加筆、偈頌の変更などの相違部分も見られる。これらの詳細についてはすでに周［2010］によって指摘された。周によれば、そのようなテキストの調整はおおよそ中国仏教に重んじられているかの普賢菩薩の「十大行願」の提起に深くかかわっているという。

チベット語訳

チベット語の訳本も漢訳と同様、北伝、南伝に分けられるが、内容に関する相違は漢訳の間に見られるほど顕著ではない。

北伝系統に帰せられるものはチベット語訳『華厳経』の最後に収録されている。『華厳経』のチベット語訳は大まか内容に関して漢訳の全訳とされる 60 巻、80 巻『華厳経』とは大差ない。漢訳にない章節が見られること以外、チ

[4] 開府儀同三司特進試鴻臚卿肅國公食邑三千戸賜紫贈司空諡大鑑正號大廣智大興善寺三藏沙門不空奉詔譯（大正蔵巻 10・880a）

ベット語訳の最後の「茎荘厳[5]章」とそれに対応する漢訳の「入法界品」の最後の部分に齟齬があり、むしろ現在知られている *Gaṇḍavyūha* の内容にきわめて近いと言える。したがって、チベット語訳『華厳経』のサンスクリット底本は漢訳のものとは異なっていることが明確である。

本書に掲載されるテキスト

本書ではローマ字に転写されたテキスト、チベット語訳（デルゲ版・北京版・ナルタン版）、*Multi-lingual Buddhist Texts* に収録される満州語、モンゴル語翻訳、またはサンスクリット、チベット語訳テキスト、敦煌に発見されたチベット語訳による漢訳、『乾隆大蔵経』、『永楽北蔵』、『高麗大蔵経』に収録される漢訳、慈雲尊者による悉曇文字サンスクリット・テキストの順にテキストを掲載している。

ローマ字転写

ローマナイズドテキストは白石真道が慈雲尊者、足利惇氏、渡邊海旭のテキストを参考に校訂したものであるが、写本における異読がことごとく表記されている以上、最後に索引も付されており、情報がきめ細かく記されている。このテキストは 1962 年に刊行された『山梨大学学芸学部研究報告』第 13 号に収録されている。

チベット語訳

チベット語訳テキストはデルゲ版、北京版、ナルタン版の大蔵経に収録されているものである。内容における大差が見られない。

---

5 チベット語では sdong pos brgyan pa となっており、サンスクリットの gaṇḍavyūha の訳語と思われる。

・　デルゲ版

No. 44 *Sangs rgyas phal po chen zhes bya ba shin tu rgyas pa chen po'i do*（『華厳経』「茎荘厳品」に収録）

No. 4377 *'Phags pa bzang po spyod pa'i smon lam gyi rgyal po*（『華厳経』「茎荘厳品」に収録との内容は末尾に付されている）

・　北京版

No. 716 *'Phags pa bzang po spyod pa'i smon lam gyi rgyal po*

No. 761 *Sangs rgyas phal po chen zhes bya ba shin tu rgyas pa chen po'i do*（『華厳経』「茎荘厳品」に収録）

No. 5924 *'Phags pa bzang po spyod pa'i smon lam gyi rgyal po*

・　ナルタン版

No. 3916 *'Phags pa bzang po spyod pa'i smon lam gyi rgyal po*

***Multi-lingual Buddhist Texts* に収録さるもの**

Śatapiṭaka シリーズ（Śatapiṭaka Series; Indo-Asian Literatures）に収録された *Multi-lingual Buddhist Texts* では『賢行願』に関するものが幾部見られる。それらの中で、サンスクリットや、漢訳、チベット訳のもの以外、満州語、モンゴル語訳のものも収録されている。これらの資料は本書に掲載することにした。

・　満州語訳、モンゴル語訳、チベット語訳、漢訳合本

Bhadracarī in Manchu, Mongolian, Tibetan, Chinese (IAIC acc. No. Mong. 06.45)

Multi-lingual Buddhist Texts: in Sanskrit, Chinese, Tibetan, Mongolian and Manchu Vol.1, (Śatapiṭaka Series; Indo-Asian Literatures, Vol.244) reproduced by Lokesh Chandra, New Delhi,1979.

・　満州語訳（２本）

Samantabhadracaryāpraṇidhāna (IAIC acc. No. Manchu 50, 51)

Multi-lingual Buddhist Texts: in Sanskrit, Chinese, Tibetan, Mongolian and Manchu Vol.4, (Śatapiṭaka Series; Indo-Asian Literatures, Vol.249) reproduced by Lokesh Chandra, New Delhi,1980.

・ サンスクリット（ランジャナー）・チベット文字転写・チベット語訳

Smantabhadracaryāpraṇidhānarāja, Sanskrit in Lantsha and Tibetan transliterations followed by Tibetan text (Tib. 47, 490)

Multi-lingual Buddhist Texts: in Sanskrit, Chinese, Tibetan, Mongolian and Manchu Vol.6, (Śatapiṭaka Series; Indo-Asian Literatures, Vol.252) reproduced by Lokesh Chandra, New Delhi,1980.

漢訳

漢訳に関しては『大正新脩大蔵経』に収録されるものを省略したが、ここで『高麗大蔵経』、『永楽北蔵』、『乾隆版大蔵経』、『敦煌宝蔵』（影印版）のものを掲載している。

・ 高麗大藏經（李瑄根編、東國大學校譯經院、1976）

No. 1029　文殊師利發願經

No. 1262　大方廣佛華嚴經卷第四十

No. 1282　普賢菩薩行願讚

・ 永楽北藏（李立編、線装書局、2000）

Vol. 31（遐函十 11~16）　華嚴經普賢菩薩行願品

Vol. 90（唱函十 23~28）　普賢菩薩行願讚

Vol. 129（既函十 1~3）　文殊師利發願經

・ 乾隆版大藏經（文物出版社、1989）

既函十 1~3　文殊師利發願經

遐函十 11~16　華嚴經普賢菩薩行願品

唱函十 23~28　普賢菩薩行願讚

・　敦煌宝藏（黄永武主編、驪江出版社、1986）

斯：斯坦因蒐集部　北：北平藏

普賢菩薩行願王經

Vol. 2　斯275　『普賢菩薩行願王經』

Vol. 4　斯550　『普賢菩薩行願經王』51第２句~60偈欠如

Vol. 11　斯1487　『普賢菩薩行願王經』（経名表記欠）1~26第３句, 57第４句～60偈欠如

Vol. 18　斯2324　『普賢菩薩行願王經』

Vol. 34　斯4127　『（普賢菩薩行願）王經一巻』（「王經一巻」のみ確認できる）32～60偈欠如

Vol. 56　北070　『普賢菩薩行願王經』（経名表記欠）1~5第１句偈欠如

Vol. 56　北071　『普賢菩薩行願王經』（経名表記欠）1~27第３句偈欠如

Vol. 56　北072　『普賢菩薩行願王經』

Vol. 56　北073　『普賢（菩薩行願）王經』

Vol. 56　北074　『普賢菩薩行願王經』31第３句~60偈欠如

Vol. 56　北075　『普賢菩薩行願王經』

Vol. 59　北469　『普賢菩薩行願王經一巻』

Vol. 59　北488　『普賢菩薩行願王經』1~56第２句偈欠如

大方廣佛花嚴經普賢菩薩行願王品

Vol. 5　斯709　『大方廣佛花嚴經普賢菩薩行願王品』

Vol. 59　斯709　『大方廣佛花嚴經普賢菩薩行願王品』

敦煌写本について、内容は大いに欠いている写本もあるが、『大正新脩大蔵經』と異なる部分も数か所見られる。また、写本を解読するにあたって、異体字も多く見られるゆえ、次に頻出するものを提示することとする。

無＝无	讃＝讃	禮＝礼	修＝脩	等＝等
群＝羣	來＝来	隨＝随	真＝眞	礙＝碍＝导

遍＝徧	乘＝乗	最＝㝡	佛＝仏	彌＝弥
繞＝遶	號＝号	蓋＝盖	陀＝陁	場＝塲
處＝𠁅				

悉曇文字テキスト

慈雲が校訂した悉曇文字に書かれたサンスクリット・テキストは 1953 年「慈雲尊者百五十年遠忌奉讃会」に編集された『慈雲尊者梵本註疏英華』に収録されているものである。

漢訳および悉曇文字テキストは縦書きを中心としているゆえ、右開きで掲載することにし、後ろから悉曇文字テキスト、高麗大蔵経、永楽北蔵、乾隆大蔵経、敦煌写本の順となっている。

BHADRACARĪ

ein Sanskrittext des heiligen Jiun. Abdruck im Jahre 1783.

von Shindo SHIRAISHI

BHADRA-CARĪ nām' ārya-SAMANTABHADRA-PRANIDHĀNAM

'Bhadracarī' genanntes Wunschgelübde des heiligen (Bodhisattva) Samantabhadra, versehen mit den pagina- und Zeilenziffern im Holzdruck des heiligen Jiun (Jiun Sonja), der von Prof. Juntarô Ishihama versorgt worden ist für 'The Jiun Sonja 150th Death Anniversary Commemoration Society', Osaka 1953.

QUELLENANGABE

1) Jiun Sonja's Holzdruck von Bhadracarī, Osaka 1953.
Jiun Sonja, selected Works, Introductory Remarks by Prof. Juntaro Ishihama, translated by Prof. Dr. Gadjin M. Nagao, The Jiun Sonja 150 th Death Anniversary Commemoration Society.
2) Prof. Dr: Atsuuji Ashikaga, Fugen Bosatsu Gyôgan San no Bon-pon, Kyôto 1956.
3) Dr. Kaikyoku Watanabe : Die Bhadracarī, Leipzig 1912.
4) Dr. Kaikyoku Watanabe : Kogetsu Zenshû, d.h. Sammelwerk.
5) Bhadracarī, japanische Uebersetzung von Prof. Ryûtai Hasebe, Kôyasan. (Mikkyô Kenkyû No. 89. 1944)
6) Taishô Tripiṭaka Vol. 10. No. 293 (pp. 844~848), No. 296, No. 297.
Die von mir benutzten Zeichen von den Handschriften sind diejenigen, welche in den oben angegebenen Quellen Nr. 2, 3 & 4 gebraucht sind.

p. 1, Z. 1. NAMAH SAMANTABHADRĀYA !

Z. 2. v. 1. yāvata ke-ci daśad-diśi[*1)] loke / sarvă-triy-adhva[*2)]-gatā[*3)] nara-siṃhāḥ,

Z. 3. tān ahu vandami sarvi a/śeṣāṃ[*4)] kāyatu vācă manenă prasannaḥ.

Z. 4. v. 2. kṣetra-rajôpama-kāyă-pra/māṇaiḥ sarva-jināna karomĭ praṇāmaṃ

Z. 5. sarva-jinâbhimukhena ma/nena bhadracarī-praṇidhāna-balena.

Z. 6. v. 3. eka-rajâgri[*1)] rajôpama-buddhāṃ[*2)] / buddha-sutāna niṣaṇṇaku madhye

p. 2. Z. 1. evam aśeṣata dhamatā-dhātuṃ sarvă/'dhimucyami pūrṇa jinebhiḥ.

Z. 2. v. 4. teṣu ca akṣaya-varṇa-samudrāṃ sarva-sva/râṅga[*1)]-samudra-rutebhiḥ

Z. 3. sarva-jināna guṇām bhaṇamānas[*2)] tāṃ Sugatāṃ sta/vamī ahu sarvāṃ.

Z. 4. v. 5. puṣpa-varebhi ca mālya-varebhiḥ vādya-vilepanā-/cchatra[*1)]-varebhiḥ

Z. 5. sarva-viśiṣṭa-viyūha-varebhiḥ pūjană teṣu ji/nāna karomi.

Z. 6. v. 6. vastra-varebhi ca gandha-varebhiś cūrṇa-puṭebhi ca Me/ru-samebhiḥ

p. 3. Z. 1 dīpa-varebhi ca dhūpa-varebhiḥ pūjană teṣu jināna ka/romi.

v.6.[*1)] 1. ratna-varebhi ca hāra-varebhir divya-vicitra-vitāna-varebhiḥ

sarva-dhvajâgra-patāka-varebhiḥ pūjana teṣu jināna karomi

v.6. 2. yā ca anāvaraṇa-pratibhānair buddha-sutair abhinirhṛtă pūjā

tān ahu nirhari eka-kṣaṇena sarva-jineṣu kṣaṇi kṣaṇi nityaṃ.

v.6, 3. saṃvṛti-satyaṃ upāgami pūjā yā paramârthaṃ upāgami satyaṃ

bāhu-adhyātmikă tān adhimucye sarva-jineṣu kṣaṇi kṣaṇi nityaṃ.

Z. 2. v. 7. yā ca[*1)] anuttara pūjă udārā tān adhimucyami sarva-ji/nānāṃ,

bhadracarī-adhimukti-balena vandami, pūjayamī jină sarvāṃ.[*2)]

Z. 3. v. 8. / yac ca kṛtaṃ mayi pāpu bhaveyyā[*1)] rāgatŭ dveṣatu moha-vaśena

Z. 4. kā/yatu vācă manena tathâiva, taṃ pratideśayamī ahu sarvaṃ.

Z. 5. v. 9. yac ca daśa/d-diśi puṇya jagasya śekṣa-aśekṣă[*1)]-pratyekajinānāṃ

buddha-sutāna 'tha sarva-/jinānāṃ, taṃ anumodayamī ahu sarvaṃ.

p. 4, Z. 1. v.10. ye ca daśad-diśi lokă-pradīpā / bodhi vibudhya[*1)] asaṅgatā-prāptāḥ,

Z. 2. tān ahu sarvi ădhyeṣami[*2)] nāthāṃ cakru a/nuttaru vartanatāyai.

Z. 3. v.11. ye pi ca nirvṛti[*1)] darśatu-kāmās, tān abhiyācamĭ / prāṃjali-bhūtaḥ :

Z. 4. "kṣetra-rajôpama-kalpă sthihantu[*2)] sarva-jagasya hitāya / sukhāya ! "

Z. 5. v.12. vandana-pūjana-deśanatāya modanădhyeṣaṇa[*1)]-yācanatā[*2)]/ya

Z. 6. yac ca śubhaṃ mayi saṃcitu kiṃ-ci, bodhayi nāmayamī ahu sarvaṃ./

p. 5, Z. 1.((v.13))[*1)] pūjitā bho/ntu atītakă[*2)] buddhā, ye că dhriyanti[*3)] daśad-diśi loke,

Z. 2. ye pi[*4)] anā/gatā, te laghu bhontu pūrṇa-manorathă bodhi-vibuddhā !

Z. 3.((v.14)) yāvata ke-ci / daśad-diśi kṣetrās, te pariśuddhă bhavantu udārāḥ !

Z. 4. bodhĭ-drum'i/ndra[*1)]-gatebhi jinebhi buddha-sutebhi ca bhontŭ prapūrṇāḥ[*2)]

Z. 5.((v.15)) yāvata ke-ci daśad-diśi sattvās, te sukhitā sadă bhontu arogāḥ !

Z. 6. sarva-jagasya ca dharmi/ku arthe[*1)] bhontu pradakṣinu ! ridhyatu[*2)] āśā !

p. 6. Z. 1.((v.16)) bodhi-cariṃ ca ahaṃ cara/māṇo bhavi[*1)] jāti-smaru sarva-gatīṣu !

Z. 2. sarvăsu jātiṣu[*2)] cyuty-upapatti,[*3)] /pravrajito ahu nityu bhaveyyā !

p.4,ZZ.5&6.((v.17))/sa/rva[*1)]-jinān anuśikṣayamāṇo[*2)] bhadracariṃ[*3)] paripūrayamāṇaḥ,

p.6,ZZ.2&3. /śīla[*4)]-cariṃ vimalāṃ[*5)] pariśuddhāṃ[*6)] ni/tyam akhaṇḍam ăcchidra careyaṃ !
Z. 4. v.18. deva-rutebhi ca nāga-rutebhi yakṣa-ku/mbhāṇḍu[*1)]-manuṣya-rutebhiḥ,
Z. 5. yāni ca sarva-jagasya rutāni, sarva-rute/ṣv ahu deśayi dharmaṃ.
Z. 6. v.19. peśalu[*1)]-pāramitāsv abhiyukto, bodhiyi[*2)] ci/ttu[*3)] mă jātu vimuhye[*4)] !
p. 7. Z. 1. ye pi ca pāpakă[*5)] āvaraṇīyās[*6)] teṣu parikṣa/yu bhontu aśeṣā[*7)] !
Z. 2. v.20. karmatŭ kleśatu māra-pathāto[*1)] loka-gatī/ṣu vimuktu careyaṃ[*2)] !
Z. 3. padma yathā salilena aliptaḥ, sūrya-śaśī/ gagane va asaktaḥ !
Z. 4. v.21. sarvi apāya-duḥkhāṃ[*1)] praśamanto, sarva-jagaṃ su/khĭ sthāpayamānaḥ,
Z. 5. sarva-jagasya hitāya careyaṃ yāvată kṣetră pathā-daśatāsu,[*2)]
Z. 6. v.22. sattva-cariṃ anuvartayamāno bodhi-cariṃ paripūra/yamāṇaḥ
p. 8. Z. 1. bhadra-cariṃ ca prabhāvayamānaḥ sarvi anāgata-kalpa/careyaṃ !
Z. 2. v.23. ye ca sabhā-gata mama caryāye[*1)] tebhi samāgamu nityu bha/veyyā[*2)] !
Z. 3. kāyatu vācatu cetanato vā eka[*3)]-carī-praṇidhāna care/yaṃ !
v.24. ye pi ca mitrā mama[*1)] hita-kāmā bhadra-carīyā[*2)] nidarśayitāraḥ[*3)],
Z. 4. /tebhi samāgamu nityu bhaveyyā[*4)] tāṃś ca ahaṃ na virāgayi jātu !
Z. 5. v.25. saṃmukha/nityum[*1)] ahaṃ jinā paśye buddha-sutebhi ca parivṛtu-nāthāṃ[*2)].
Z. 6. teṣu ca pūjā/ kareya udārā[*3)] sarvi anāgata-kalpi akhinnaḥ[*4)] !
p. 9, Z. 1. v.26. dhārayamāṇu ji/nāna săd-dharmaṃ,[*1)] bodhi-cariṃ paridīpayamānaḥ,
Z. 2. bhadra-cariṃ ca viśodha/yamānaḥ, sarvi anāgata-kalpā careyaṃ !
Z. 3. v.27. sarva-bhaveṣu ca saṃsara/māṇaḥ puṇyatu jñānatu akṣayă-prāptaḥ,
Z. 4. prajñā-upāya-samādhi-/vimokṣaiḥ sarva-guṇair bhavi akśaya-kośaḥ !
Z. 5. v.28. eka-rajâgri rajôpama-/kṣetrāṃ tatra ca kṣetri acintya-buddhāṃ
Z. 6. buddha-sutāna niṣannaku madhye /paśyiya, bodhi-cariṃ caramāṇaḥ !
p.10, Z. 1. v.29. evaṃ aśeṣata sarva-diśāsu vā/la-patheṣŭ triy-adhvă-pramāṇāṃ[*1)]
Z. 2. buddha-samudră[*2)] 'tha kṣetra-samudrāṃ ota/ri cārika-kalpa-samudrāṃ !
Z. 3. v.30. ekă-svarâṅga-samudra-rutebhi[*1)] sarva-ji/nānă svarâṅga-viśuddhiṃ,
Z. 4. sarva-jagasya yathăśaya[*2)]-ghoṣaṃ buddha-sara/svatim otari nityaṃ !
Z. 5. v.31. teṣu ca akṣaya-ghoṣa-ruteṣu sarvă-triy-adhva-ga/tāna jinānāṃ
Z. 6. cakra-nayaṃ parivartayamāno buddhi-balena ahaṃ pravi/śeyaṃ[*1)] !
p.11, Z. 1. v.32. ekă-kṣaṇena[*1)] anāgată kalpāṃ kalpă-praveśa ahaṃ praviṣe/yaṃ !
ye pi ca kalpă triy-adhvă-pramāṇās, tān[*2)] kṣaṇa-koṭi-praviṣṭa careyaṃ !
Z. 2. v.33. / ye că triy-adhva-gatā nara-siṃhās tān ahu paśyiyā ekă-kṣaṇena !
Z. 3. teṣu / ca gocarim otari nityaṃ māyă-gatena vimokṣa-balena !
Z. 4. v.34. ye că triy-a/dhva-sŭ[*1)]-kṣetra-viyūhās tān abhinirhari[*2)] eka-rajâgre !
Z. 5. evaṃ aśeṣa/ta sarva[*3)]-diśāsu otarĭ kṣetra-viyūhā jinānāṃ !
Z. 6. v.35. ye ca anāgata-/lokă-pradīpās, teṣu vibudhyana cakră-pravṛttiṃ
p.12, Z. 1. nirvṛti-darśana niṣṭhā-/praśāntiṃ, tān ahu sarvy[*1)] upasaṃkrami nāthāṃ !
Z. 2. v.36. ṛddhi-balena samanta-javena. / yāna-balena samanta-mukhena,
Z. 3. caryă-balena samanta-guṇena maitra-/balena samanta-gatena,

Z. 4. v.37. puṇya-balena samanta-śubhena, jñāna-balena / asaṅga-gatena,
Z. 5. prajñă-upāya-samādhi-balena, bodhi-balaṃ samudānaya/mānaḥ,
v.38. karma-balaṃ pariśodhayamānaḥ, kleśá-balaṃ parimardayamānaḥ,
Z. 6. / Māra-balaṃ abalaṅ karamāṇaḥ. pūrayi bhadracarī-bală sarvāṃ !
p.13, Z. 1. v.39. kṣetra-samu/dră viśodhayamānaḥ, sattva-samudră vimocayamānaḥ,
Z. 2. dharma-samudră vipa/śyiyamānaḥ[*1)], jñāna-samudă vigāhayamānaḥ,
Z. 3. v.40. caryă-samudră viśodhayamā/naḥ praṇidhi[*1)]-samudră prapūrayamāṇaḥ
Z. 4. buddha-samudră prapūjayamānaḥ, / kalpa-samudră careyam a-khinnaḥ !
Z. 5. v.41. ye că triy-adhva-gatāna jinānāṃ bo/dhi-cari-praṇidhāna-viśeṣāḥ,
Z. 6. tān ahu pūrayi sarvi aśeṣāṃ, bhadra-carī/ya vibudhyiya[*1)] bodhiṃ !
p.14, Z. 1. v.42. jyeṣṭhaku yaḥ sutu sarva-jinānāṃ. yasya ca nāma Sa/mantatabhadraḥ[*1)],
Z. 2. tasya vidusya sabhāga-carīye[*2)] nāmayamī kuśalaṃ i/mu sarvaṃ.
Z. 3. v.43. kāyatu vācă manasya viśuddhiḥ, caryă-viśuddhy, athă kṣetra-viśu/ddhiḥ,
yādṛśă nāmană Bhadra-vidusya tādṛśă bhontu[*1)] samam[*2)] mama tena.
Z. 4. v.44. bhadra-carīya samanta-śubhāye Mañjuśirī-praṇidhāna careyaṃ !
Z. 5. sarvi anā/gata-kalpam a-khinnaḥ pūrayi tāṃ kriyă sarvi aśeṣāṃ !
Z. 6. v.45. no că pramāṇu / bhaveya căryāye[*1)], no că pramāṇu bhaveya guṇānāṃ, !
p.15, Z. 1. ((taṃ[*2)])) ăpramāṇu caryā/ya[*3)] sthihitvā jānayi sarvi vikurvitu teṣāṃ !
Z. 2. v.46. yāvata niṣṭha nabhasya / bhaveyyā[*1)], sattva aśeṣatŏ[*2)] niṣṭhu tathâiva,
Z. 3. karmatŭ kleśatu yāvata ni/ṣṭhā[*3)], tāvata[*4)] niṣṭha mama praṇidhānaṃ[*5)] !
Z. 4. v.47. [*1)]ye ca daśad-diśi kṣetra anan/tā[*2)], ratna-alaṃkṛtu[*3)] dadyu[*4)] jinānāṃ !
Z. 5. [*5)]divya- ca mānuṣa-saukhya-viśiṣṭaṃ[*6)] / kṣetra-rajôpama-kalpa dadeyaṃ[*7)] !
Z. 6. v.48. yac ca imaṃ pariṇāmana-rājaṃ śrutvă sakṛ/j janayed adhimuktiṃ !
p.16, Z. 1. bodhi-varāṃ[*1)] anŭprārthayamāno agru viśiṣṭa[*2)] bhaved i/mu[*3)] puṇyaṃ !
v.49. varjita tena bhavanti apāyā, varjita tena bhavanti ku-mitrāḥ,
Z. 2. / kṣipru[*1] sa paśyati[*2)] taṃ Amitābhaṃ, yasy'[*3)] imu bhadracarī-praṇidhānaṃ[*4)].
Z. 3. v.50. lābhă / su-labdhă, su-jīvitu teṣāṃ, svāgatu[*1] te imu mānuṣa janma,
Z. 4. yādṛśă so / hi Samantatabhadraḥ[*2)], te 'pi tathā na cireṇa bhavanti.
Z. 5. v.51. pāpaka[*1)]-pañca ana/ntariyāni yena ă[*2)]-jñāna-vaśena kṛtāni,
Z. 6. so imu bhadra-cariṃ bhaṇamānaḥ, /kṣipru[*3)] parikṣayu bhoti aśeṣaṃ[*4)].
p.17, Z. 1. v.52. jñānatu rūpatu lakṣanataś ca va/rṇatu gotratu[*1)] bhoti-r[*2)] upetaḥ,
Z. 2. tīrthika-māra-gaṇebhir a-dhṛṣya, pūjitu[*3)] / bhoti sa sarva-tri-loke.
Z. 3. v.53. kṣipru[*1)] sa gacchati bodhĭ-drum' indraṃ[*2)], gatvă niṣīda/ti sattva-hitāya,
Z. 4. budhyati[*3)] bodhi, pravartayi cakraṃ, dharśayi māru sa-saina/ku sarvaṃ.
Z .5. v.54. yo imu bhadracarī[*1)]-praṇidhānā[*2)] dhārayi vācayi deśayi 'to[*3)] / vā
buddha vijānati yatra vipāko[*4)] : bodhi viśiṣṭā[*5)], mā kāṃkṣa[*6)] janetha[*7)] !
Z .6. v.55. / Mañjuśirī yatha jānati śūro[*1)], so ca Samantatabhadras tathâiva,
p.18, Z. 1. teṣu[*2)] / ahaṃ anuśikṣayamāṇo nāmayamī kuśalaṃ imu sarvaṃ.
Z. 2. v.56. sarvă-/triy-adhva-gatebhi[*1)] jinebhir[*2)] yā pariṇāmană varṇitā[*3)] agrā[*4)],

Z. 3. tena a/ham[*5)] kuśalam imu sarvam nāmayamī vara-bhadracarīye.
Z. 4. v.57. kāla-kriyā/m[*1)] ca aham karamāṇaḥ, āvaraṇām[*2)] vinivartiya[*3)] sarvām[*4)],
Z. 5. sammukha paśyiya / tam Amitābham, tam[*5)] ca Sukhāvatī-kṣetrā vrajeyam[*6)].
Z. 6. v.58. tatra gatasya imi[*1)] praṇidhānā[*2)] ā/mukhi[*3)] sarvi[*4)] bhaveyu[*5)] samagrā[*6)]!
p.19. Z. 1. tāmś[*7)] ca aham paripūrya[*8)] aśeṣam[*9)], sattva-hitam kari / yāvata loke!
Z. 2. v.59. tahi[*1)] jina-maṇḍali śobhani[*2)] ramye padma-vare rucire upapa/nnaḥ,
vyākaraṇam ahu tatra labheyā[*3)] sammukhato Amitābha-jinasya!
Z. 3. v.60. vyāka/raṇam pratilabhya ca tasmin[*1)], nirmita-koṭi-śatebhir anekaiḥ
Z. 4. sarva-hitāni[*2)] bahū/ny ahu kuryā dikṣu daśāsv api[*3)] buddhi-balena.
Z. 5. v.61. bhadracarī-praṇidhānā[*1)] paṭhitvā ya/t kūśalam mayi samcitu[*2)] kim-cit[*3)],
Z. 6. eka-kṣaṇena samṛdhyatu[*4)] sarvam tena jagasya śu/bham[*5)] praṇidhānam.
v.62. bhadra-carim[*1)] pariṇāmya yad āptam puṇyam anantam atīva-viśi/ṣṭam,
p.20, Z. 1. tena jagad vyasanâugha-nimagnam[*2)] yātv Amitābha-purim[*3)] varam eva!

ANMERKUNGEN

v. 1. *1) daśad-diśi, eine dem Metrum passende ältere Form (Jiun) statt daśa-diśi in allen nepalesischen Mss. (Kogetsu Zenshû d.h. Dr. Kaikyoku Watanabe's Sammelwerk Vol. I p. 312).

*2) triy-adhva, Skt. try-adhva-, °ye° ist im Text Jiun Sonja's sehr oft fehlerhaft statt °ya° gedruckt.

*3) Bei Jiun Sonja ist -gata nāra für -gatā nara- fehlerhaft gedruckt, die Verwechsclung zwischen a und ā, i und ī kommt oft vor (Dr. Watanabe, I. p. 312.)

*4) Jiun : °āṃ statt Skt. °ān, (Watanabe ibidem).

v. 3. *1) rajagri (Ji.), rajâgri (K1. K2) ; rajo'gra- (AB).

*2) -buddhāṃ, vgl. v.1 *4).

v. 4. *1) svarâṃga- (Ji).

*2) guṇām bhaṇāmaṇas (ji). guṇāṃ (K1), guṇām (K2), für Skt. guṇān.

v. 5. *1) vilepanā-cchatra- (AB, K1, K2), -cchaṃtra (Ji),

*2) Im Text Dr. Watanabe's 1912 ist nach der nepalesischen Leseart v. 5, Pada c mit v. 6, Pada c ausgetauscht, was logisch viel verständlicher zu sein scheint ; wenn aber v. 6 etwas später hinzugedichtet worden sein sollte, könnte diese Padareihe Amoghavajra's richtiger gewesen sein. ein Beweis, dass der Sanskrittext Jiun Sonja's die ältere Version ausmacht.

v. 6,1…6,3. Diese drei Stropben finden sich nur im Ms. NC ; Schiefner's Leningrader Mss. No. 123 hat nur v. 6, 1. Im Padá b (NC) steht eine Lücke : divya-vici…… varebhiḥ, die Schiefner's Ms. ergänzt, nach Dr. Watanabe (I p.307 & 326)

v. 7. *1) yā ca, (AB, K 1, Watanabe) ; yāva (Ji) ; In meiner Uebersetzung 1960 ist am Anfang 'Und' hinzusetzen.

*2) sarvāṃ (Watanabe), sarvān (AB).

v. 8. *1) bhaveyyā, eine ältere Form Jiun Sonja's für bhaveyā in allen nepalesischen Mss.

v. 9. *1) śekṣa-aśekṣa- (Ji, AB), śaikṣa-aśaikṣa- (Dr. Watanabe u. Prof. Ashikaga) ; Pāli : sekha, asekha ;ısekkha, asekkha.

v.10. *1) vibudhya ; vibuddhya (Ji, K2) ; vibuddhye (K1).
*2) ădhyeṣami, über das Metrum vgl. Watanabe 1912, p.26.
v.11, *1) nirvṛti ; nirvṛtiṃ (Ji), nirvṛtu (K1, K2).
*2) sthihantu, (Dr. Watanabe u. Prof Ashikaga). sthitaṃtu (Ji), thihaṃtu (AB), sthihetu (K1). Vgl. sthihitvā (v. 45), Edgerton, Grammar p.237.
v.12. *1) ădhyeṣana-, über das Metrum vgl. Watanabe 1912, p.26.
*2) Vor modana- hat man anu- zugesetzt (Ji, AB, K1, K2), dem Metrum zuwider. Vgl. meine Anmerkung 1960 p.16.
((v.13.)) *1)In den Texten Amoghavajra's und Prājña's hatte man fälschlicherweise v. 17 ab vor v. 13 hineinkopiert, während alle nepalesischen Texte dabei immer recht haben, sonst kann man diese Stelle logisch nicht recht verstehen. Da der Text Jiun Sinja's aus Amoghavajra stammt, muss man die Strophenzeile nach den nepalesischen richtig arrangieren.
*2) atītakă buddhā (Ji), atītaku (Ca, Cb, Gb)
*3) dhriyanti, dhriyaṃti (K1), eine Passivform 'zurückgehalten werden, am Leben sein' (pw.) dhṛyeti (Ji), dhṛyaṃti (Ca, AB).
*4) ye pi (Ji), sonst ye ca.
((v.14)) *1) bodhi-drum'indra (Ji), echt Gāthā-dialektisch, gegen drumêndra (der allen nepalesischen), (Watanabe I p.312).
*2) prapūrṇāḥ, prapūrṇṇa (Ji, K2), prapūrṇṇaḥ (K1).
((v.15)) *1) arthe (Ji) bhontu (C, Cb, 2G, P,2J) ; arthe (sing. oder pl. Edgerton, BHS Gr. pp. 50 & 56.), a(r)tho (K1) ; artho bhoti (Dr. Watanabe u. Prof. Ashikaga).
*2) ridhyatu (Ji) für Skt. ṛdhyatu (3C, G,K) ; Pāli : ijjhatu.
((v.16)) *1) bhavi jāti-smaru ⏑⏑– –⏑⏑ für –⏑⏑ –⏑⏑, über das Metrum. vgl. Watanabe 1912 p.25, bhavi, opt. vgl. Edgerten, Grammar p.141, für Pāli bhave ; auch K 1 : bhavi.
*2) jātiṣu, jatiṣu (Ji), janmasu (3C, 2G, K, P, K1, K2).
*3) cyuty-upapatti. cyutty-apapatti (ji), nyaty- (K1), cyu…(K2) ; Skt, cyuti, Pāli cuti. 生滅 bei Amoghavajra ; ausgelassen bei Prājña, indem dieser aus den Strophen ((16 und 17 cd)) seine Strophe 17 bildete, weil er ((v.17 ab)) schon vor (v. 13)) hineinkopiert hatte.
((v.17)) *1) Diese Zeile (Pada's ab) sind bei Amoghavajra u. Prājña fehlerhaft vor ((v. 13)) hineinkopiert gewesen, während sie in allen nepalesisehen Ueberlieferungen richtig hier steht. Meine Anmerkung 1960 unter v,17 (p.16) ist alles zu streichen.
*2) sarva-jinānânuśikṣayamāṇo (Ji), anu- mit Gen ; hier aber ist das dem Metrum zuwider.
*3) bhadra-cariṃ, mit K1 ; bhadra-cari (Ji, K2) ; carīm (C).
*4) śīla-cariṃ, -carīm (C), -carī (2G, 2J),
*5) vimalāṃ, °lām (C), °lā (G, P, Ji) vimalīṃ (K2).
*6) pariśuddāṃ, (K1) ; °ddhā (Gc, Ji),) °ddhām (C), °ddhān (P).
*7) akhaṇḍam acchidra (K1, K2) ; akhaṇṇam acchidra (Ji) ; über das Metrum ăcchidra, vgl. Watanabe 1912 p.26.
v.18. *1) kŭmbhaṇdu (Ji), über das Metrum vgl. Watanabe 1912 p.26. Pāli kumbhaṇḍa. kubhaṇḍu wäre besser metrisch nach Pkt. kubhaṃda nach Prof. Ashikaga.
*2) teṣu ruteṣv ahu (Watanabe). sarva-ruteś câhu (G, K, Ji), teṣu sarva-ruteṣu (K1, K2).
v.19. *1) peśalu- (Ji) gegen ye khalu (in allen nepalesischen Mss.) nach Dr. Watanabe I p.313.

*2) bodhiyi (Ji), bodhayi (3C, Gc, K, P, K2).

*3) cittu, citu (Ji), citta (3C, Gc, P, K2).

*4) vimuhye (Ji), vimuhyet (3C. G,P).

*5) pāpaku, (Cb), pāpaka (Ji).

*6) āvaraṇīyās, āvaraṇīyāṃs teṣu (Ji).

*7) teṣu parikṣayu (sing.) bhotu aśeṣaṃ (adv), nach Dr. Watanabe u. Prof. Ashikaga. oder : teṣu parikṣayu (m. pl,) bhontu (3C, K, P, Jd, K1) aśeṣā (adj:), aber aśeṣāṃ (G, Ji, K1, K2).

v.20. *1) māra-pathāto. nach Dr. Watanabe u. Prot. Ashikaga, mit -pa(tha)to (K1) ; Ji : mathāto.

*2) careyaṃ, nach Dr. Watanabe u. Prof. Ashikaga ; carayaṃ (K2), careṣu (Ji).

v.21. *1) dŭḥkhā (pl. K1), v,1. duḥkhāṃ, duḥkhaṃ (Ji) ; vgl. Watanabe 1912 p.26,

*2) (a) yāvata kṣetră pathā-daśatāsu mit Jiun Sonja : daśa ; (b) yāvata kṣetra-pathā diṣa tāsu (Dr. Watanabe u. Prof. Ashikaga) mit K1 : diśa tāsu ; (c) diśu (Ca Cb, Cc), diśisu tāsuśu (AB), also möglich wäre : yāvata kṣetra-pathā diśi tāsu. ……(a) meine Uebersetzung 1960 : wie viele Länder auf den zehn Pfaden (d.h. Himmelsrichtungen) (auch seien) ; (b) Prof. Dr. E. Leumann : so viele Pfade (und) Richtungen in den (Buddha-) Gebieten (sich finden), in diesen (allen möchte ich so wandeln) ; (c) so viele Länderpfade in (jeder) Himmelsrichtuug (sich finden), in diesen…

v.23. *1) mama caryāye, am Anfang ⏑⏑—statt—⏑⏑, vgl. Watanabe 1912, p. 25. mama caryaye (Ji), caryyāye (K2).

*2) bhaveyyā ; bhaveyā (C, J, AB, K1).

*3) eka-carī-, eka[ri]-cari-(Ji), eka-cariṃ (K1).

v.24. *1) mitrā (Ji, AB, K1) ——für—⏑⏑, mama-hita° ⏑⏑⏑⏑ für—⏑⏑, vgl. Watanabe 1912, p.25. mitră mamā (m.c. nach Prof. Ashikaga und Prof. Edgerton, BHS Grammar p. 109, § 20.12) oder mitră mamaṃ, (mamaṃ wie im. Pāli, Watanabe 1 p. 317) wäre auch möglich.

*2) bhadra-carīya, bhadra-carīyaṃ (K1), acc. sing.

*3) nidarśayitaraḥ (Ji), darśayitāraḥ (K1), nidarśayitānaḥ (K1), nidarśayitānuḥ (AB), periphrastic future oder agent noun.

*4) bhaveyā (3C, K, 2J, AB, K1).

v.25. *1) nityum (Jj), nityam (K1, K2).

*2) parivṛtu-, parivṛta (K1), ⏑⏑⏑⏑ für—⏑⏑, vgl. v.23 : mama hita°.

*3) udārā (acc. pl.) mit AB : udārāḥ Aber Ji : udārāṃ, K1 : u(dā)rāṃ (acc.sing.).

*4) sarvi (Ji, K1) anāgata-kalpi (2G, K1, K2) akhinnaḥ oder sarva(K. AB) anāgata-kalpam (adv. Ji) akhinnaḥ zu lesen.

v.26. *1) săd-dharma (K2), sa-dharmaṃ (K1), sa-dharmmaṃ (Ji, Ca, Cb) ; über das Metrum vgl. Watanabe 1912 p.26.

v.29. *1) triy-adhva-pramāṇāṃ, °nāṃ (3C, G, K, P, AB), Bahu-vrīhi-Kompositum, adj. Meine Uebersetzung ist zu korrigieren : in solche Meere von Buddhas.

*2) samudră pi (3C, 2G, K, P, AB), vi (K1),

v,30. *1) rutebhi (Ji), ruteṣu (Ca, Cā, G).

*2) yathăsaya (K1), yathā-geya-gho° (Ji).

v.31. *1) °viśeya (Ji).

v.32. *1) kalpāṃ (2G, K1, K2) zu lesen ; sarvāṃ (Ji), sarvān (3C(. Meine Uebersetzung ist zu korrigieren : in (alle) Kalpa-Perioden…

*2) tān zu lesen nach v.33b. tan (Ji), tāṃ (K1), tā (K2).

v.34. *1) -su-kṣatra (-Ji, & K1).

*2) abhinirhari (Ji), ahu nirhari (3C).

*3) sarva- (K1), sarvi (Ji).

v.35. *1) tān ahu sarvy upa° (3C, Gc, P, K1), sarvi ahaṃ upa° (Ji).

v.39. *1) vipaśyiyamānaḥ (Ji), vipaśyayamānā (K1), es sind m.c. prakritisch verlängerte Formen für vipaśyamānaḥ (K2).

v.40. *1) praṇidhi-sa° (⏑⏑⏑⏑ für –⏑⏑).

v,41. *1) vibuddhyiya, 1. sing. opt. vibudhyaya (Ge, K2), vibuddhiya (C Ji), vgl. Edgerton, BHS Dict. s.v.

v.42. *1) Samantatabhadra<Samantataḥ+bhadra.

*2) -carīye (Ji), caryāye (G, K1), caryyāye (K2). v.l. caryāya, vgl. Watanabe 1912 p.26.

v.43. *1) bhontu (Ji, K1) ; bhotu (Dr. Watanabe & Prof. Ashikaga).

*2) Aus der komplizierten Schreibweise kann man wohl lesen : samam (adv.) mamā tena.

v.45. *1) caryāya, vgl. Watanabe 1912 p.26 ; cariyāye (K1), cariyāya (K2).

*2) Hier fehlt eine lange Silbe, taṃ ist nur probeweise ergänzt, was aber diese Stelle etwas verständlicher zu machen scheint.

*3) caryāya (C), caryayāye (Ji).

v.46. *1) bhaveyā (3C, P, AB).

*2) sattva-m (Ji), sattva (K1).

*3) niṣṭha (AB), sonst niṣṭhā.

*4) tāvatu (Ji).

*5) praṇidhānaṃ (sing,) oder praṇidhānā (pl.), Ji : praṇidhānāṃ.

v.47. *1) yac ca (C, Ca, Gc, P), yaś ca (G, K1, K2).

*2) anantāṃ (C, Ca), °tān (G), anaṃtana (K1).

*3) alaṃkṛtu (K2), °kṛta (3C).

*4) dadyu (C, Ca, 2G, P, Ji) ; kurya (Watanabe).

*5) devya (Ji, Skt, daivya.)

*6) viśiṣṭaṃ (sing. Gc, 2J) ; °ṣṭān (pl. Ca, Cb) ; °ṣṭāṃ (K2) ; °ṣṭā (K1).

*7) dadeyā (Ca, Cb, P), °yāḥ (C).

v.48. *1) varān (K2).

*2) °ṣṭu (C).

*3) ima (AB).

v.49. *1) kṣipra (Ca, Cb, K1), °praṃ (AB).

*2) pāśyiti (2J).

*3) paśyamu (C, Ca, 2G), paśyaṃ (AB), paśc imu (K1), paśy' imu (K2).
Jn der japanischen Uebersetzung Prof. Hasebe's steht "sehen" ; auch Amoghavajra : 唯憶 ('Erinnere dich nur ans Wunschgelübde des Bhadra-Wandels !). Aber die Leseart Dr. Watanabe's stimmt mit der Version von Prājña (v.55, Taishô Tripiṭaka Vol.X p.848, A, -6) : 具 ('versehen mit'). Auch Jiun Sonja : yesy' imu.

*4) -carim (C), °riṃ (Ca, Cb, AB, K2), °rī G. °ri Watanabe.

v.50. *1) svāgatu (Ca, Cb, Gc, 2J), svāgata (K2).

*2) °bhadraḥ (Ji), °bhadras (Dr. Watanabe u. Prof. Ashikaga).

v.51. *1) pāpaka (Ji), pāpaku (Ca, Cb, Gc). pāpaka pañca (ohne Bindestrich Dr. Watanabe u,

Prof. Ashikaga).
*2) ă-jñana-, über das Metrum vgl. Watanabe 1912 p.26.
*3) kṣipra (AB, K1).
*4) aśeṣaṃ. meine Uebersetzung 1960 ist zu ergänzen : sogleich wird restlos das Verschwinden…

v.52. *1) mātratu (Ji), beigesetzt : 姓 'gotra'. mā° muss bloss eine irrtümliche Schreibung gewesen sein.
*2) bhoti-r upetaḥ (Watanabe), mit einem Teilkonsonannten r, denn man hat gelesen: 得成就 (Amoghavajra), 咸円満 (Prājña, v. 58). bho(ti)r (K2), bhotur (AB), hotur (K1), bhotu (Ca, Cb, 2G, P). —Meine Emendation 1960 jyotir upetaḥ zu lesen ist sehr schwach.
*3) pūjita (3C, 2G, K1, K2).

v.53. *1) kṣipra (Cb, AB, K1).
*2) -drum'inra (2J), -drumêndraṃ (Dr. Watanabe u. Prof. Ashikaga), vgl. v. 14, *1).
*3) buddhyati (2J), buddhya (3C), budhiya (2G), buddhiya (AB), buddhiyā (K2), buddhyiya (K1).
*4) māra (2J, AB).

v.54. *1) -carī (C), °riṃ (Ca, Cb), °ri (Ji).
*2) -praṇidhānā (Ji), °naṃ (Dr. Watanabe u. Prof. Ashikaga),
*3) deśayito (Ji. Dr. Watanabe u. Prof. Ashikaga), deśayi 'to vā nach Prof. Edgerton, BHS Dict. deśanato (Gc), cetanato (G).
*4) vipāko (Ji), viyoko (K1).
*5) bodhi viśiṣṭu (C).
*6) kaṃkṣa (2J), kā(ṃ)kṣa (AB).
*7) janethā (2J).

v.55. *1) śūro (Gc, 2J), śūraḥ (Dr. Watanabe u. Prof. Ashikaga nach sonstigen Mss.).
*2) teṣa (G, P, K1).

v.56. *1) -gatebhi (K1), -gatebhir (Ji).
*2) jinebhiḥ (2J), °bhi (Cb, P, K2).
*3) varṇitu (Ca, Cb).
*4) agrāḥ (Ca, Cb, AB).
*5) ima (AB).

v.57. *1) -kriyañ ca (Ji), -kriyān (K2).
*2) āvaraṇān (3C), °ṇaṃ (2J), °ṇo (Gc).
*3) vinivartayi (3C, AB, K1).
*4) sarvān (3C, Gc, AB, K1), sarvaṃ (Ji).
*5) tañ ca (K2),
*6) vrajayam (K1), prajyayaṃ (Ji).

v.58. *1) imi (pl.), imu (Ca, Cb, K1), ima (AB), imaṃ (sing, 2J).
*2) praṇidhānā (pl.), °naṃ (sing, Ca, Cb, AB, K1), °nāṃ (2J).
*3) āmukha (G, K2).
*4) sarva (AB, K1, 2J). sarvān (3C, Gc).
*5) bhaveyu (pl. K1), bhaveya (Cb, 2G, 2J, AB).
*6) samagraḥ (2J).
*7) tāṃ ca (AB), tāś ca (K2).

*8) paripūri, (nach Dr. Watanabe i,e. für pūria; 3C, 2G, P, K1).

*9) aśeṣaṃ (K1). adv. (Prof. E. Leumann). aśeṣāṃ adj. (Dr. Watanabe u. Prof. Ashikaga).

v.59. *1) tahi jina-, ⏑⏑⏑⏑ über das Metrum vgl. Watanabe 1912 p.25. tarhi (Prof. Ashikaga) mit ta(r)hi (K1). tahiṃ (Ji).

*2) śobhani ramye (Dr. Watanabe u. Prof. Ashikaga) nach nepalesischen Mss. leider gegen śobhici timme (Ji), was sich nicht verständigen lässt (Watanabe 1 p.312). Hier gibt aber Dr. Watanabe die Leseart : śobhiti ramye. ——śobhana (Ca, Cb, 2G, AB, K2), sobhana (K1). reṃme (C), raṃmya (AB. K1), ramya (K1).

*3) labheyā (AB, Watanabe), labheyyā (Prof. Ashikaga):

v.60. *1) tasmin (Ji, Prof. Ashikaga), tasmiṃ (Watanabe),

*2) kuryā (Prof. Ashikaga, AB, K1, Ji), kuryāṃ (Watanabe, K2).

*3) su (AB).

v:61. *1) cari (C, P), cariṃ (Ca, Gc, AB. K1, K2), °rīṃ (Cb), cari- (Ji).

*2) saṃcita (Ca, Cb, P. AB).

*3) ki ṇ-cit (K2), ci (Ji), kiñ-cita (AB),

*4) samṛddhyatu (Ji).

*5) śubha- (2J, AB),

v:62. *1) carīm (C), °rīṃ (Cb), °ri (Gc).

*2) vyasana 'Leidenschaft'. meine Uebersetzung 1960 ist zu korrigieren : 'in die Flut der Leidenschaften'.

*3) puriṃ (Ji), °rīṃ, (C), °rīṃ (Cb, 2G).

Verzeichnis der wichtigeren Wörter

(Die Zahlen zeigen die Strophennummern)

akṣaya-kośaḥ 27.
akṣaya-ghoṣa-ruteṣu 31.
akṣaya-prāptaḥ 27.
akṣaya-varṇa-samudrāṃ 4.
a-khaṇḍaṃ 17.
a-khinnaḥ 25, 40, 44.
agra 56. agru viśiṣṭa 48.
acintya-buddhāṃ 28.
a-cchidra 17.
ajñāna-vaśena 51.
atītaka-buddhā 13.
atīva-viśiṣṭaṃ 62.
atha 43.
adhimuktiṃ 48.
adhimukti-balena 7.
adhimucyami 3,7.
adhimucye 6,3.
a-dhṛṣya 52.
adhyeṣaṇa (cf, eṣaṇa) 12.
adhyeṣami 10.
anantam 62, anantā 47.
anantariyāṇi 51.
anāgata 13, 32.
anāgata-kalpa 22. 25 (kalpi). 26.-kalpam 44.
-kalpāṃ 32.
anāgata-lokapradīpās 35.
anāvaraṇa-pratibhānair 6,2.
anuttaru 7. 10.
anuprārthayamāno 28.
anumodana 12. (modana).
anumodayamī 9.
anuvartayamāno 22.
anuśikṣayamāno 17. 55.
aneka 60.
apāya 21. 49.
apāya-duḥkhāṃ 21.
apramāṇu 45.
abalaṅ karamāṇaḥ 38
abhinirhari 34. (nirhari).
abhinirhṛtā 6, 2.
abhibuddhi-balena 60.
-abhimukhena 2.
abhiyācami 11.
abhiyukto 19.
Amitābhaṃ 49. 57. °bha-jinasya 59.
Amitābha-puriṃ 62.
a-rogāḥ 15.
arthe,artho 15.
alaṃkṛta, °tu 47.
a-liptaḥ 20.
aśekṣa, aśaikṣa 9.
aśeṣā,°āṃ 1. 19. 41. 44. 58.
aśeṣaṃ 19. 51. 58.
aśeṣata 3. 29. 34. aśeṣato 46.
a-saktaḥ 20.
asaṅga-gatena 37,
asaṅgatā-prāptāḥ 10.
ahaṃ 16. 24. 25. 31. 32. 35. 55. 56. 57. 58.
ahu 1. 4. 6, 2. 8. 9. 10. 12. 16. 17. 18. 33.
35. 41. 59. 60.
°āṃ (Jiun Sonja), Skt, °ān (nepales.)
1c, 4d. 10c. (Watanabe I, p.312).
āmukha, °mukhi 58.
āvaraṇāṃ 57.
āvaraṇīyās 19.
āśā 15.
āśaya 30.
ima, imu 42. 48. 49. 50. 51. 54. 55. 56 imi58.
udārā 7. 25. °rāḥ 14.
upāgami 6, 3.
upapannaḥ 59.
upasaṃkrami 35.
upāya 27. 37.
ṛddhi-balena 36.
ṛdhyatu, ridhyatu 15.
eka-kṣaṇena 6, 2. 32. 33. 61.

jānayi 45.
jānăti 55.
jina, jină (acc. pl.) 7.25.
jinān 17.
jinebhi (ḥ) 3. 14. 56.
jināna 2. 4. 5. 6. 6,1. 26. 30.
jinānāṃ 7. 9. 31. 34. 41. 42. 47.
jineṣu 6,2. 6,3.
jina-maṇḍali 59.
jñānatu 27. 51.
jñāna-balena 37.
jñāna-samudră vigāhayamānaḥ 39.
jyeṣṭhaku 42.
taṃ 49, 57. ((taṃ)) 45.
tāṃ 44.
tāṃś ca 24. 58.
tān 32. 33. 34. 35. 41.
tena 43. 48. 56. 61. 62.
teṣu 5. 6. 6,1. 19. 25 31. 33. 34. 55.
tebhi 23. 24.
teṣāṃ 45. 50.
tasmin 60.
tatra 28. 58. 59. (Watanabe 1 p.320).
tahi, tahiṃ, tarhi 59.
tādṛśa 43.
tāvata 41. 46.
tīrthika 52.
triy-adhva-gată, °tā 1. 31. 33.
°gatāna 31. 41.
°gatebhi 56.
triy-adhva-pramāṇaṃ 29.
triy-adhva-pramāṇās 32.
triy-adhva-su-kṣetra-viyūhās 34.
tri-loke 52.
tha 9. 29.
dadeyaṃ 47.
dadyu 47.
darśatu-kāmās 11.
daśad-diśi dasa-diśi 9. 10. 14. 15. 47.
(Watanabe 1 p.312).
daśad-diśi loke 1. 13. 47.
dikṣu daśāsu 60.
divya 6,1. 47, (devya 47).
diśāsu, sarva- 29. 34.
dīpa-varebhi 6.
duḥkhā 21.
deva-rutebhi 18.
deśanatāya 12.
deśayi 18. (opt.),~'to vā 54.
drum'indra, drumêndra 14. 53.
dveṣatu 8.
dharmaṃ 18.
dharmată-dhātuṃ 3.
dharma-samudră vipaśyiyamānaḥ 39.
dharmiku 15.
dharṣayi (opt.) 53.
dhārayamāṇu 26.
dhārayi (opt.) 54.
dhi 62.
dhūpa-varebhiḥ 6.
dhṛyati, dhriyanti, 13.
dhvajâgra 6,1.
nabhasya 46.
nara-siṃhāḥ 1. 33 (°ās).
nāga-rutebhi 18.
nāthāṃ 10. 25. 35.
nāma 42.
nāmana 43.
nāmayamī. 12. 42. 55. 56.
nityaṃ 6,2. 6,3. 17. 30. 33.
nityu 16. 23. 24.
nityuṃ 25.
nidarśayitāraḥ 24.
nirmita 60.
nirvṛti, nirvṛtiṃ 11.
nirvṛti-darśana- 35.
nirhari 6,2. 34.
niṣaṇṇaku 3. 28.
niṣīdati 53.
niṣṭha, niṣṭhā, niṣṭhu 46.
niṣṭha-praśāntiṃ 35.
no ca……, no ca …… 45.
pañca-anantariyāṇi 51.
paṭhitvā 11. 51. 61.

patāka 6,1.
pathāto 20.
patheṣu 29.
pathā-daśatāsu 21.
padma 20.
padma-vare 59.
paramârthaṃ satyaṃ 6,3.
parikṣayu 19. 51.
pariṇāmanā 56.
pariṇāmana-rājaṃ 48.
pariṇāmya 62.
paridīpayamānaḥ 26.
paripūrayamāṇaḥ 22. °ṇo 17.
paripūrya 58.
parimardayamānaḥ 38.
parivartayamāno 31.
parivṛtu 25.
pariśuddhā 14. °ddhāṃ 17.
pariśodhayamānaḥ 38.
paśyati 49.
paśye 25.
paśyiya 28. 33. 57.
pāpaka 19. 51.
pāpu 8.
pi, ca 13.
puṭa 6.
puṇya 9. 48. 62.
puṇyatu 27.
puṇya-balena 37.
puriṃ 62.
puṣpa-varebhi 5.
pujā, °jā 6,2. 6,3. 7. 25 (pūjā kareya).
pūjana, 12.~karomi 5. 6. 6,1.
~kareya 25.
pūjayamī 7.
pūjita, ~bhontu 13.
pūjitu bhoti 52.
pūrayi 38. 41. 44.
pūrṇa-manorathā 13.
peśalu-pāramitāsu 19 (Watanabe 1 p.313 : ye khalu in den nepalesischen Mss.) Jiun Sonja : 勝妙, Amoghavajra : 妙,
Prājña : 清浄
prajñā-upāya-samādhi-balena 37.
prajñā-upāya-samādhi-vimokṣaiḥ 27.
praṇāmaṃ karomi 2.
praṇidhānaṃ 46, °nā 54. 58. 61.
praṇidhi-samudrā prapūrayamāṇaḥ 40.
pratideśayami 8.
pratibhānair 6,2.
pratilabhya 60.
pratyekajinānāṃ 9.
pradakṣiṇu 15.
pradīpās 35.
prapūrṇāḥ 14.
prabhāvayamānaḥ 22.
pramāṇu 45.
pravartayi (opt.) 53.
praviśeyaṃ 31. 32.
pravrajito 16.
praśamanto 21.
prasannaḥ 1.
prāṃjali-bhūtaḥ 11.
bāhu-adhyātmikā 6,3.
buddhā 13. 54.
buddha-samudrā 29.
buddha-samudrā prapūjayamānaḥ 40.
buddha-sarasvatīm 30.
buddha-suta, sutāna 3. 4. 9. 28.
-sutair 6,2.
-sutebhi 14. 25.
buddhi-balena 31. 60.
budhyati 53.
bodhi 10. 53. 54.
bodhiṃ 41.
bodhayi 12.
bodhiyi 19.
bodhi-cariṃ 22. 26. 28 (~caramāṇaḥ).
bodhi-cariñ ca 16.
bodhi-carī 26.
bodhi-cariṃ caramāṇo 16. 28.
bodhicari-praṇidhāna-viśeṣāḥ 41.
bodhidrum'indra-gatebhi, 14. °drumêndraṃ 53.

bodhi-balaṃ 37.
bodhi-varāṃ 48.
bodhi-vibuddhā 13.
bhaṇamānaḥ 4. 51.
bhadra-cariṃ 17. 22. 26. 51. 62.
bhadra-carīya 24. 41. 44. °carīye 56.
bhadracarīiṃ paripūrayamāṇo 17.
bhadracarī-praṇidhānaṃ 49. °nă 61.
°nā 54.
bhadracarī-praṇidhāna-balena 2.
bhadracarī-adhimukti-balena 7.
bhadracarī-bală 38.
bhadracarīya nidarśayitāraḥ 24.
bhadra-vidusya 43.
bhaveṣu, sarva-~, 27.
bhavati, bhoti 51. 52.
bhavanti 49. 50.
bhavi 16. 27.
bhaved 48.
bhaveya 23. 45. 58.
bhaveyya, °yyā 8. 16. 23. 24. 46.
bhaveyu 58.
bhavantu 14.
bhontu 13. 14. 15. 19. 43.
bhoti-r upetaḥ 52.
ma janetha ! 54.
ma jātu vimuhye ! 19.
Mañjuśirī 55.
Mañjuśīri-praṇidhāna 44.
manuṣya- 1. 18.
manuṣya-rutebhiḥ 18.
manasya 43.
manena 1. 2. 8.
manoratha 13.
mama 23. 43. 46.
mamaṃ 24.
mayi 8. 12. 61.
mama cariyāye 23.
mātratu 52.
mānuṣa- 47. 50.
māyă-gatena 33.
māra- 52. 53. (māru).
māra-balaṃ 38.
māra-pathāto 20.
mālya-varebhiḥ 5.
mitrā 24.
modana, anu° 12.
maitra-balena 36.
Meru-samebhiḥ 6.
moha-vaśena 8.
yakṣa 18.
yathăśaya-ghoṣaṃ 30.
yācanatāya 12.
yātu ! 62.
yādṛśă 43. 50.
yāna-balena 36.
yāva 7.
yāvata 1. 14. 15. 21. 46. 58.
°yyā (Jiun Sonja); °yā 8. 46. (in den nepalesischen Mss.) opt. 3. pers. sing. oder pl. (Watanabe I p. 313).
rajôpama-kṣetrāṃ 28.
ratna-alaṃkṛtu 47.
ratna-varebhi 6,1.
ramye 59. (in den nepalesischen Mss.) (Watanabe, I p.312).
rāgatu 8.
ridhyatu 15. (Skt. ṛdhyatu; Pāli: ijjhatu !).
rucire 59.
ruta, 4 (rutebhiḥ), 18 (rutāni, ruteṣu).
rūpatu 52.
lakṣaṇatas 52.
laghu 13.
lābhă 50.
labheyā 59.
loka, yāvata loke 58.
loka-gatīṣu 20.
loka-pradīpā 10. °pās 35.
va 20.
vadya, vādya 5.
vandana 12.
vandami 1. 7.
varam 62.

varjita 49.
varṇa 4.
varṇatu 52.
varṇitā agrā 56.
vartanatāyai 10.
vastra-varebhi 6.
vā 23.
vācatu 23.
vācā manasya 43.
vācā manena 1. 8.
vācayi 'to (opt.) 54.
vādya 5.
vāla-paṭheṣu 29.
vikurvitu 45.
vicitra 6,1.
vijānāti 54.
vitāna-varebhiḥ 6,1.
vidusya 42, Bhadra-vidusya 43.
vinivartiya 57.
vipaśyiyamānaḥ 39.
vipāko 54.
vibuddha 13.
vibudhyiya, vibudhiya 41.
vibuddhyana 35.
vibudhya 10.
vimala 17.
vimuktu 20.
vimuhye 19.
vimokṣa-balena 33.
vimokṣaiḥ 27.
viyūha-varebhiḥ 5.
viyūhās 34.
virāgayi, na ～ jātu, 24 (opt.)
vilepana 5.
viśiṣṭa 5. °ṣṭaṃ 47. °ṣṭā 54.
viśuddhi 30. °iḥ 43.
viśodhayanamānaḥ 26. 39.
vyasanâugha-nimagnaṃ 62.
vyākaraṇaṃ 59. 60.
vrajeyaṃ 57.
śaśī 20.
śīla-cariṃ 17.
śubha 44. °aṃ 12. 61.
śubha-praṇidhānaṃ 61.
śūro 55.
śekṣa-aśekṣa, śaikṣa-aśaikṣa, 9.
śobhani ramye 59.
śrutvā 48.
saṃvaramāṇaḥ 27.
saṃvṛti-satyam 6,3.
saṃsaramāṇaḥ 27.
sakṛj janayed ! 48.
saṃcitu 12. 61.
sattva 46,
sattva-cariṃ 22.
sattva-hitaṃ 58.
sattvās 15. °ttvam 46.
sattva-samudrā vimocayamānaḥ 39.
sattva-hitāya 53.
sad-dharmaṃ 26.
sabhāga-carīye 42.
sabhā-gata 23.
samaṃ mama tena 43.
samagrā 58.
samanta-gatena 36.
samanta-guṇena 36.
samanta-javena 36.
Samantatabhadra 42. 50. 55.
samanta-mukhena 36.
samanta-śubhāye 44.
samanta-śubhena 37.
samāgamu 23. 24.
samādhi 27. 37.
samudānayamānaḥ 37.
samudrā pi 29.
samṛdhyatu 61.
saṃmukha 25. 57.
saṃmukhato 59.
sarasvatiṃ 30.
sarva 56. 58.
sarvam 8. 9. 12. 42. 53. 55. 56. 57. 61
sarvi 1. 10. 21. 22. 25. 26. 35. 41. 44. 45. 58.
sarva- 21. 25. 29.

sarvā 4.
sarvāṃ 4. 7. 32. 38. 57.
sarvaśu 16.
sarva-jināna 2. 4. 30.
°jinānāṃ 42.
sarva-hitaṃ kari 58.
sarva-diśāsu sarvi-diśāsu 34.
salilena 20.
sa-sainyaku 53.
su-kṣetra 34.
sukhāya 11.
Sukhāvatī-kṣetrā 57.
sukhī 21.
sukhitā 15.
Sugatāṃ 4.
su-jīvitu 50.
sutu 42.
su-labdhā 50.
sūrya-śaśī 20.
saukhya 47.
stavamī 4.
sthāpayamānaḥ 21.
sthihantu. 11.
sthihitvā 45.
svarâṅga 4. 30 (2mal).
svāgatu 50.
hāra-varebhir 6,1.
hita 58. 60.
hitāya 11. 21. 53.
hita-kāmā 24.

NACHREDE

Im Jahre 1953 wurde die 150 jährige Gedächtnisfeier nach dem Hingang des heiligen Jiun (Skt. Maitramegha 1718-1804) zu Osaka veranstaltet. Dieser Heilige war ein grosser tugendhafter Vinaya-Lehrer, weit und breit hoch verehrt vom Volk und auch vom damaligen Tennô, zugleich ein eifriger Sanskritforscher, der einen grossartigen Plan hatte, eine Sammlung von allen Sanskrittexten, welche in Japan bis dahin überliefert gewesen waren, zusammenzustellen ins Sammelwerk von Sanskritbüchern in 1.000 Bänden. Darunter befinden sich 4 vollkommene Skt.-Textte :

(1) Sukhāvati-vyūha, die kleinere Version.

(2) Bhadracarī.

(3) Prajñāpāramitā-hṛdaya.

(4) Vajracchedikā.

Darunter ist der Text (4) von seinem Schüler Chidô Hôju (Skt. Jñānadhvaja Dharmadruma) nach seinem Hinhang später gefunden worden, während die andern drei von dem heiligen Jiun selber schon im Jahre 1783 zum Holzdruck gebracht worden waren. Damals war das Studium der Sanskritsprache in Europa noch im Dämmerungzeitalter gewesen, 1785 wurde Bhagavadgītā und 1795 Hitôpadeśa und Śakuntalā-Episode aus dem Mahābhārata von Charles Wilkins ins Englische übertragen.

Von diesen 4 Texten wurden zu Oxford von Prof. Dr. Max Müller und Dr. Bunyiu Nanjio herausgegeben:

(4) Vajracchedikā 1881.

(1 & 3) Sukhāvatīvyūha und Prajñāpāramitāhṛdaya 1883.

Und der Text (2) Bhadracarī wurde dem begabten Schüler Kenju Kasawara überlassen, was aber leider von seinem zu frühen Hinschied(1883) unterbrochen war. Und erst im Jahre 1912 wurde dieser Text, der schwer prakritisch ist, von Dr, Kaikyoku Watanabe unter der Leitung seines Professors Dr. Ernst Leumann zu Strassburg erforscht und zu Leipzig als seine Dissertation gedruckt. Da es aber schon lange vergriffen, war es mir nicht möglich gewesen‘ eines davon in Augenschein zu nehmen; das ist ja eine kostbare Arbeit meines hoch verehrten Vorgängers, der sie unter unserem gemeinsamen Lehrer vollzogen hatte und vor mir von unserem Lehrer immer gelobt und hoch geehrt worden, dass ein jedes Buch ihm von diesem berühmten Sprachforscher gewidmet worden war.

Nun wurde mir eines Tages gegeben von meinem Bruder, Prof. Dr. Gishô Nakano, Kôyasan, der Photoabdruck des heiligen Jiun, der Bhadracarī enthält : Jiun Sonja, Selected Works, Introductory Remarks by Juntarô Ishihama, Jiun Sonja 150th Death Anniversary Commemoration Society, Osaka 1953.
Es war mir eine grosse Freude, aber der Taxt im B. H. S. war nicht leicht richtig zu lesen und zu verstehen, Später wurde mir vom freundlichen Prof. Dr. Atsuuji Ashikaga seine ausgezeichnete Arbeit geschenkt und Prof. Yutaka Iwamoto hat mir aus der Bibliothek der Universität Tôkai, die Dr. Shigetoshi Matsumae als Rektor leitet, eine Kopie Dr. Kaikyoku Watanabe's geliehen, und unter diesen freundlichen Hilfen ist es mir gelungen, den kostbaren Text des heiligen Jiun richtig zu lesen. In dieser meiner bescheidenen Ausgabe sind also die Seiten und Zeilen dee Textes vom heiligen Jiun vermerkt, dass man auch den herrlichen Text leichter zusammenlesen könnte. Meine Forschungsarbeit hindurch war es mir immer zumute, dass ich unter meinem hochverehrten Lehrer Prof. Dr. Ernst Leumann, meinem Vorgänger Dr. Kaikyoku Watanabe und sogar dem heiligen Jiun, welche alle schon lange dahinverschieden sind, den Text zusammengelesen hätte. Allen meinen lieben Vorgängern und Freunden bin ich sehr zu Dank verpflichtet.

(Kôfu, den 25. September 1962.)

デルゲ版西蔵大蔵経

bKa' 'gyur

No.44 *Sangs rgyas phal po chen zhes bya ba shin tu rgyas pa chen po'i mdo* [A 358b-363a]

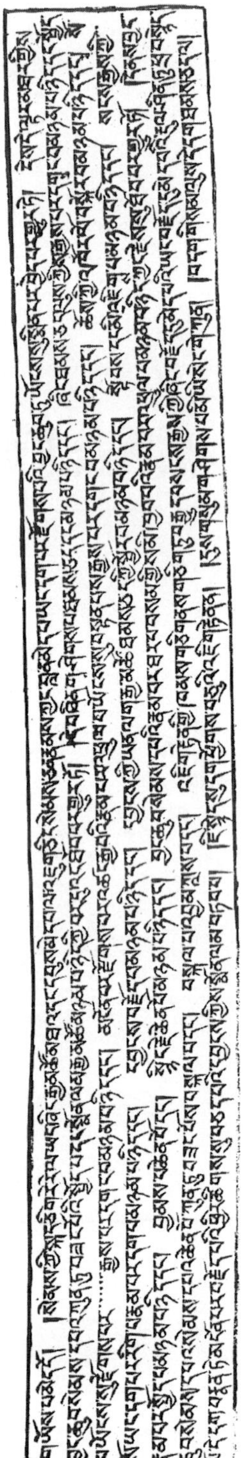

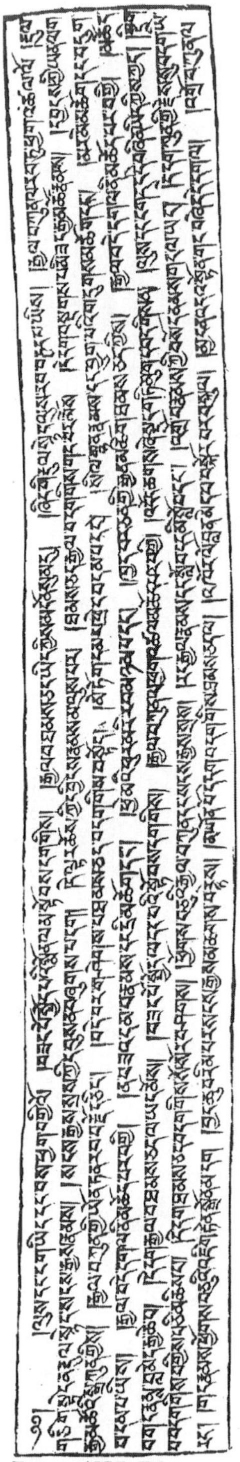

717

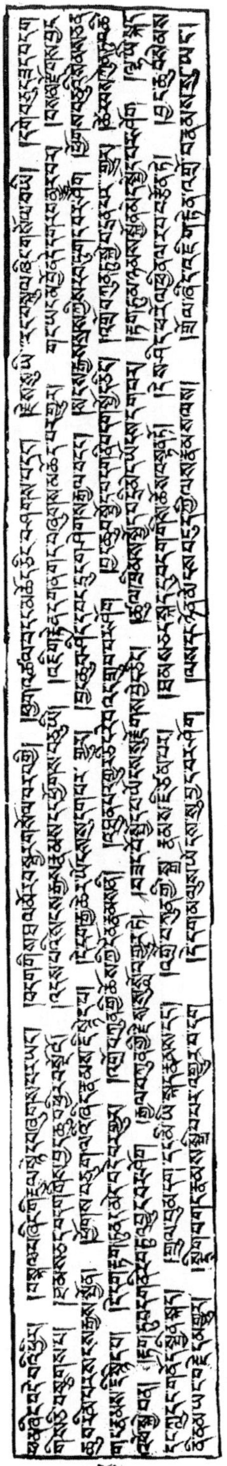

718

9

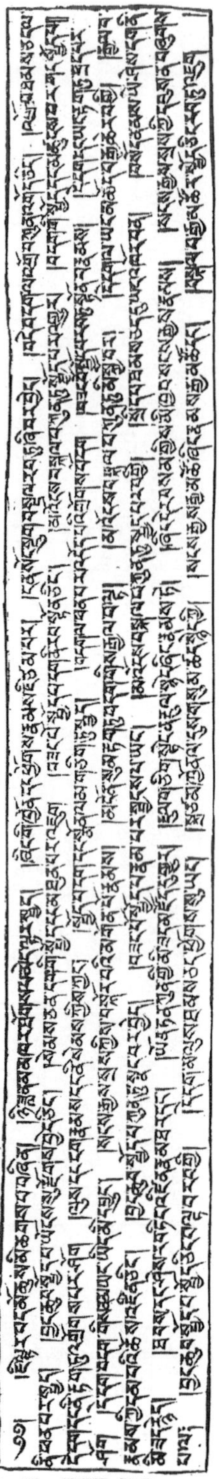

720

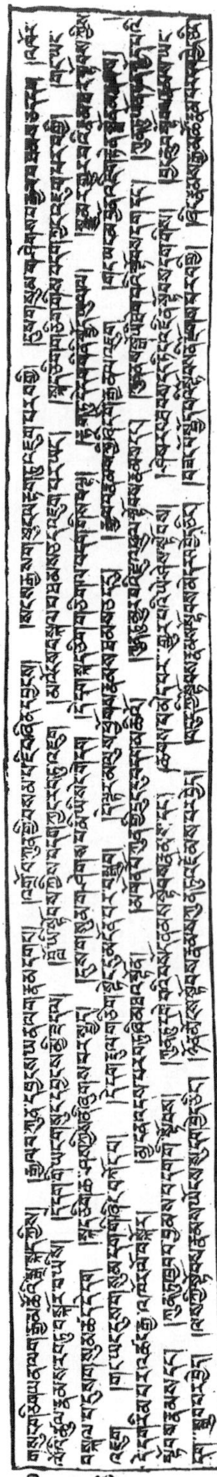

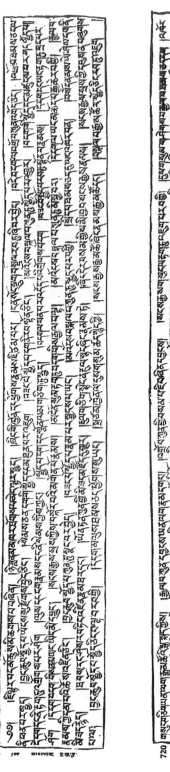

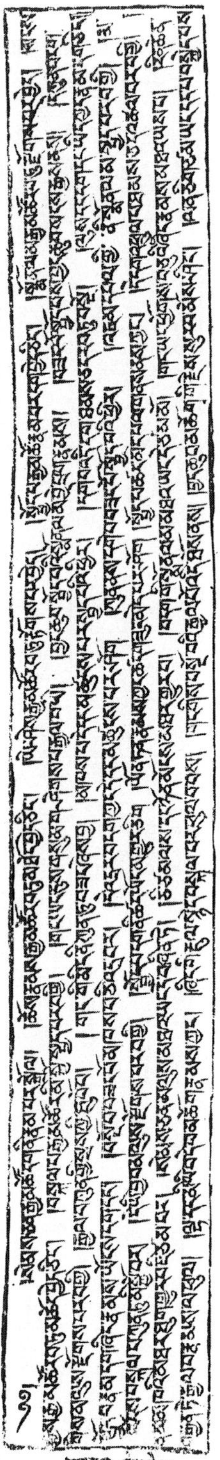

721

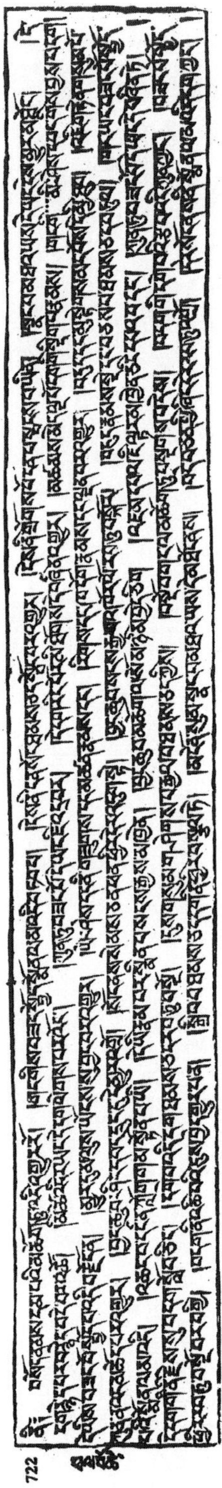

722

Image As Per Original Document

723

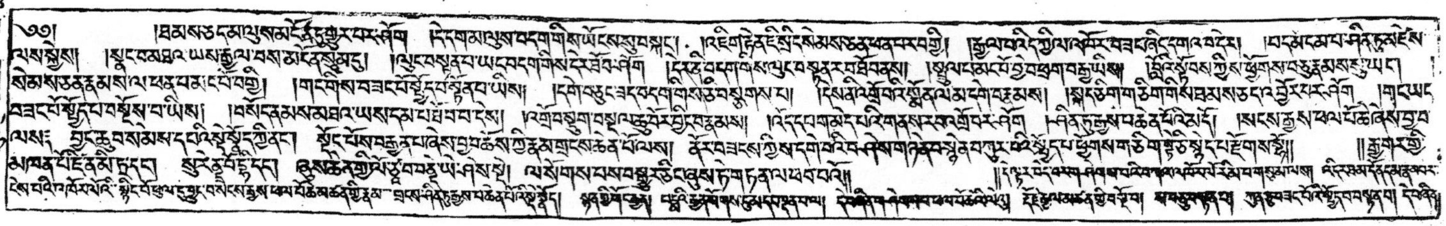

724

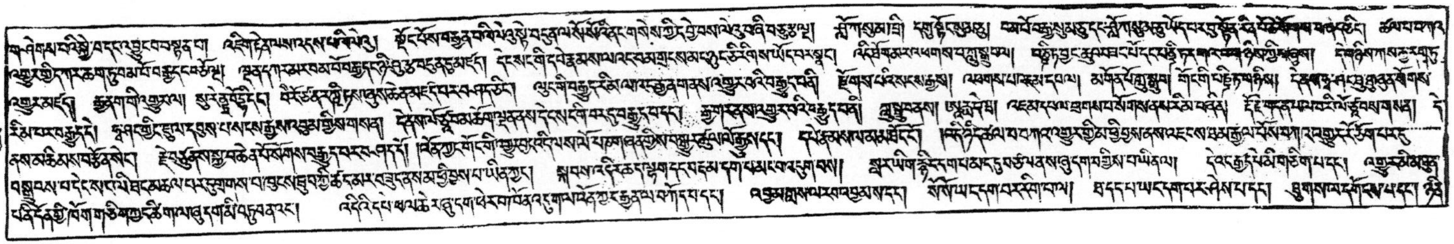

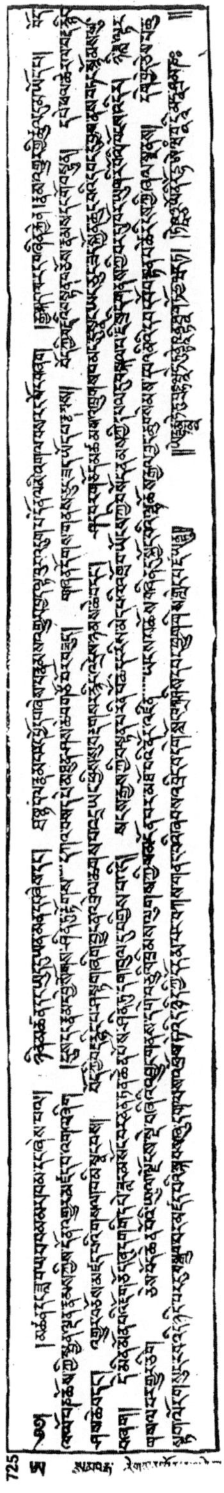

bsTan 'gyur

No.4377 *'Phangs pa bzang po spyod pa'i smon lam gyi rgyal po* [nYo 299b-303b]

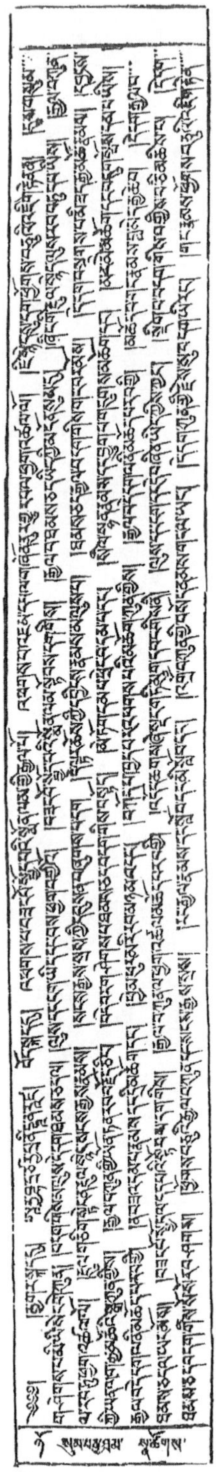

601

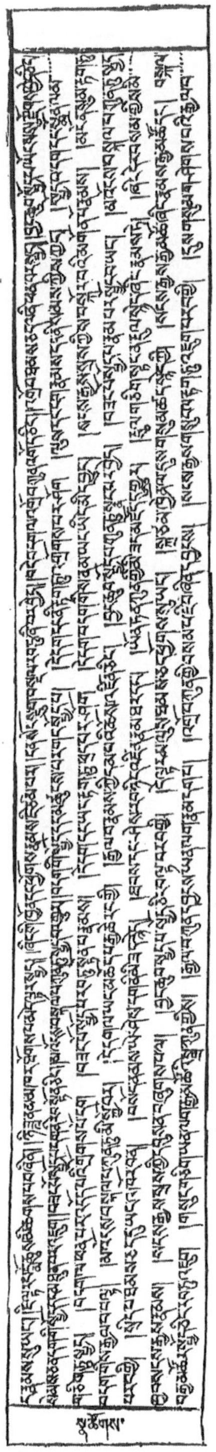

602

603

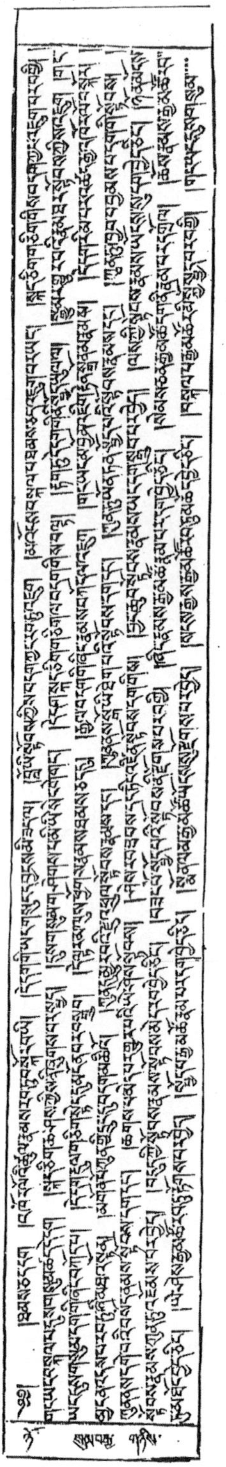

604

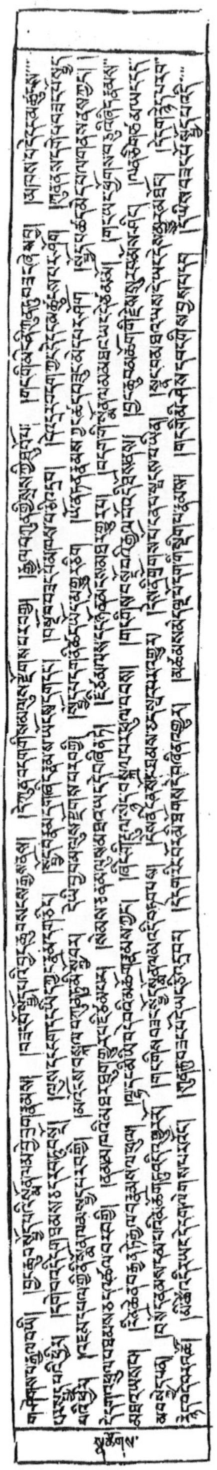

ཅ་ སྐུ་བཅུ། གསུམ།

༄༅། །བརྗོད་ན། །མྱུར་དུ་ལུས་ཡོངས་སུ་བྱང་བར་གྱུར། །ཡེ་ཤེས་དང་ནི་གཟུགས་དང་མཚན་རྣམས་དང་། །རིགས་དང་ཁ་དོག་རྣམས་དང་ལྡན་པར་གྱུར། །བདུད་དང་མུ་སྟེགས་ཅན་གྱིས་མི་ཐུབ། །འཇིག་རྟེན་གསུམ་པོ་ཀུན་ན་ནི་མཆོད་པར་འགྱུར། །བྱང་
ཆུབ་ཤིང་དབང་དྲུང་དུ་ནི་མྱུར་དུ་འགྲོ། །སོང་ནས་སེམས་ཅན་ཕན་ཕྱིར་དེར་འདུག་སྟེ། །བྱང་ཆུབ་སངས་རྒྱས་འཁོར་ལོ་རབ་ཏུ་བསྐོར། །བདུད་དང་སྡེ་དང་བཅས་པ་ཐམས་ཅད་བཏུལ། །གང་ཡང་བཟང་པོ་སྤྱོད་པའི་སྨོན་ལམ་འདི། །འཆང་བ་དང་ནི་སྟོན་ཏམ་ཀློག་པ་ཡི། །
དེ་ཡི་རྣམ་པར་སྨིན་པ་སངས་རྒྱས་མཁྱེན། །བྱང་ཆུབ་མཆོག་ལ་སོམ་ཉི་མ་བྱེད་ཅིག །འཇམ་དཔལ་ཇི་ལྟར་མཁྱེན་ཅིང་དཔའ་བ་དང་། །ཀུན་ཏུ་བཟང་པོ་དེ་ཡང་དེ་བཞིན་ཏེ། །དེ་དག་ཀུན་གྱི་རྗེས་སུ་བདག་སློབ་ཅིང་། །དགེ་བ་འདི་དག་ཐམས་ཅད་རབ་ཏུ་བསྔོ། །དུས་གསུམ་
གཤེགས་པ་རྒྱལ་བ་ཐམས་ཅད་ཀྱིས། །བསྔོ་བ་གང་ལ་མཆོག་ཏུ་བསྔགས་པ་དེས། །བདག་གི་དགེ་བའི་རྩ་བ་འདི་ཀུན་ཀྱང་། །བཟང་པོ་སྤྱོད་ཕྱིར་རབ་ཏུ་བསྔོ་བར་བགྱི། །བདག་ནི་འཆི་བའི་དུས་བྱེད་གྱུར་པ་ན། །སྒྲིབ་པ་ཐམས་ཅད་དག་ནི་ཕྱིར་བསལ་ཏེ། །མངོན་
སུམ་སྣང་བ་མཐའ་ཡས་དེ་མཐོང་ནས། །བདེ་བ་ཅན་གྱི་ཞིང་དེར་རབ་ཏུ་འགྲོ། །དེར་སོང་ནས་ནི་སྨོན་ལམ་འདི་དག་ཀུན། །ཐམས་ཅད་མ་ལུས་མངོན་དུ་འགྱུར་བར་ཤོག །དེ་དག་མ་ལུས་བདག་གིས་ཡོངས་སུ་བཀང་། །འཇིག་རྟེན་ཇི་སྲིད་སེམས་ཅན་ཕན་པར་བགྱི། །
རྒྱལ་བའི་དཀྱིལ་འཁོར་བཟང་ཞིང་དགའ་བ་དེར། །པདྨོ་དམ་པ་ཤིན་ཏུ་མཛེས་ལས་སྐྱེས། །སྣང་བ་མཐའ་ཡས་རྒྱལ་བས་མངོན་སུམ་དུ། །ལུང་བསྟན་པ་ཡང་བདག་གིས་དེར་ཐོབ་ཤོག །དེར་ནི་བདག་གིས་ལུང་བསྟན་རབ་ཐོབ་ནས། །སྤྲུལ་པ་མང་པོ་བྱེ་བ་ཕྲག་བརྒྱ་ཡིས། །
བློ་ཡི་སྟོབས་ཀྱིས་ཕྱོགས་བཅུ་རྣམས་སུ་ཡང་། །སེམས་ཅན་རྣམས་ལ་ཕན་པ་མང་པོ་བགྱི། །བཟང་པོ་སྤྱོད་པའི་སྨོན་ལམ་བཏོན་པ་ཡི། །དགེ་བ་ཅུང་ཟད་བདག་གིས་ཅི་བསགས་པ། །དེས་ནི་འགྲོ་བའི་སྨོན་ལམ་དགེ་བ་རྣམས། །སྐད་ཅིག་གཅིག་གིས་ཐམས་ཅད་འབྱོར་པར་····

ཕུང་གསུམ།

༄༅། །གང་ཡང་བཟང་པོ་སྤྱོད་པ་འདི་བསྔོས་པས། །བསོད་ནམས་མཐའ་ཡས་དམ་པ་གང་ཐོབ་དེས། །འགྲོ་བ་སྡུག་བསྔལ་ཆུ་བོར་བྱིང་བ་རྣམས། །འོད་དཔག་མེད་པའི་གནས་རབ་ཐོབ་པར་ཤོག །སྨོན་ལམ་རྒྱལ་པོ་འདི་དག་མཆོག་གི་མཆོག །མཐའ་ཡས་འགྲོ་བ་ཀུན་ལ་ཕན
བྱེད་ཅིང་། །ཀུན་ཏུ་བཟང་པོས་བརྒྱན་པའི་གཞུང་གྲུབ་སྟེ། །ངན་སོང་གནས་རྣམས་མ་ལུས་སྟོང་པར་ཤོག །འཕགས་པ་བཟང་པོ་སྤྱོད་པའི་སྨོན་ལམ་གྱི་རྒྱལ་པོ་རྫོགས་སོ།། ||འདི་བྱང་ཆུབ་སེམས་དཔའི་སྤྱོད་པ་ཉིད་དང་མཚན་ཞལ་བ་ཅི་འི་སྨོན་པ····
བརྒྱ་ན་པ་ཞེས་བྱ་བ་འཆི་ལ་སྦྱོར་ཙམ་གྲང་ལ་བཟང་གིས་དགེ་བ་འདི་ཉེས་པ་གཉེན་བསྟན་པ་ཀུ་སུ་ལིའི་སྨོན་པ་བཅོམ་ལས་གཅིག་པ་ནི་ལོ་ཙ་ལས་བྱུང་བའོ།། ༄༅། །རྒྱ་གར་སྐད་དུ། ཨཱརྻ་ཏྲི་སྐནྡྷ་ནཱ་མ་མ་ཧཱ་ཡཱ་ན་སཱུ་ཏྲ། བོད་སྐད་དུ།
འཕགས་པ་ཕུང་པོ་གསུམ་པ་ཞེས་བྱ་བ་ཐེག་པ་ཆེན་པོའི་མདོ། སངས་རྒྱས་དང་བྱང་ཆུབ་སེམས་དཔའ་ཐམས་ཅད་ལ་ཕྱག་འཚལ་ལོ། །སངས་རྒྱས་ཀུན་ལ་ཕྱག་འཚལ་ལོ། །དྲང་སྲོང་ལྷ་མིག་ལྡན་པ་ཡི། །བྱང་ཆུབ་སེམས་དཔའ་རྣམས་དང་ཡང་། །ཉན་ཐོས་རྣམས་ལ་
ཕྱག་འཚལ་ལོ། །ངན་འགྲོ་ཐམས་ཅད་ལྡོག་བྱེད་ཅིང་། །མཐོ་རིས་ལམ་ནི་རབ་སྟོན་པ། །རྒ་ཤི་མེད་པར་འདྲེན་བྱེད་པ། །བྱང་ཆུབ་སེམས་ལ་ཕྱག་འཚལ་ལོ། །སེམས་ཀྱིས་དབང་དུ་གྱུར་པ་ན། །བདག་གིས་སྡིག་པ་ཅི་བགྱིས་པ། །སངས་རྒྱས་སྤྱན་སྔར་མཆིས་ནས་སུ། །
བདག་གིས་དེ་དག་བཤགས་པར་བགྱི། །བདག་ལས་རྣམ་པ་གསུམ་གང་གིས། །བསོད་ནམས་ཚོགས་ནི་བསྐྱེད་པ་དེས། །བདག་གི་ཀུན་མཁྱེན་ས་བོན་ནི། །བདག་གི་བྱང་ཆུབ་མི་ཟད་ཤོག །ཕྱོགས་བཅུ་དག་གི་ཞིང་ཁམས་སུ། །སངས་རྒྱས་མཆོད་པ་གང་བྱུང་བ། །སངས་
རྒྱས་མཁྱེན་པས་ཡི་རང་བ། །དེ་ལ་བདག་ནི་ཡི་རང་ངོ་། །སྡིག་པ་ཐམས་ཅད་བཤགས་པར་བགྱི། །བསོད་ནམས་ཀུན་ལ་ཡི་རང་ངོ་། །སངས་རྒྱས་ཀུན་ལ་ཕྱག་འཚལ་ལོ། །བདག་ནི་ཡེ་ཤེས་མཆོག་ཐོབ་ཤོག །ཕྱོགས་བཅུ་དག་གི་ཕྱོགས་རྣམས་ན། །ས་བཅུ་དག་ལ····

北京版西蔵大蔵経

bsTan 'gyur

No.716 *'Phangs pa bzang po spyod pa'i smon lam gyi rgyal po* [Ya 268a-271b]

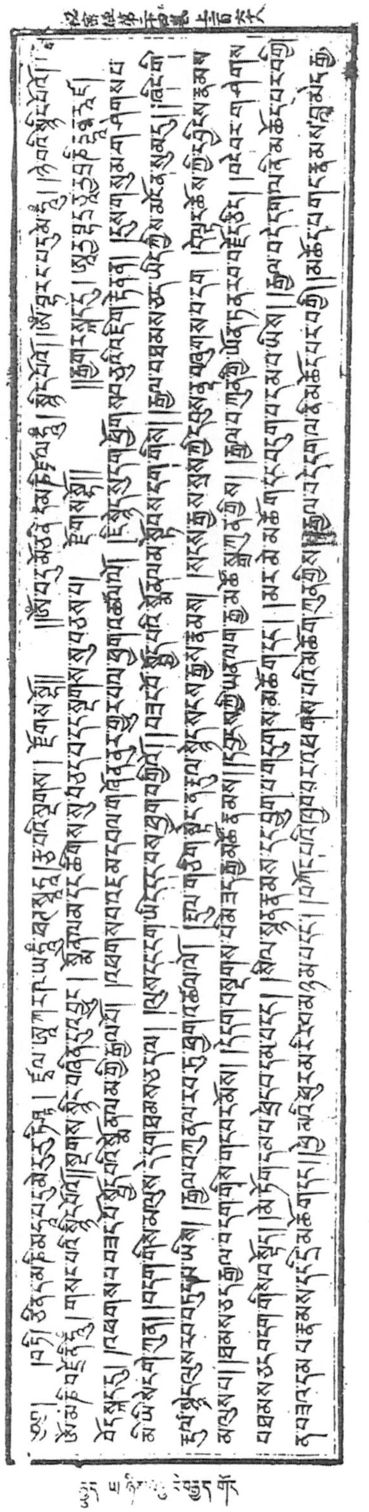

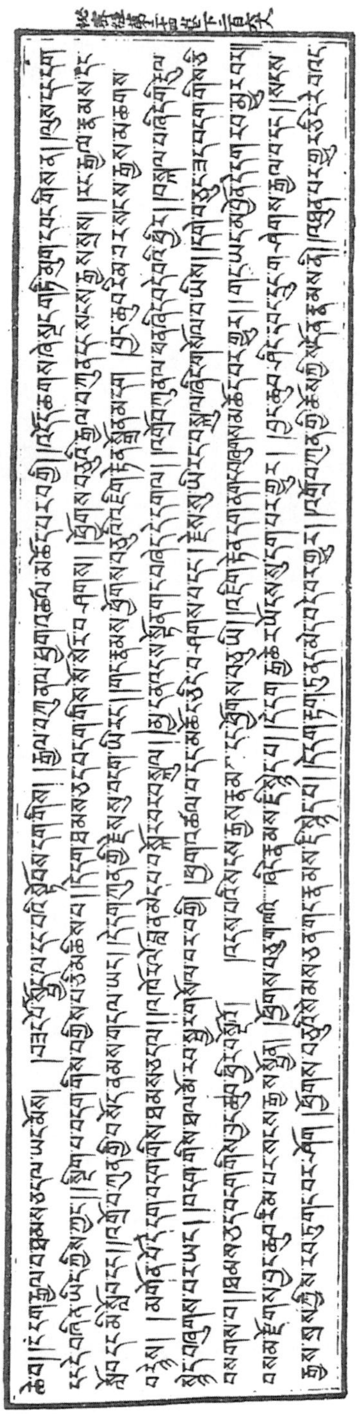

ཀྱཱུ། པ་ཉིས་བརྒྱ་སོ་དགུ་

༄༅། །འགྲུབ་པར་ཤོག །བྱང་ཆུབ་སྤྱོད་པ་དག་ནི་བདག་སྤྱོད་ཅིང་། །འགྲོ་བ་ཀུན་ཏུ་སྐྱེ་བ་དྲན་པར་གྱུར། །ཚེ་རབས་ཀུན་ཏུ་འཆི་འཕོ་སྐྱེ་བ་ན། །རྟག་ཏུ་བདག་ནི་རབ་ཏུ་འབྱུང་བར་ཤོག །རྒྱལ་བ་ཀུན་གྱི་རྗེས་སུ་སློབ་
གྱུར་ཏེ། །བཟང་པོ་སྤྱོད་པ་ཡོངས་སུ་རྫོགས་བྱེད་ཅིང་། །ཚུལ་ཁྲིམས་སྤྱོད་པ་དྲི་མེད་ཡོངས་དག་པར། །རྟག་ཏུ་མ་ཉམས་སྐྱོན་མེད་སྤྱོད་པར་ཤོག །ལྷ་ཡི་སྐད་དང་ཀླུ་དང་གནོད་སྦྱིན་སྐད། །གྲུལ་བུམ་དག་དང་མི་ཡི་
སྐད་རྣམས་དང་། །འགྲོ་བ་ཀུན་གྱི་སྒྲ་རྣམས་ཇི་ཙམ་པར། །ཐམས་ཅད་སྐད་དུ་བདག་གིས་ཆོས་བསྟན་ཏོ། །དེས་ཤིང་ཕ་རོལ་ཕྱིན་ལ་རབ་བརྩོན་ཏེ། །བྱང་ཆུབ་སེམས་ནི་ནམ་ཡང་རྗེད་མ་གྱུར། །སྡིག་པ་
གང་རྣམས་སྒྲིབ་པར་གྱུར་པ་དག །དེ་དག་མ་ལུས་ཡོངས་སུ་བྱང་བར་ཤོག །ལས་དང་ཉོན་མོངས་བདུད་ཀྱི་ལས་རྣམས་ལས། །གྲོལ་ཞིང་འཇིག་རྟེན་འགྲོ་བ་རྣམས་སུ་ཡང་། །ཇི་ལྟར་པདྨ་ཆུས་མི་ཆགས་
པ་བཞིན། །ཉི་ཟླ་ནམ་མཁའ་ཐོགས་པ་མེད་ལྟར་སྤྱོད། །ཞིང་གི་ཁྱོན་དང་ཕྱོགས་རྣམས་ཇི་ཙམ་པར། །ངན་སོང་སྡུག་བསྔལ་རབ་ཏུ་ཞི་བར་བྱེད། །བདེ་བ་དག་ལ་འགྲོ་བ་ཀུན་བཀོད་ཅིང་། །འགྲོ་བ་ཐམས་ཅད་
ལ་ནི་ཕན་པར་སྤྱོད། །བྱང་ཆུབ་སྤྱོད་པ་ཡོངས་སུ་རྫོགས་བྱེད་ཅིང་། །སེམས་ཅན་རྣམས་ཀྱི་སྤྱོད་དང་མཐུན་པར་འཇུག །བཟང་པོ་སྤྱོད་པ་དག་ནི་རབ་སྟོན་ཅིང་། །མ་འོངས་བསྐལ་པ་ཀུན་ཏུ་སྤྱོད་པར་གྱུར། །བདག་
གིས་སྤྱོད་དང་མཐུན་པར་གང་སྤྱོད་པ། །དེ་དག་དང་ནི་རྟག་ཏུ་འགྲོགས་པར་ཤོག །ལུས་དང་ངག་རྣམས་དང་ནི་སེམས་ཀྱིས་ཀྱང་། །སྤྱོད་པ་དག་དང་སྨོན་ལམ་གཅིག་ཏུ་སྤྱད། །བདག་ལ་ཕན་པར་འདོད་པའི་
གྲོགས་པོ་དག །བཟང་པོ་སྤྱོད་པ་རབ་ཏུ་སྟོན་པ་རྣམས། །དེ་དག་དང་ཡང་རྟག་ཏུ་ཕྲད་པར་ཤོག །དེ་དག་བདག་གིས་ནམ་ཡང་ཡིད་མི་ཕྱུང་། །སངས་རྒྱས་སྲས་ཀྱིས་བསྐོར་བའི་མགོན་པོ་རྣམས། །

秘密經第三函卷上二佰叁九

ཀྱཱུ། ཉིས་བརྒྱ་རེ་དགུ་

མངོན་སུམ་རྟག་ཏུ་བདག་གིས་རྒྱལ་བ་བལྟ། །མ་འོངས་བསྐལ་པ་ཀུན་ཏུ་མི་སྐྱོ་བར། །དེ་དག་ལ་ཡང་མཆོད་པ་རྒྱ་ཆེར་བགྱི། །རྒྱལ་བ་རྣམས་ཀྱི་དམ་པའི་ཆོས་འཛིན་ཅིང་། །བྱང་ཆུབ་སྤྱོད་པ་ཀུན་ཏུ་སྣང་བར་བྱེད། །
བཟང་པོའི་སྤྱོད་པ་རྣམ་པར་སྦྱོང་བ་ཡང་། །མ་འོངས་བསྐལ་པ་ཀུན་ཏུ་སྤྱོད་པར་བགྱི། །སྲིད་པ་ཐམས་ཅད་དུ་ནི་འཁོར་བ་ན། །བསོད་ནམས་ཡེ་ཤེས་དག་ནི་མི་ཟད་རྙེད། །ཐབས་དང་ཤེས་རབ་
ཏིང་འཛིན་རྣམ་ཐར་དང་། །ཡོན་ཏན་ཀུན་གྱི་མི་ཟད་མཛོད་དུ་གྱུར། །རྡུལ་གཅིག་སྟེང་ན་རྡུལ་སྙེད་ཞིང་རྣམས་ཏེ། །ཞིང་དེར་བསམ་གྱིས་མི་ཁྱབ་སངས་རྒྱས་རྣམས། །སངས་རྒྱས་སྲས་ཀྱི་དབུས་ན་བཞུགས་
པ་ལ། །བྱང་ཆུབ་སྤྱོད་པ་སྤྱོད་ཅིང་བལྟ་བར་བགྱི། །དེ་ལྟར་མ་ལུས་ཐམས་ཅད་ཕྱོགས་སུ་ཡང་། །སྐྲ་ཙམ་ཁྱོན་ལ་དུས་གསུམ་ཚད་སྙེད་ཀྱི། །སངས་རྒྱས་རྒྱ་མཚོ་ཞིང་རྣམས་རྒྱ་མཚོ་དང་། །བསྐལ་པ་རྒྱ་
མཚོར་སྤྱོད་ཅིང་རབ་ཏུ་འཇུག །གསུང་གཅིག་ཡན་ལག་རྒྱ་མཚོ་སྒྲ་སྐད་ཀྱིས། །རྒྱལ་བ་ཀུན་དབྱངས་ཡན་ལག་རྣམ་དག་པ། །འགྲོ་བ་ཀུན་གྱི་བསམ་པ་ཇི་བཞིན་དབྱངས། །སངས་རྒྱས་གསུང་ལ་རྟག་ཏུ་
འཇུག་པར་བགྱི། །དུས་གསུམ་གཤེགས་པ་རྒྱལ་བ་ཐམས་ཅད་དག །འཁོར་ལོའི་ཚུལ་རྣམས་རབ་ཏུ་བསྐོར་བ་ཡི། །དེ་དག་གི་ཡང་གསུང་དབྱངས་མི་ཟད་ལ། །བློ་ཡི་སྟོབས་ཀྱིས་བདག་ཀྱང་རབ་ཏུ་འཇུག །
མ་འོངས་བསྐལ་པ་ཐམས་ཅད་འཇུག་པར་ཡང་། །སྐད་ཅིག་གཅིག་གིས་བདག་ཀྱང་འཇུག་པར་བགྱི། །གང་ཡང་བསྐལ་པ་དུས་གསུམ་ཚད་དེ་དག །སྐད་ཅིག་ཆ་ཤས་ཀྱིས་ནི་ཞུགས་པར་སྤྱད། །
དུས་གསུམ་གཤེགས་པ་མི་ཡི་སེང་གེ་གང་། །དེ་དག་སྐད་ཅིག་གཅིག་ལ་བདག་གིས་བལྟ། །རྟག་ཏུ་དེ་དག་གི་ནི་སྤྱོད་ཡུལ་ལ། །སྒྱུ་མར་གྱུར་པའི་རྣམ་ཐར་སྟོབས་ཀྱིས་འཇུག །གང་ཡང་དུས་གསུམ་དག་གི་

秘密經第三函卷下二佰六十九

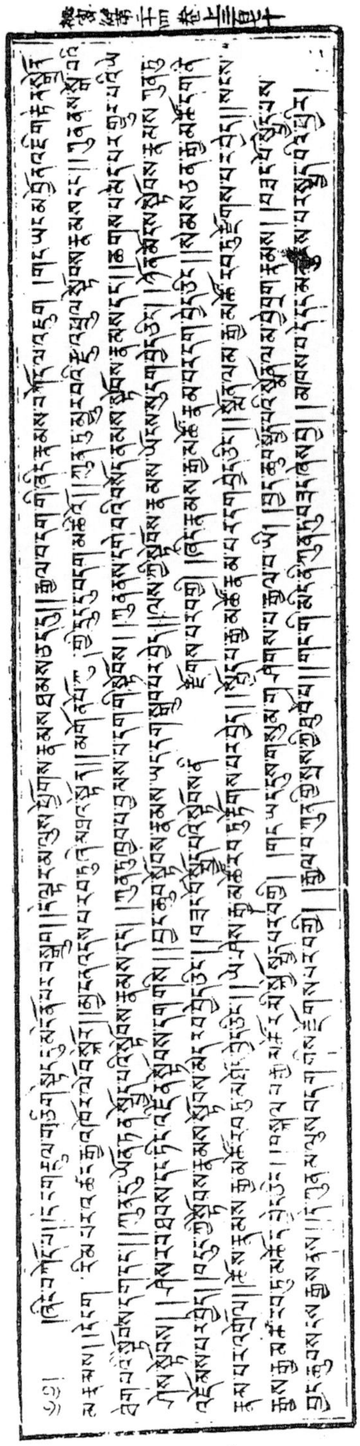

總要經第二十四卷上三頁十

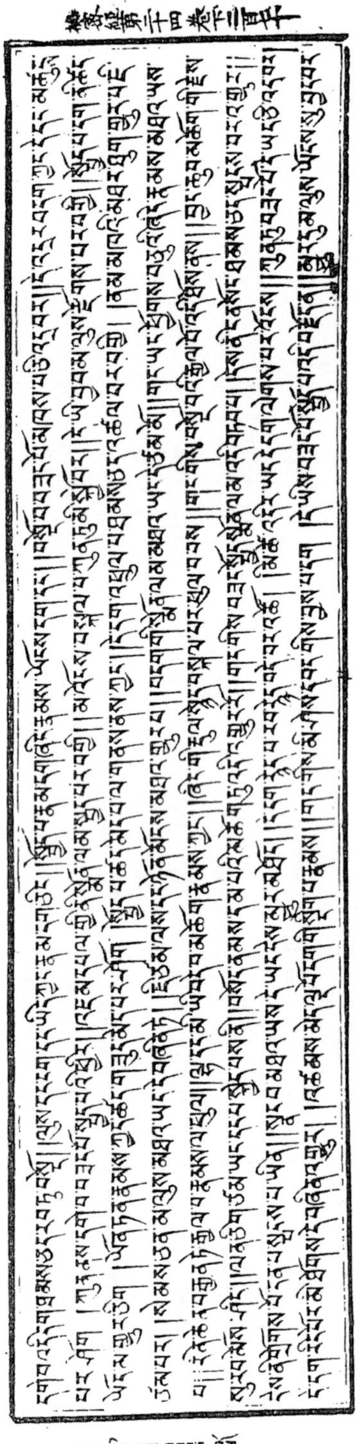

總要經第二十四卷下三頁十

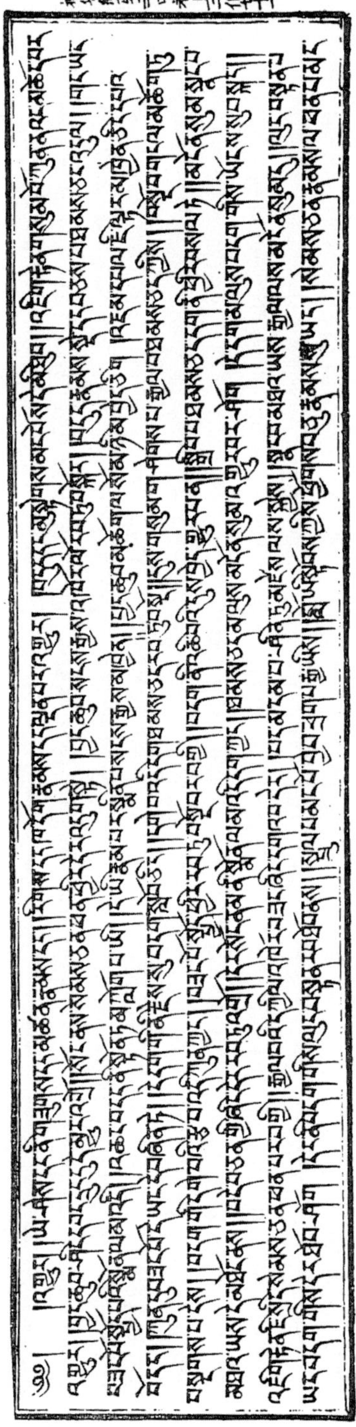

ཆད་ ཡ་ ཉིས་བརྒྱ་ དོན་གཅིག་ གོང

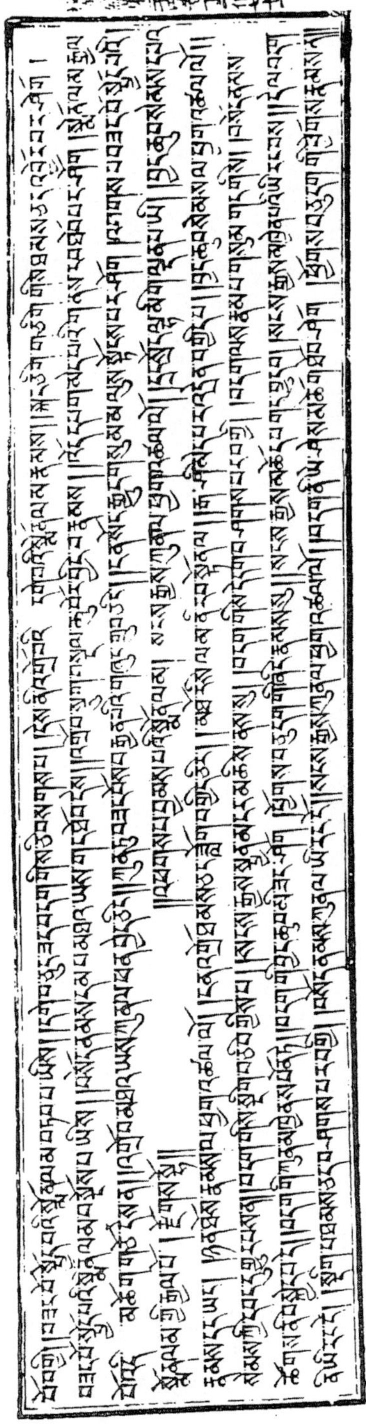

རྒྱུད་ ཉིས་བརྒྱ་ དོན་གཅིག་ འོག

bKa' 'gyur

No.761 *Sangs rgyas phal po chen zhes bya ba shin tu rgyas pa chen po'i mdo* [Hi 249b-253a]

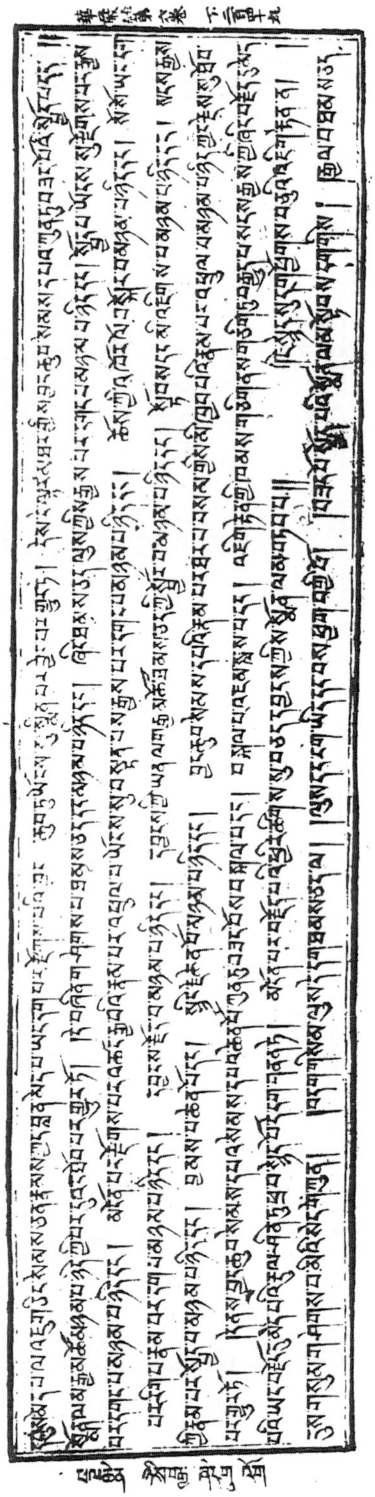

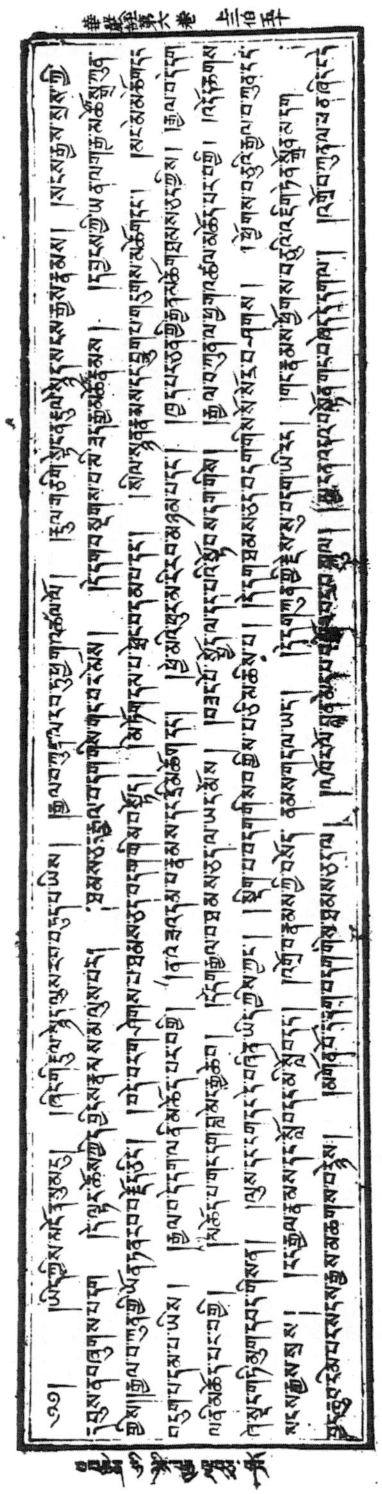

華嚴經第六卷 下二佰十

བའི་ཕྱིར། །བསྐལ་པ་ཞིང་གི་རྡུལ་སྙེད་བཞུགས་པར་ཡང་། །བདག་གིས་ཐལ་མོ་སྦྱར་བ་སྤྱང་གསོལ་བར་བགྱི། །ཕྱག་འཚལ་བ་དང་མཆོད་ཅིང་བཤགས་པ་དང་། །རྗེས་སུ་ཡི་རང་དང་བསྐུལ་ཞིང་གསོལ་བ་ཡི། །
དགེ་བ་ཅུང་ཟད་བདག་གིས་ཅི་བསགས་པ། །ཐམས་ཅད་བདག་གིས་བྱང་ཆུབ་ཕྱིར་བསྔོའོ། །འདས་པའི་སངས་རྒྱས་རྣམས་དང་ཕྱོགས་བཅུ་ཡི། །འཇིག་རྟེན་དག་ན་གང་བཞུགས་མཆོད་པར་གྱུར། །
གང་ཡང་མ་བྱོན་དེ་དག་རབ་མྱུར་བར། །བསམ་རྫོགས་བྱང་ཆུབ་རིམ་པར་སངས་རྒྱས་སྤྱོན། །ཕྱོགས་བཅུ་ཡི་ཞིང་རྣམས་ཇི་སྙེད་པ། །དེ་དག་རྒྱ་ཆེར་ཡོངས་སུ་དག་པར་གྱུར། །བྱང་ཆུབ་ཤིང་དབང་དྲུང་
གཤེགས་རྒྱལ་བ་དང་། །སངས་རྒྱས་སྲས་ཀྱིས་རབ་ཏུ་གང་བར་ཤོག །ཕྱོགས་བཅུའི་སེམས་ཅན་གང་རྣམས་ཇི་སྙེད་པ། །དེ་དག་རྟག་ཏུ་ནད་མེད་བདེ་བར་གྱུར། །འགྲོ་བ་ཀུན་གྱི་ཆོས་ཀྱི་དོན་རྣམས་
ནི། །མཐུན་པར་གྱུར་ཅིག་རེ་བ་འགྲུབ་པར་ཤོག །བྱང་ཆུབ་སྤྱོད་པ་དག་ནི་བདག་སྤྱོད་ཅིང་། །འགྲོ་བ་ཀུན་དུ་སྐྱེ་བ་དྲན་པར་གྱུར། །ཚེ་རབས་ཀུན་དུ་ཤི་འཕོ་སྐྱེ་བ་ན། །རྟག་ཏུ་ངང་གཞི་རབ་ཏུ་འབྱུང་བར་ཤོག །
རྒྱལ་བ་ཀུན་གྱི་རྗེས་སུ་སློབ་གྱུར་ཏེ། །བཟང་པོ་སྤྱོད་པ་ཡོངས་སུ་རྫོགས་བྱེད་ཅིང་། །ཚུལ་ཁྲིམས་སྤྱོད་པ་དྲི་མེད་ཡོངས་དག་པར། །རྟག་ཏུ་མ་ཉམས་སྐྱོན་མེད་སྤྱོད་པར་ཤོག །ལྷ་ཡི་སྐད་དང་ཀླུ་དང་གནོད་སྦྱིན་
སྐད། །གྲུལ་བུམ་སྐད་དང་མི་ཡི་སྐད་རྣམས་དང་། །འགྲོ་བ་ཀུན་གྱི་སྒྲ་རྣམས་ཇི་ཙམ་པར། །ཐམས་ཅད་སྐད་དུ་བདག་གིས་ཆོས་བསྟན་ཏོ། །དེས་ཤིང་ཕ་རོལ་ཕྱིན་ལ་བརྩོན་བྱེད་ཅིང་། །བྱང་ཆུབ་སེམས་ནི་ནམ་ཡང་
བརྗེད་མི་འགྱུར། །སྡིག་པ་གང་རྣམས་སྒྲིབ་པར་འགྱུར་བ་དག །དེ་དག་མ་ལུས་ཡོངས་སུ་བྱང་བར་ཤོག །ལས་དང་ཉོན་མོངས་བདུད་ཀྱི་ལམ་རྣམས་ལས། །གྲོལ་ཞིང་འཇིག་རྟེན་འགྲོ་བ་རྣམས་སུ་ཡང་། །

華嚴經第六卷 上 佰五十

༢༠༡། །ཇི་ལྟར་པདྨོ་ཆུས་མི་ཆགས་པ་བཞིན། །ཉི་ཟླ་ནམ་མཁར་ཐོགས་པ་མེད་ལྟར་སྤྱོད། །ཞིང་གི་ཕྱིན་དང་ཕྱོགས་ན[illegible]མ་པར། །ངན་སོང་སྡུག་བསྔལ་རབ་ཏུ་ཞི་བར་བྱེད། །བདེ་བ་དག་ལ་འགྲོ་བ་
ཀུན་འགོད་ཅིང་། །འགྲོ་བ་ཐམས་ཅད་དག་ལ་ཕན་པར་སྤྱོད། །བྱང་ཆུབ་སྤྱོད་པ་ཡོངས་སུ་རྫོགས་བྱེད་ཅིང་། །སེམས་ཅན་དག་གི་སྤྱོད་དང་མཐུན་པར་འཇུག །བཟང་པོ་སྤྱོད་པ་རབ་ཏུ་སྟོན་བྱེད་ཅིང་། །མ་འོངས་བསྐལ་པ་ཀུན་ཏུ་
སྤྱོད་པར་གྱུར། །བདག་གི་སྤྱོད་དང་མཚུངས་པར་གང་སྤྱོད་པ། །དེ་དག་དང་ནི་རྟག་ཏུ་འགྲོགས་པར་ཤོག །ལུས་དང་ངག་རྣམས་དང་ནི་སེམས་ཀྱིས་ཀྱང་། །སྤྱོད་པ་དག་དང་སྨོན་ལམ་གཅིག་ཏུ་སྤྱད། །བདག་ལ་ཕན་པར
འདོད་པའི་གྲོགས་པོ་དག །བཟང་པོའི་སྤྱོད་པ་རབ་ཏུ་སྟོན་པ་རྣམས། །དེ་དག་དང་ཡང་རྟག་ཏུ་ཕྲད་པར་ཤོག །དེ་དག་བདག་གིས་ནམ་ཡང་ཡིད་མི་དབྱུང་། །སངས་རྒྱས་སྲས་ཀྱིས་བསྐོར་བའི་མགོན་པོ་རྣམས། །
མངོན་སུམ་རྟག་ཏུ་བདག་གིས་རྒྱལ་བ་བལྟ། །མ་འོངས་བསྐལ་པ་ཀུན་ཏུ་མི་སྐྱོ་བར། །དེ་དག་ལ་ཡང་མཆོད་པ་རྒྱ་ཆེར་བགྱི། །རྒྱལ་བ་རྣམས་ཀྱི་དམ་པའི་ཆོས་འཛིན་ཅིང་། །བྱང་ཆུབ་སྤྱོད་པ་ཀུན་ཏུ་སྣང་བར་བྱེད། །
བཟང་པོ་སྤྱོད་པ་རྣམ་པར་སྦྱོང་བ་ཡང་། །མ་འོངས་བསྐལ་པ་ཀུན་ཏུ་སྤྱོད་པར་བགྱི། །སྲིད་པ་ཐམས་ཅད་དུ་ཡང་འཁོར་བ་ན། །བསོད་ནམས་ཡེ་ཤེས་དག་ནི་མི་ཟད་རྙེད། །ཐབས་དང་ཤེས་རབ་ཏིང་འཛིན་རྣམ་ཐར་དང་། །
ཡོན་ཏན་ཀུན་གྱི་མི་ཟད་མཛོད་དུ་གྱུར། །རྡུལ་གཅིག་སྟེང་ན་རྡུལ་སྙེད་ཞིང་རྣམས་ཏེ། །ཞིང་དེར་བསམ་གྱིས་མི་ཁྱབ་སངས་རྒྱས་རྣམས། །སངས་རྒྱས་སྲས་ཀྱི་དབུས་ན་བཞུགས་པ་ལ། །བྱང་ཆུབ་སྤྱོད་པ་སྤྱོད་ཅིང་བལྟ་
བར་བགྱི། །དེ་ལྟར་མ་ལུས་ཐམས་ཅད་ཕྱོགས་སུ་ཡང་། །སྐྲ་ཙམ་ཕྱོགས་ལ་དུས་གསུམ་ཚད་སྙེད་ཀྱི། །སངས་རྒྱས་རྒྱ་མཚོ་ཞིང་རྣམས་རྒྱ་མཚོ་དང་། །བསྐལ་པ་རྒྱ་མཚོར་སྤྱོད་ཅིང་རབ་ཏུ་འཇུག །གསུང་གཅིག་ཡན་ལག་རྒྱ

華嚴經第六卷 下 百五十二

ས་ཚོགས་ཏེ་སྣ་སྐད་ཀྱིས། །རྒྱལ་བ་ཀུན་ནི་དབྱངས་ཡན་ལག་རྣམ་དག་པ། །འགྲོ་ཀུན་གྱི་བསམ་པ་ཇི་བཞིན་དུ་བྱུང་ངས། །སངས་རྒྱས་གསུང་པ་རྟག་ཏུ་འཇུག་པར་བགྱི། །དུས་གསུམ་གཤེགས་པ་རྒྱལ་བ་ཐམས་ཅད་
དག །འཁོར་ལོའི་ཚུལ་རྣམས་རབ་ཏུ་བསྐོར་བ་ཡི། །དེ་དག་གིས་ཡིད་ལ་གསུང་དབྱངས་མི་ཟད་ལ། །བློ་ཡི་སྟོབས་ཀྱིས་བདག་ཀྱང་རབ་ཏུ་འཇུག །མ་འོངས་པ་བསྐལ་པ་ཐམས་ཅད་འཇུག་པ་ཡང་། །སྐད་ཅིག
གཅིག་གིས་པ་དེ་ཀུན་དུ་འཇུག་པར་བགྱི། །གང་ཡང་བསྐལ་པ་དུས་གསུམ་ཚད་དེ་དག །སྐད་ཅིག་ཆ་ཤས་ཀྱིས་ནི་ཞུགས་པར་བྱ། །དུས་གསུམ་གཤེགས་པ་མི་ཡི་སེང་གེ་དག །དེ་དག་སྐད་ཅིག་གཅིག་ལ་བདག
གིས་བལྟ། །རྟག་ཏུ་དེ་དག་གི་ནི་སྤྱོད་ཡུལ་ལ། །སྒྱུ་མར་གྱུར་པའི་རྣམ་ཐར་སྟོབས་ཀྱིས་འཇུག །གང་ཡང་དུས་གསུམ་དག་གི་ཞིང་བཀོད་པ། །དེ་དག་རྡུལ་ཅིག་སྟེང་དུ་མངོན་པར་བསྒྲུབ། །དེ་ལྟར་མ་ལུས་ཕྱོགས་
རྣམས་ཐམས་ཅད་དུ། །རྒྱལ་བ་རྣམས་ཀྱི་ཞིང་གི་རྒྱན་ལ་འཇུག །གང་ཡང་མ་བྱོན་འཇིག་རྟེན་སྒྲོན་མ་རྣམས། །དེ་དག་རིམ་པར་སངས་རྒྱས་འཁོར་ལོ་བསྐོར། །མྱ་ངན་འདས་པ་རབ་ཏུ་ཞི་མཐའ་སྟོན། །མགོན་པོ་ཀུན་གྱི་དྲུང་
དུ་བདག་མཆི་འོ། །ཀུན་ཏུ་མྱུར་བའི་རྫུ་འཕྲུལ་སྟོབས་རྣམས་དང་། །ཀུན་ནས་སྒོ་ཡི་ཐེག་པའི་སྟོབས་དག་དང་། །ཀུན་ཏུ་ཡོན་ཏན་སྤྱོད་པའི་སྟོབས་རྣམས་དང་། །ཀུན་ཏུ་ཁྱབ་པ་བྱམས་པ་དག་གི་སྟོབས། །ཀུན་ཏུ་དགེ་བའི
བསོད་ནམས་སྟོབས་རྣམས་དང་། །ཆགས་པ་མེད་པར་འགྱུར་བའི་ཡེ་ཤེས་སྟོབས། །ཤེས་རབ་ཐབས་དང་ཏིང་འཛིན་སྟོབས་དག་གིས། །བྱང་ཆུབ་སྟོབས་རྣམས་ཡང་དག་སྒྲུབ་པར་བྱེད། །ལས་ཀྱི་སྟོབས་རྣམས་ཡོངས་
སུ་དག་བྱེད་ཅིང་། །ཉོན་མོངས་སྟོབས་རྣམས་ཀུན་ཏུ་འཇོམས་པར་བྱེད། །བདུད་ཀྱི་སྟོབས་རྣམས་སྟོབས་མེད་རབ་བྱེད་ཅིང་། །བཟང་པོ་སྤྱོད་པའི་སྟོབས་ནི་རྫོགས་པར་བགྱི། །ཞིང་རྣམས་རྒྱ་མཚོ་རྣམ་པར་དག་བྱེད་ཅིང་།

華嚴經第六卷 上 百五十二

༡༡ །སེམས་ཅན་རྒྱ་མཚོ་དག་ནི་རྣམ་པར་སྒྲོལ། །ཆོས་རྣམས་རྒྱ་མཚོ་རབ་ཏུ་ མཐོང་བྱེད་ཅིང་། །ཡེ་ཤེས་རྒྱ་མཚོ་རབ་ཏུ་རྟོགས་པར་བྱེད། །སྤྱོད་པ་རྒྱ་མཚོ་རྣམ་པར་དག་བྱེད་ཅིང་།
སྨོན་ལམ་རྒྱ་མཚོ་རབ་ཏུ་རྫོགས་པར་བྱེད། །སངས་རྒྱས་རྒྱ་མཚོ་རབ་ཏུ་མཆོད་བྱེད་ཅིང་། །བསྐལ་པ་རྒྱ་མཚོར་མི་སྐྱོ་སྤྱོད་པར་བགྱི། །གང་ཡང་དུས་གསུམ་གཤེགས་པ་རྒྱལ་བ་ཡི། །བྱང་ཆུབ་སྤྱོད་པའི་སྨོན་ལམ་
བྱེ་བྲག་རྣམས། །བཟང་པོ་སྤྱོད་པས་བྱང་ཆུབ་སངས་རྒྱས་ནས། །དེ་ཀུན་བདག་གིས་མ་ལུས་རྫོགས་པར་བགྱི། །རྒྱལ་བ་ཀུན་གྱི་སྲས་ཀྱི་ཐུ་བོ་པ། །གང་གི་མིང་ནི་ཀུན་ཏུ་བཟང་ཞེས་བྱ། །མཁས་པ་དེ་དང་མཚུངས་པར་
སྤྱོད་པའི་ཕྱིར། །དགེ་བ་འདི་དག་ཐམས་ཅད་རབ་ཏུ་བསྔོ། །ལུས་དང་ངག་དང་ཡིད་ཀྱང་རྣམ་དག་ཅིང་། །སྤྱོད་པ་རྣམ་དག་ཞིང་རྣམས་ཡོངས་དག་དང་། །བསྔོ་བ་ བཟང་པོ་མཁས་པ་ཅི་འདྲ་བ། །དེ་འདྲར་བདག་ཀྱང་དེ་དང་
མཚུངས་པར་ཤོག །ཀུན་ནས་དགེ་བ་བཟང་པོ་སྤྱོད་པའི་ཕྱིར། །འཇམ་དཔལ་གྱི་ནི་སྨོན་ལམ་སྤྱད་པར་བགྱི། །མ་འོངས་བསྐལ་པ་ཀུན་ཏུ་མི་སྐྱོ་བར། །དེ་ཡི་བྱ་བ་ལུས་རྫོགས་པར་བགྱི། །སྤྱོད་པ་དག་ནི་ཚད་ཡོད་མ་གྱུར
ཅིག །ཡོན་ཏན་རྣམས་ཀྱང་ཚད་གཟུང་མེད་པར་ཤོག །སྤྱོད་པ་ཚད་མེད་པ་ལ་གནས་ནས་ཀྱང་། །དེ་དག་འཕྲུལ་པ་ཐམས་ཅད་འཚལ་བར་བགྱི། །ནམ་མཁའི་མཐར་ཐུག་གྱུར་པ་ཇི་ཙམ་པར། །སེམས་ཅན་མ་ལུས་མཐའ་ཡང་དེ་
བཞིན་ནོ། །ཇི་ཙམ་ལས་དང་ཉོན་མོངས་མཐར་གྱུར་པ། །བདག་གི་སྨོན་ལམ་མཐའ་ཡང་དེ་ཙམ་མོ། །གང་ཡང་ཕྱོགས་བཅུའི་ཞིང་རྣམས་མཐའ་ཡས་པ། །རིན་ཆེན་བརྒྱན་ཏེ་རྒྱལ་བ་རྣམས་ལ་ཕུལ། །ལྷ་དང་མི་ཡི་བདེ
བའི་མཆོག་རྣམས་ཀྱང་། །ཞིང་གི་རྡུལ་སྙེད་བསྐལ་པར་ཕུལ་བ་བས། །གང་གིས་བསྔོ་བའི་རྒྱལ་པོ་འདི་ཐོས་ནས། །བྱང་ཆུབ་མཆོག་གི་རྗེས་སུ་རབ་མོས་ཤིང་། །ལན་ཅིག་ཙམ་ཡང་དད་པ་བསྐྱེད་པ་ནི། །བསོད་ནམས་དམ་པའི་མཆོག་

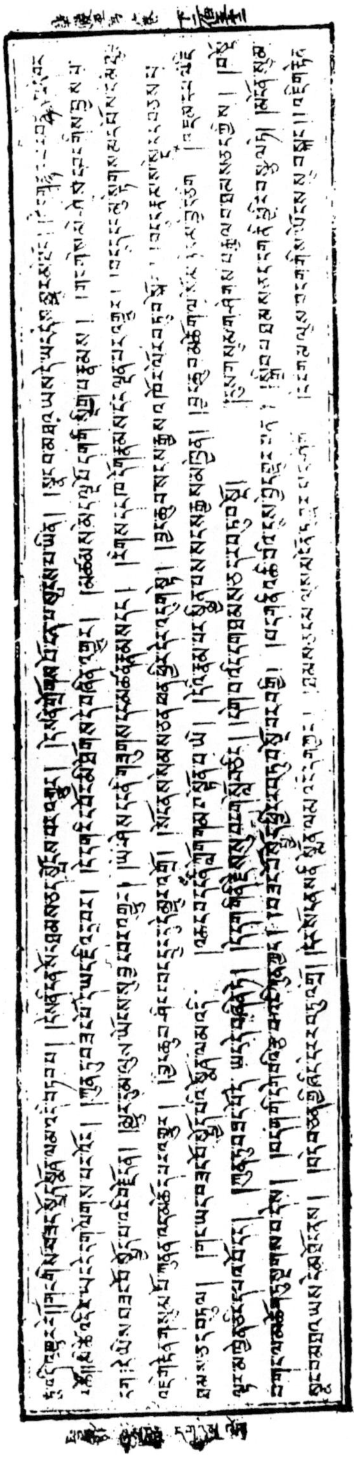

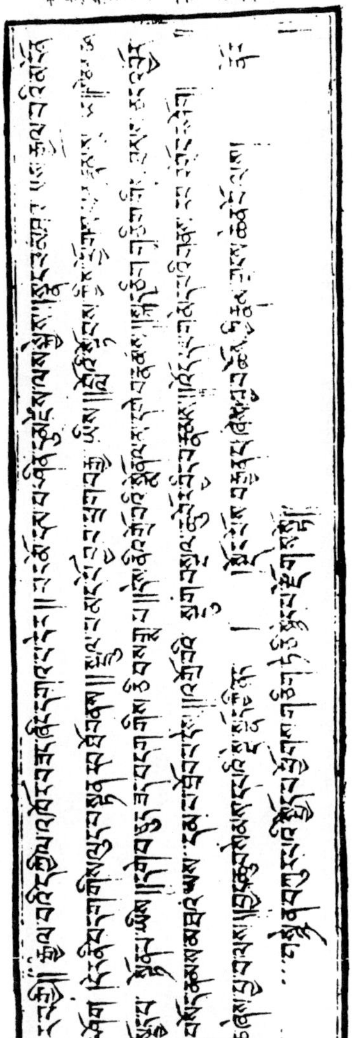

bsTan 'gyur

No.5924 *'Phangs pa bzang po spyod pa'i smon lam gyi rgyal po* [Mo 288b-292a]

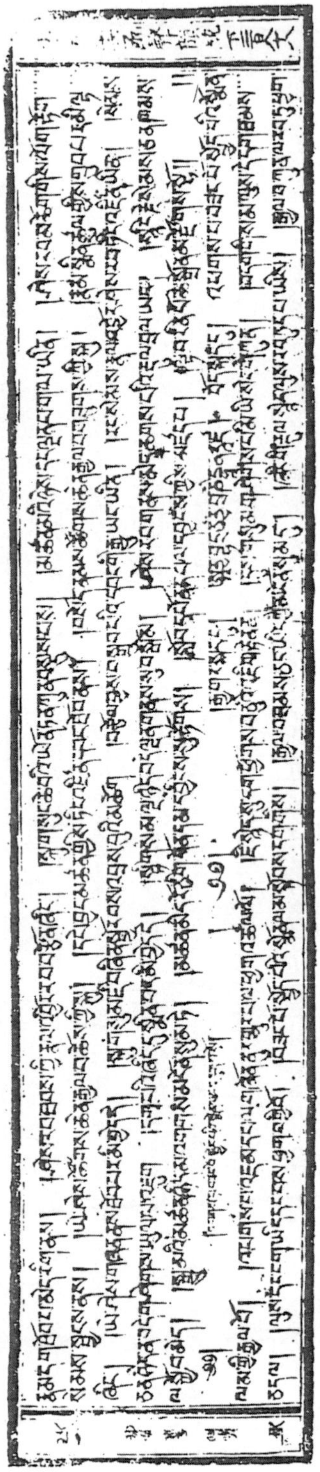

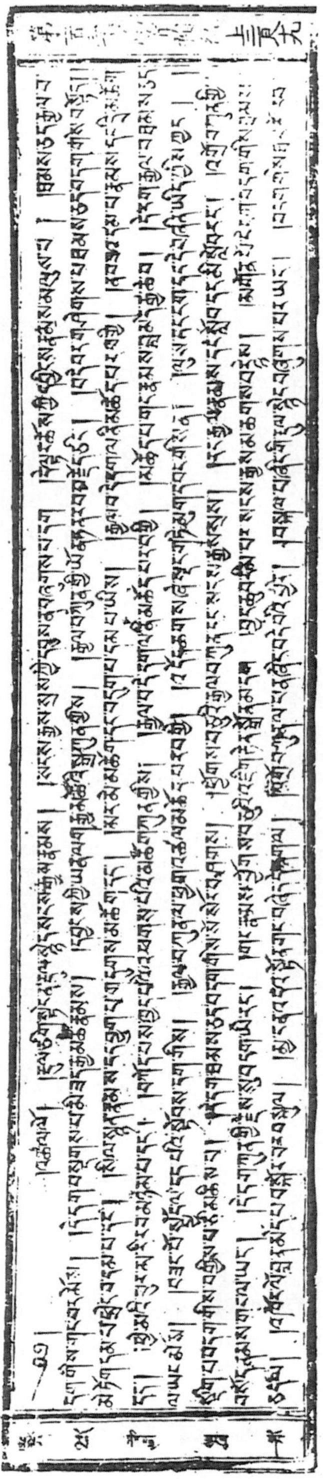

…下三百十九

ཕྱར་གསོལ་བར་བགྱི། །ཕྱག་འཚལ་བ་དང་མཆོད་ཅིང་བཤགས་པ་དང་། །རྗེས་སུ་ཡི་རང་བསྐུལ་ཞིང་གསོལ་བ་ཡི། །དགེ་བ་ཆུང་ཟད་བདག་གིས་ཅི་བསགས་པ། །ཐམས་ཅད་བདག་གིས་བྱང་ཆུབ་ཕྱིར་བསྔོ་འོ།
འདས་པའི་སངས་རྒྱས་རྣམས་དང་ཕྱོགས་བཅུ་ཡི། །འཇིག་རྟེན་དག་ན་གང་བཞུགས་མཆོད་པར་གྱུར། །གང་ཡང་མ་བྱོན་དེ་དག་རབ་མྱུར་བར། །བསམ་རྫོགས་བྱང་ཆུབ་རིམ་པར་སངས་རྒྱས་སྤྱོན། །ཕྱོགས
བཅུ་གང་ལགས་ཞིང་རྣམས་ཇི་སྙེད་པ། །དེ་དག་རྒྱ་ཆེར་ཡོངས་སུ་དག་པར་གྱུར། །བྱང་ཆུབ་ཤིང་དབང་དྲུང་གཤེགས་རྒྱལ་བ་དང་། །སངས་རྒྱས་སྲས་ཀྱིས་རབ་ཏུ་གང་བར་ཤོག །ཕྱོགས་བཅུའི་སེམས་ཅན་གང་
རྣམས་ཇི་སྙེད་པ། །དེ་དག་རྟག་ཏུ་ནད་མེད་བདེ་བར་གྱུར། །འགྲོ་བ་ཀུན་གྱི་ཆོས་ཀྱི་དོན་རྣམས་ནི། །མཐུན་པར་གྱུར་ཅིག་རེ་བའང་འགྲུབ་པར་ཤོག །བྱང་ཆུབ་སྤྱོད་པ་དག་ནི་བདག་སྤྱོད་ཅིང་། །འགྲོ་བ་ཀུན
ཏུ་སྐྱེ་བ་དྲན་པར་གྱུར། །ཚེ་རབས་ཀུན་ཏུ་འཆི་འཕོ་སྐྱེ་བ་ན། །རྟག་ཏུ་བདག་ནི་རབ་ཏུ་འབྱུང་བར་ཤོག །རྒྱལ་བ་ཀུན་གྱི་རྗེས་སུ་སློབ་གྱུར་ཏེ། །བཟང་པོ་སྤྱོད་པ་ཡོངས་སུ་རྫོགས་བྱེད་ཅིང་། །ཚུལ་ཁྲིམས་སྤྱོད་པ་དྲི
མེད་ཡོངས་དག་པར། །རྟག་ཏུ་མ་ཉམས་སྐྱོན་མེད་སྤྱོད་པར་ཤོག །ལྷ་ཡི་སྐད་དང་ཀླུ་དང་གནོད་སྦྱིན་སྐད། །གྲུལ་བུམ་དག་དང་མི་ཡི་སྐད་རྣམས་དང་། །འགྲོ་བ་ཀུན་གྱི་སྒྲ་སྐད་ཇི་ཙམ་པར། །ཐམས་ཅད
སྐད་དུ་བདག་གིས་ཆོས་བསྟན་ཏོ། །དེས་ཤིང་ཕ་རོལ་ཕྱིན་ལ་ཡང་བརྩོན་ནས་ནི། །བྱང་ཆུབ་སེམས་ནི་ནམ་ཡང་བརྗེད་མ་གྱུར། །སྡིག་པ་གང་རྣམས་སྒྲིབ་པར་གྱུར་པ་དག །དེ་དག་མ་ལུས་ཡོངས་སུ་བྱང་བར་ཤོག །
ལས་དང་ཉོན་མོངས་བདུད་ཀྱི་ལས་རྣམས་ལས། །གྲོལ་ཞིང་འཇིག་རྟེན་འགྲོ་བ་རྣམས་སུ་ཡང་། །ཇི་ལྟར་པདྨ་ཆུས་མི་ཆགས་པ་བཞིན། །ཉི་ཟླ་ནམ་མཁར་ཐོགས་པ་མེད་ལྟར་སྤྱོད། །ཞིང་གི་ཁྱོན་དང་ཕྱོགས……

…上三百九十

༢༡། །རྣམས་ཇི་ཙམ་པར། །ངན་སོང་སྡུག་བསྔལ་རབ་ཏུ་ཞི་བར་བྱེད། །བདེ་བ་དག་ལ་འགྲོ་བ་ཀུན་འགོད་ཅིང་། །འགྲོ་བ་ཐམས་ཅད་དག་ལ་ཕན་པར་སྤྱོད། །བྱང་ཆུབ་སྤྱོད་པ་ཡོངས
སུ་རྫོགས་བྱེད་ཅིང་། །སེམས་ཅན་རྣམས་ཀྱི་སྤྱོད་དང་མཐུན་པར་འཇུག །བཟང་པོ་སྤྱོད་པ་དག་ནི་རབ་སྟོན་ཅིང་། །མ་འོངས་བསྐལ་པ་ཀུན་ཏུ་སྤྱོད་པར་གྱུར། །བདག་གི་སྤྱོད་དང་མཚུངས་པར་གང་སྤྱོད་པ། །དེ
དག་དང་ནི་རྟག་ཏུ་འགྲོགས་པར་ཤོག །ལུས་དང་ངག་རྣམས་དང་ནི་སེམས་ཀྱིས་ཀྱང་། །སྤྱོད་པ་དག་དང་སྨོན་ལམ་གཅིག་ཏུ་སྤྱད། །བདག་ལ་ཕན་པར་འདོད་པའི་གྲོགས་པོ་དག །བཟང་པོ་སྤྱོད་པ་རབ་ཏུ་སྟོན་པ
རྣམས། །དེ་དག་དང་ཡང་རྟག་ཏུ་ཕྲད་པར་ཤོག །དེ་དག་བདག་གིས་ནམ་ཡང་ཡིད་མི་འབྱུང་། །སངས་རྒྱས་སྲས་ཀྱིས་བསྐོར་བའི་མགོན་པོ་རྣམས། །མངོན་སུམ་རྟག་ཏུ་བདག་གིས་རྒྱལ་བ་བལྟ། །མ་འོངས
བསྐལ་པ་ཀུན་ཏུ་མི་སྐྱོ་བར། །དེ་དག་ལ་ཡང་མཆོད་པ་རྒྱ་ཆེན་བགྱི། །རྒྱལ་བ་རྣམས་ཀྱི་དམ་པའི་ཆོས་འཛིན་ཅིང་། །བྱང་ཆུབ་སྤྱོད་པ་ཀུན་ཏུ་སྣང་བར་བྱེད། །བཟང་པོ་སྤྱོད་པ་རྣམ་པར་སྦྱོང་བ་ཡང་། །མ་འོངས……
བསྐལ་པ་ཀུན་ཏུ་སྤྱད་པར་བགྱི། །སྲིད་པ་ཐམས་ཅད་དུ་ཡང་འཁོར་བ་ན། །བསོད་ནམས་ཡེ་ཤེས་དག་ནི་མི་ཟད་རྙེད། །ཐབས་དང་ཤེས་རབ་ཏིང་འཛིན་རྣམ་ཐར་དང་། །ཡོན་ཏན་ཀུན་གྱི་མི་ཟད་མཛོད་དུ་གྱུར།
རྡུལ་གཅིག་སྟེང་ན་རྡུལ་སྙེད་ཞིང་རྣམས་ཏེ། །ཞིང་དེར་བསམ་གྱིས་མི་ཁྱབ་སངས་རྒྱས་རྣམས། །སངས་རྒྱས་སྲས་ཀྱི་དབུས་ན་བཞུགས་པ་ལ། །བྱང་ཆུབ་སྤྱོད་པ་སྤྱོད་ཅིང་བལྟ་བར་བགྱི། །དེ་ལྟར་མ་ལུས་ཐམས་ཅད
ཕྱོགས་སུ་ཡང་། །སྐྲ་ཙམ་ཁྱོན་ལ་དུས་གསུམ་ཚད་སྙེད་ཀྱི། །སངས་རྒྱས་རྒྱ་མཚོ་ཞིང་རྣམས་རྒྱ་མཚོ་དང་། །བསྐལ་པ་རྒྱ་མཚོར་སྤྱོད་ཅིང་རབ་ཏུ་འཇུག །གསུང་གཅིག་ཡན་ལག་རྒྱ་མཚོའི་སྒྲ་སྐད་ཀྱིས། །རྒྱལ་བ

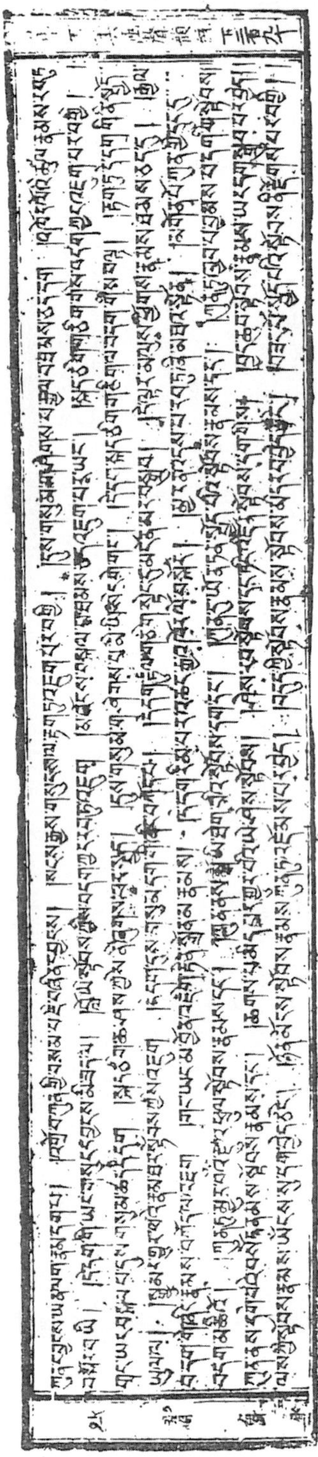

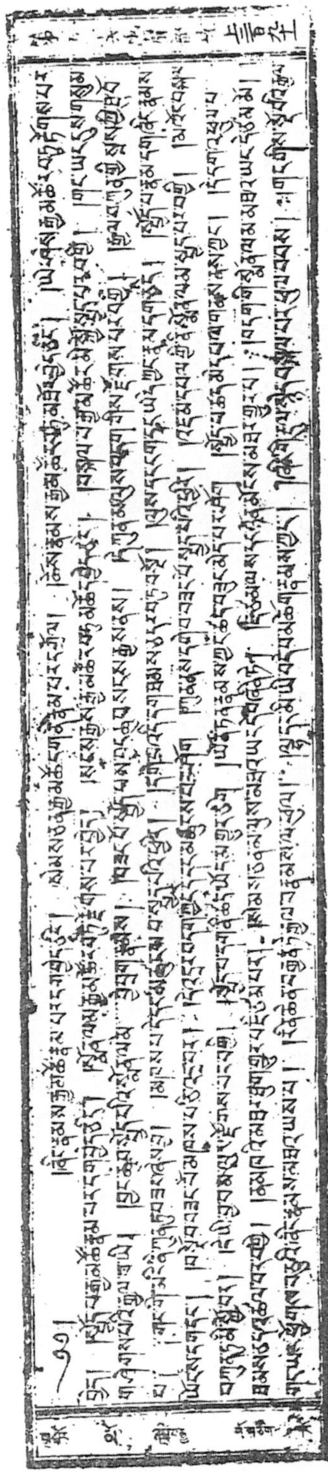

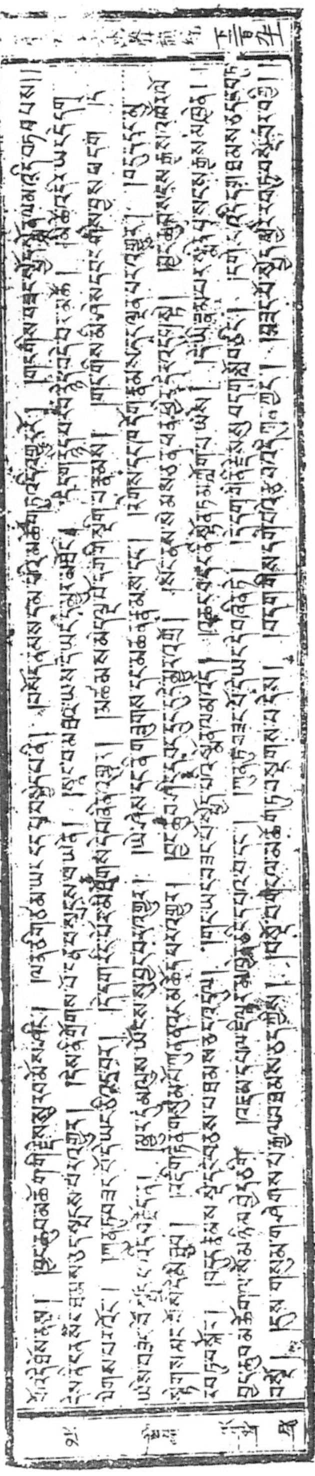

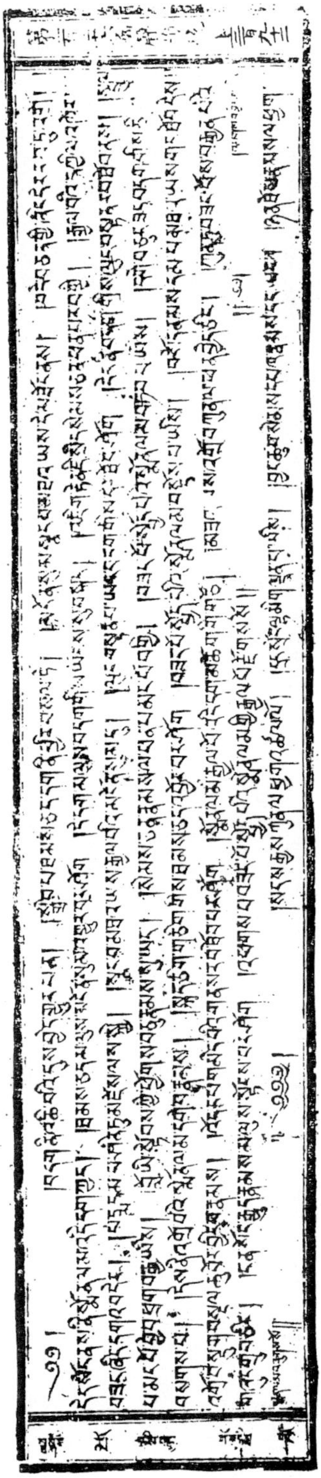

ナルタン版西蔵大蔵経

No.3916 *'Phangs pa bzang po spyod pa'i smon lam gyi rgyal po* [Mo 281a-284b]

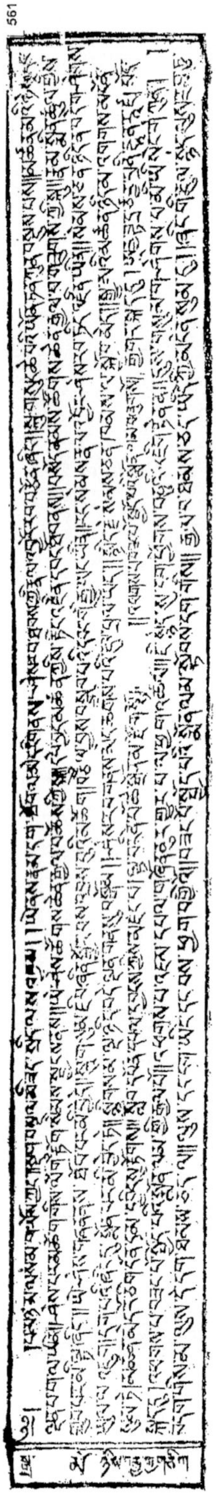

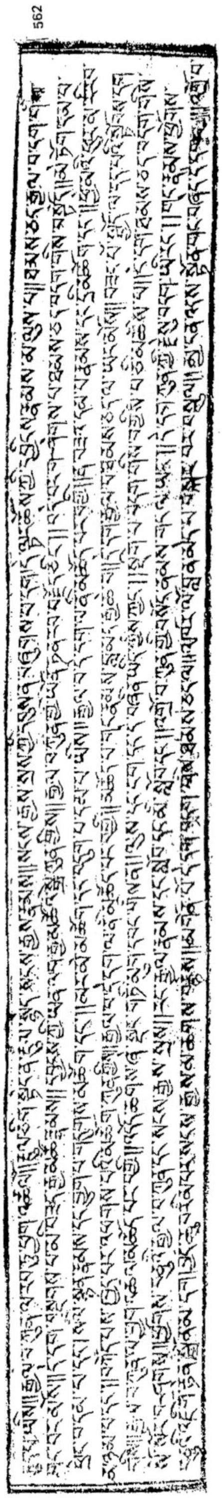

563

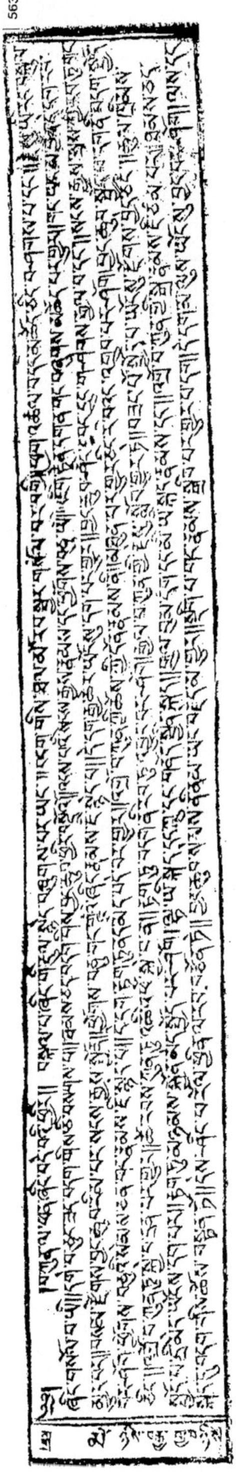

564

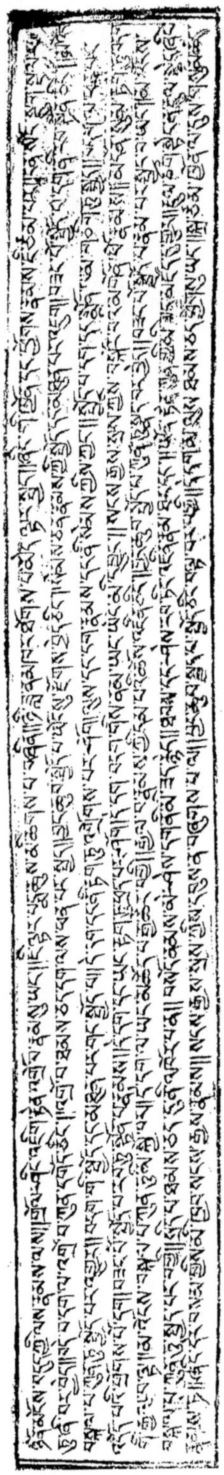

565

༄༅། །ཀྱཻ། །སངས་རྒྱས་རྒྱ་མཚོ་ཞིང་གི་རྒྱ་མཚོ་དང་། །བསྐལ་པ་རྒྱ་མཚོར་སྤྱོད་ཅིང་རབ་ཏུ་འཇུག །གསུང་གཅིག་ཡན་ལག་རྒྱ་མཚོའི་སྒྲ་སྐད་ཀྱིས། །ཚུལ་ལྡན་ཀུན་དབྱངས་ཡན་ལག་རྣམ་དག་པ། །འགྲོ་བ་ཀུན་གྱི་བསམ་པ་ཇི་
བཞིན་དབྱངས། །སངས་རྒྱས་གསུང་ལ་རྟག་ཏུ་འཇུག་པར་བགྱི། །དུས་གསུམ་གཤེགས་པ་རྒྱལ་བ་ཐམས་ཅད་དག །འཁོར་ལོའི་ཚུལ་རྣམས་རབ་ཏུ་བསྐོར་བ་ཡི། །དེ་དག་གི་ཡང་གསུང་དབྱངས་མི་ཟད་ལ། །བློ་ཡི་སྟོབས་ཀྱིས་བདག་ཀྱང་རབ་
ཏུ་འཇུག །མ་འོངས་བསྐལ་པ་ཐམས་ཅད་འཇུག་པར་ཡང་། །སྐད་ཅིག་གཅིག་གིས་བདག་ཀྱང་འཇུག་པར་བགྱི། །གང་ཡང་བསྐལ་པ་དུས་གསུམ་ཚད་དེ་དག །སྐད་ཅིག་ཆ་ཤས་ཀྱིས་ནི་ཞུགས་པར་སྤྱད། །དུས་གསུམ་གཤེགས་པ་མི་ཡི་སེང་
གེ་གང་། །དེ་དག་སྐད་ཅིག་གཅིག་ལ་བདག་གིས་བལྟ། །རྟག་ཏུ་དེ་དག་གི་ནི་སྤྱོད་ཡུལ་ལ། །སྒྱུ་མར་གྱུར་པའི་རྣམ་ཐར་སྟོབས་ཀྱིས་འཇུག །དེ་དག་དུས་གསུམ་དག་གི་ཞིང་བཀོད་པ། །དེ་དག་རྡུལ་གཅིག་སྟེང་དུ་མངོན་པར་བསྒྲུབ། །
དེ་ལྟར་མ་ལུས་ཕྱོགས་རྣམས་ཐམས་ཅད་དུ། །རྒྱལ་བ་དག་གི་ཞིང་རྣམས་བཀོད་ལ་འཇུག །གང་ཡང་མ་བྱོན་འཇིག་རྟེན་སྒྲོན་མ་རྣམས། །དེ་དག་རིམ་པར་འཚང་རྒྱ་འཁོར་ལོ་བསྐོར། །མྱ་ངན་འདས་པ་རབ་ཏུ་ཞི་མཐར་སྟོན། །མགོན་པོ་ཀུན་
གྱི་དྲུང་དུ་བདག་མཆིའོ། །རྫུ་འཕྲུལ་སྟོབས་དང་ཀུན་ནས་སྒོ་ཡི་ཐེག་པའི་སྟོབས་དག་དང་། །ཀུན་ནས་ཡོན་ཏན་སྤྱོད་པའི་སྟོབས་རྣམས་དང་། །ཀུན་དུ་ཁྱབ་པ་བྱམས་པ་དག་གི་སྟོབས། །ཀུན་ནས་དགེ་བའི་བསོད་ནམས་
སྟོབས་རྣམས་དང་། །ཆགས་པ་མེད་པར་གྱུར་པའི་ཡེ་ཤེས་སྟོབས། །ཤེས་རབ་ཐབས་དང་ཏིང་ངེ་འཛིན་སྟོབས་ཀྱིས། །བྱང་ཆུབ་སྟོབས་རྣམས་ཡང་དག་སྒྲུབ་པར་བྱེད། །ལས་ཀྱི་སྟོབས་རྣམས་ཡོངས་སུ་དག་བྱེད་ཅིང་། །ཉོན་མོངས་སྟོབས་

566

རྣམས་ཀུན་ཏུ་འཇོམས་པར་བྱེད། །བདུད་ཀྱི་སྟོབས་རྣམས་སྟོབས་མེད་རབ་བྱེད་ཅིང་། །བཟང་པོ་སྤྱོད་པའི་སྟོབས་ནི་རྫོགས་པར་བགྱི། །ཞིང་རྣམས་རྒྱ་མཚོ་རྣམ་པར་དག་བྱེད་ཅིང་། །སེམས་ཅན་རྒྱ་མཚོ་དག་ནི་རྣམ་པར་དགྲོལ། །ཆོས་རྣམས་
རྒྱ་མཚོ་རབ་ཏུ་མཐོང་བྱེད་ཅིང་། །ཡེ་ཤེས་རྒྱ་མཚོ་རབ་ཏུ་རྟོགས་པར་བྱེད། །སྤྱོད་པ་རྒྱ་མཚོ་རྣམ་པར་དག་བྱེད་ཅིང་། །སྨོན་ལམ་རྒྱ་མཚོ་རབ་ཏུ་རྫོགས་པར་བྱེད། །སངས་རྒྱས་རྒྱ་མཚོ་རབ་ཏུ་མཆོད་བྱེད་ཅིང་། །བསྐལ་པ་རྒྱ་མཚོར་མི་སྐྱོ་སྤྱད་
པར་བགྱི། །གང་ཡང་དུས་གསུམ་གཤེགས་པའི་རྒྱལ་བ་ཡི། །བྱང་ཆུབ་སྤྱོད་པའི་སྨོན་ལམ་བྱེ་བྲག་རྣམས། །བཟང་པོ་སྤྱོད་པས་བྱང་ཆུབ་སངས་རྒྱས་ནས། །དེ་ཀུན་མ་ལུས་བདག་གིས་རྫོགས་པར་བགྱི། །རྒྱལ་བ་ཀུན་གྱི་སྲས་ཀྱི་ཐུ་བོ་བ། །གང་
གི་མིང་ནི་ཀུན་ཏུ་བཟང་ཞེས་བྱ། །མཁས་པ་དེ་དང་མཚུངས་པར་སྤྱད་པའི་ཕྱིར། །དགེ་བ་འདི་དག་ཐམས་ཅད་རབ་ཏུ་བསྔོ། །ལུས་དང་ངག་དང་ཡིད་ཀྱང་རྣམ་དག་ཅིང་། །སྤྱོད་པ་རྣམ་དག་ཞིང་རྣམས་ཡོངས་དག་དང་། །བསྔོ་བ་བཟང་པོ་མཁས་
པ་ཅི་འདྲ་བ། །དེ་འདྲར་བདག་ཀྱང་དེ་དང་མཚུངས་པར་ཤོག །ཀུན་ནས་དགེ་བ་བཟང་པོ་སྤྱད་པའི་ཕྱིར། །འཇམ་དཔལ་གྱི་ནི་སྨོན་ལམ་སྤྱད་པར་བགྱི། །མ་འོངས་བསྐལ་པ་ཀུན་ཏུ་མི་སྐྱོ་བར། །དེ་ཡི་བྱ་བ་མ་ལུས་རྫོགས་པར་བགྱི། །སྤྱོད་
པ་དག་ནི་ཚད་ཡོད་མ་གྱུར་ཅིག །ཡོན་ཏན་རྣམས་ཀྱང་ཚད་བཟུང་མེད་པར་ཤོག །སྤྱོད་པ་ཚད་མེད་པ་ལ་གནས་ནས་ཀྱང་། །དེ་དག་འཕྲུལ་པ་ཐམས་ཅད་ཤེས་པར་བགྱི། །ནམ་མཁའི་མཐར་ཐུག་གྱུར་པ་ཇི་ཙམ་པར། །སེམས་ཅན་མ་
ལུས་མཐའ་ཡང་དེ་བཞིན་ཏེ། །ཇི་ཙམ་ལས་དང་ཉོན་མོངས་མཐར་གྱུར་པ། །བདག་གི་སྨོན་ལམ་མཐའ་ཡང་དེ་ཙམ་མོ། །གང་ཡང་ཕྱོགས་བཅུའི་ཞིང་རྣམས་མཐའ་ཡས་པ། །རིན་ཆེན་བརྒྱན་ཏེ་རྒྱལ་བ་རྣམས་ལ་ཕུལ། །ལྷ་དང་མི

567

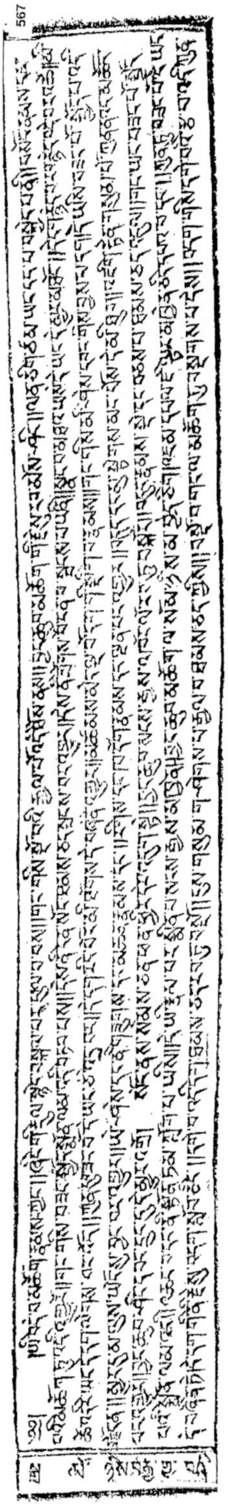

568

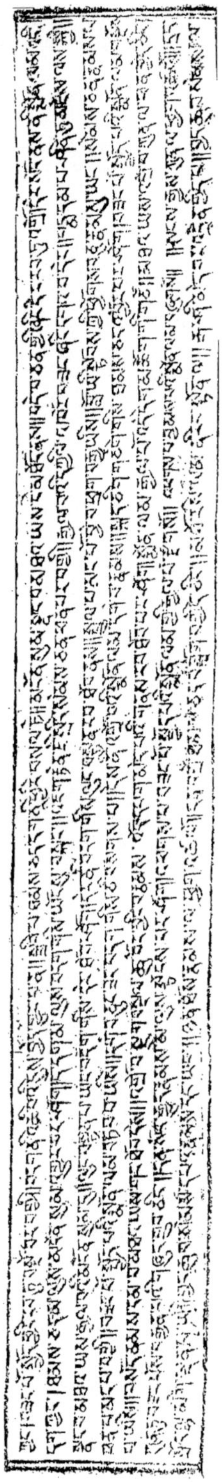

Multi-lingual Buddhist Texts: in Sanskrit, Chinese, Tibetan, Mongolian and Manchu

391

392
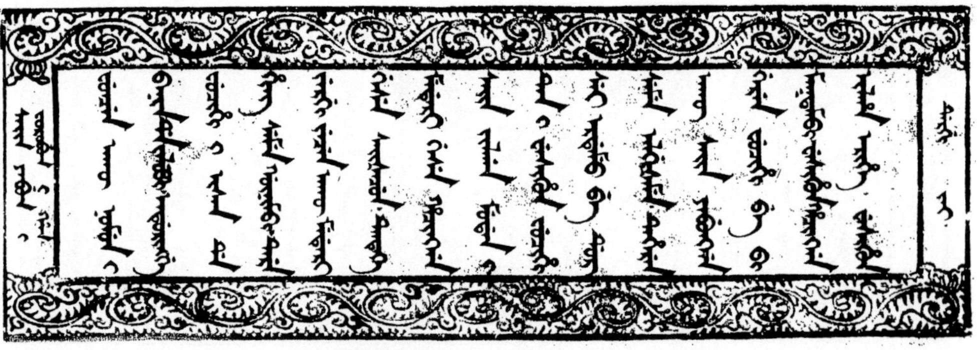

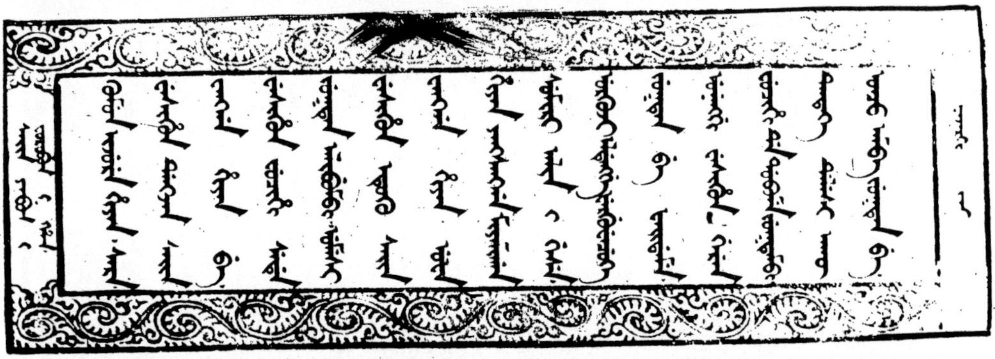

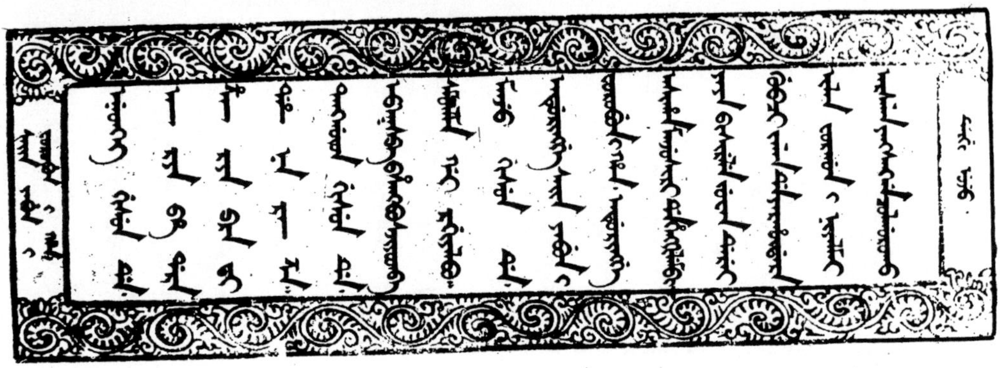

393

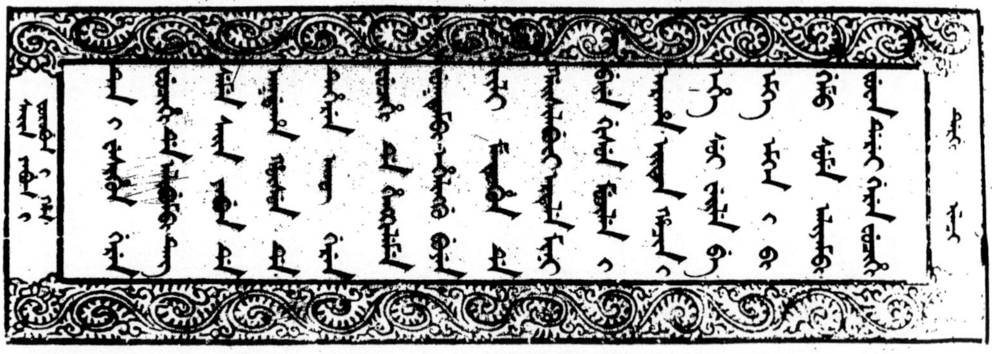

394

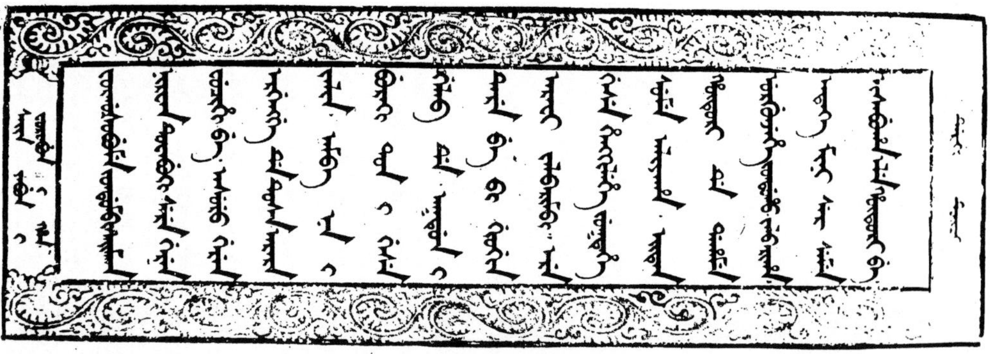

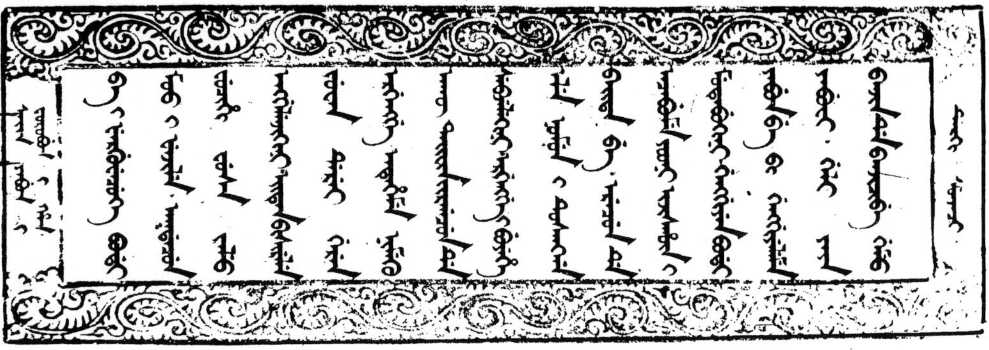

395

396

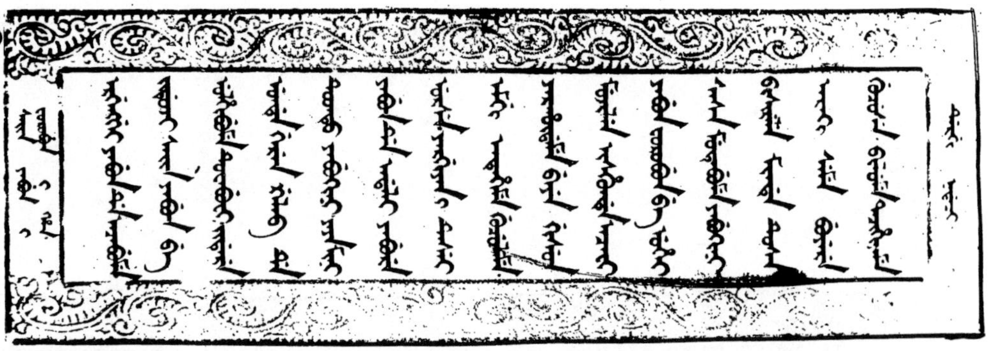

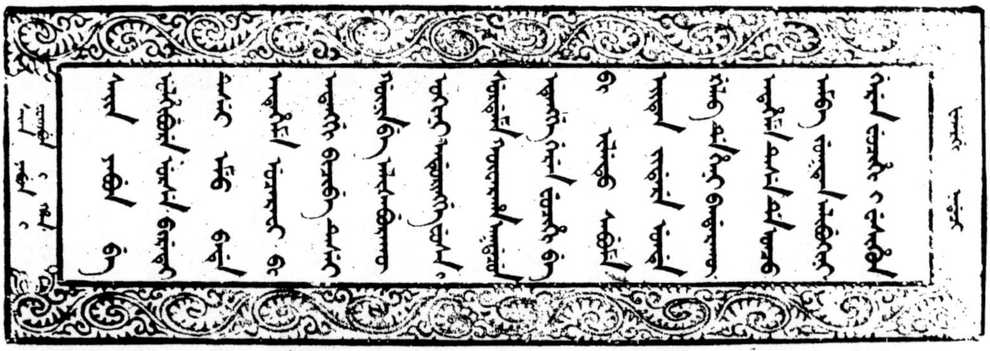

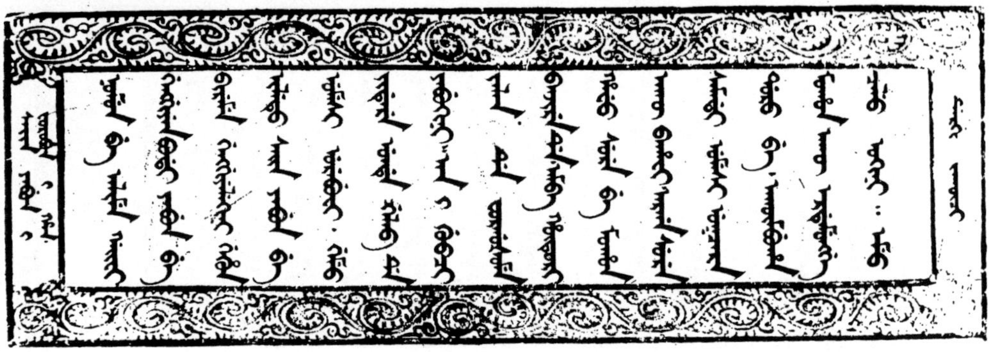

397

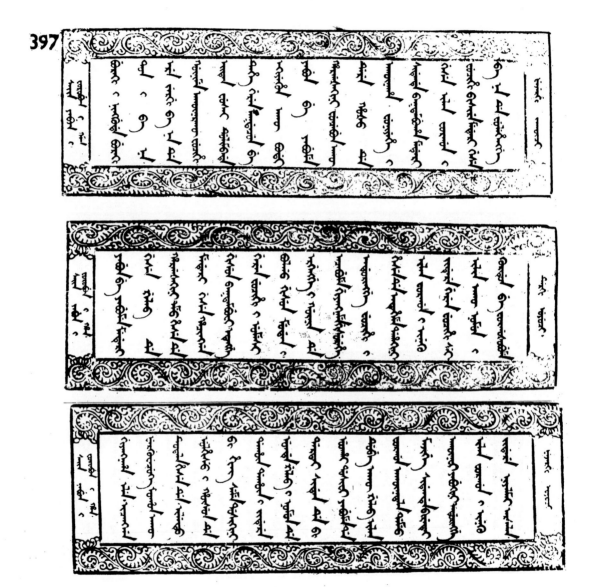

398

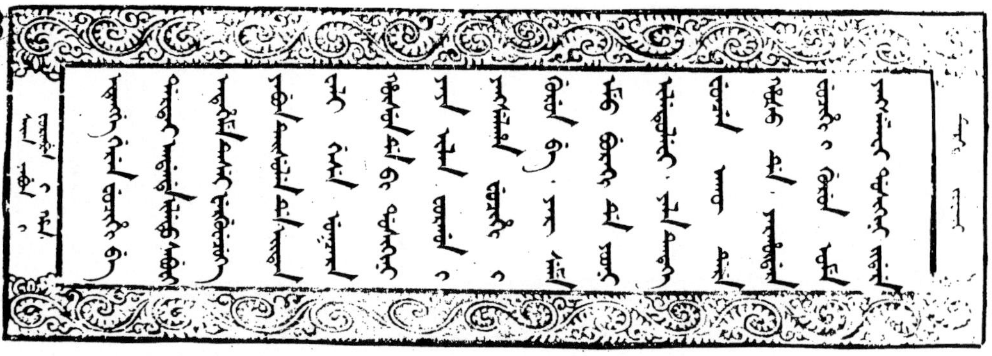

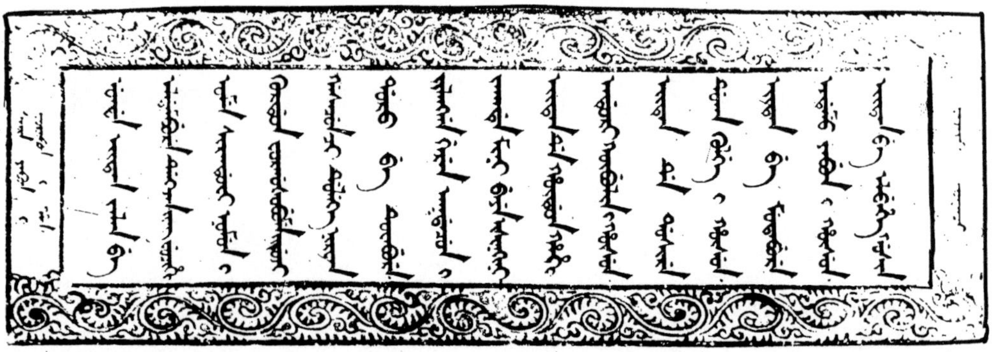

399

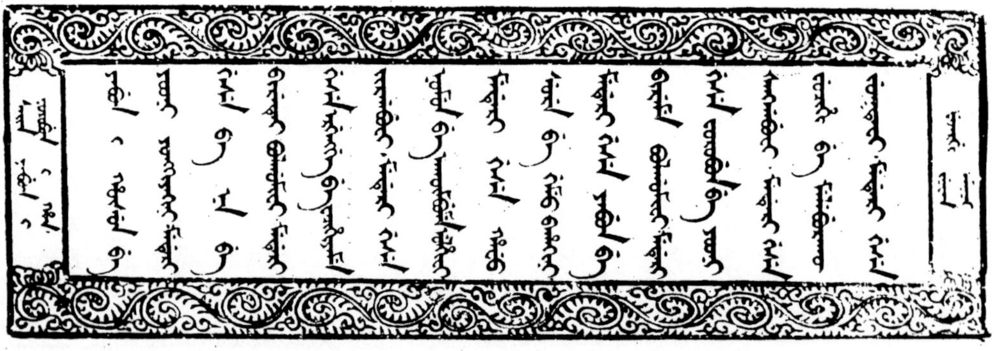

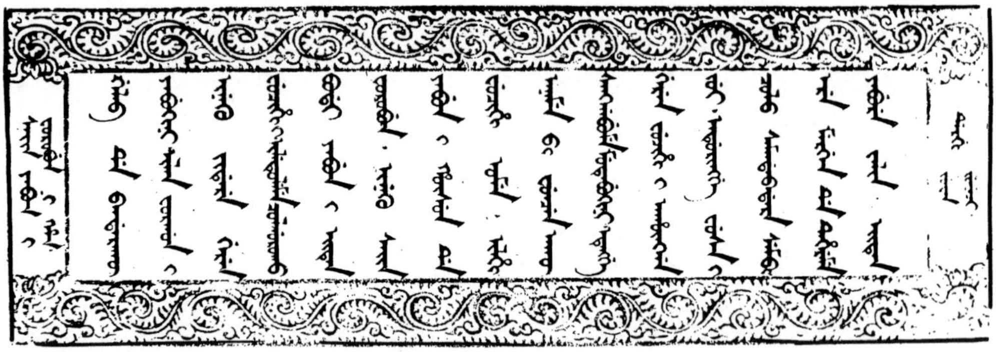

400

401

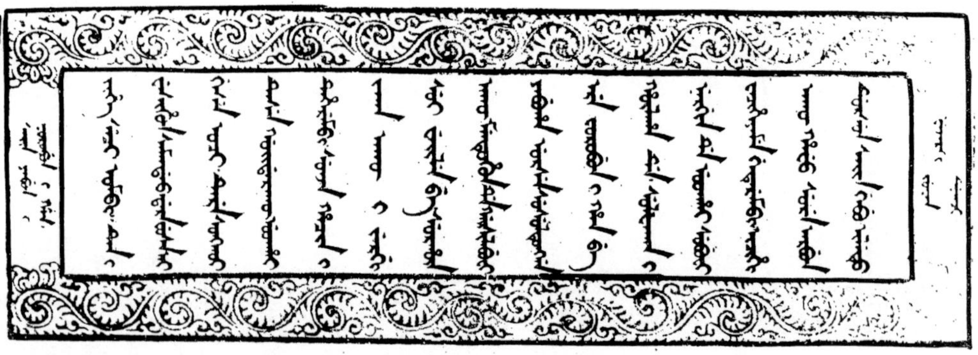

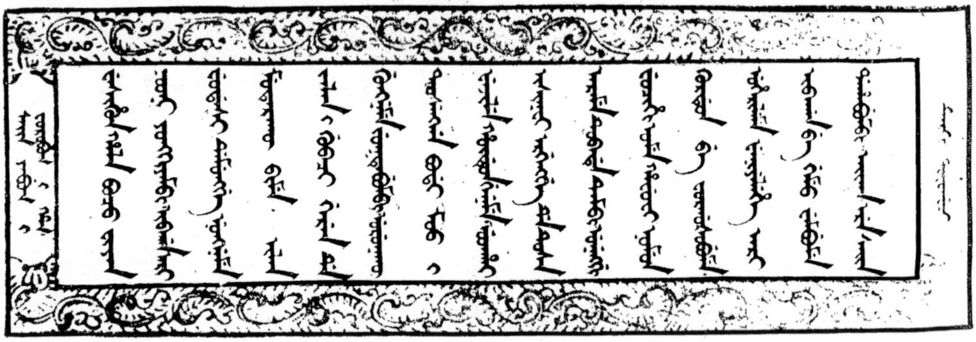

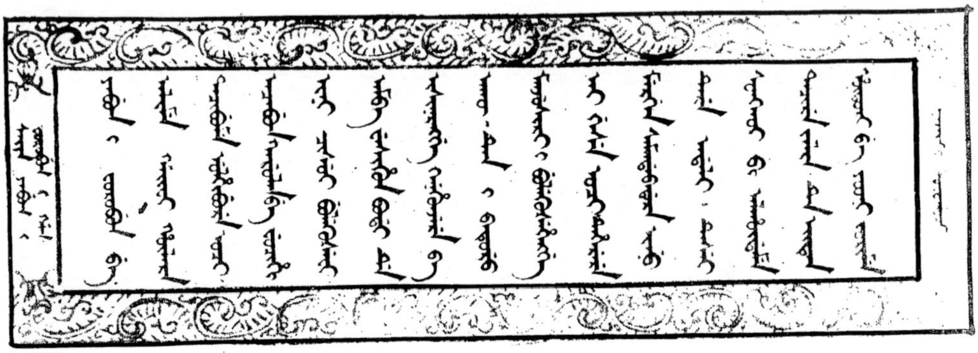

402

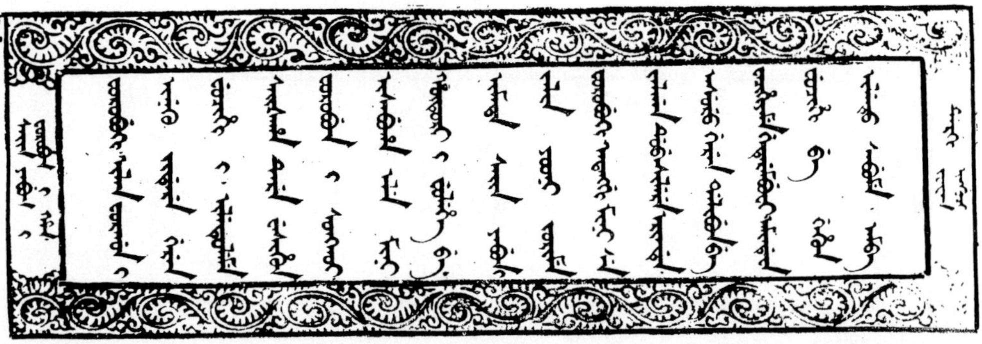

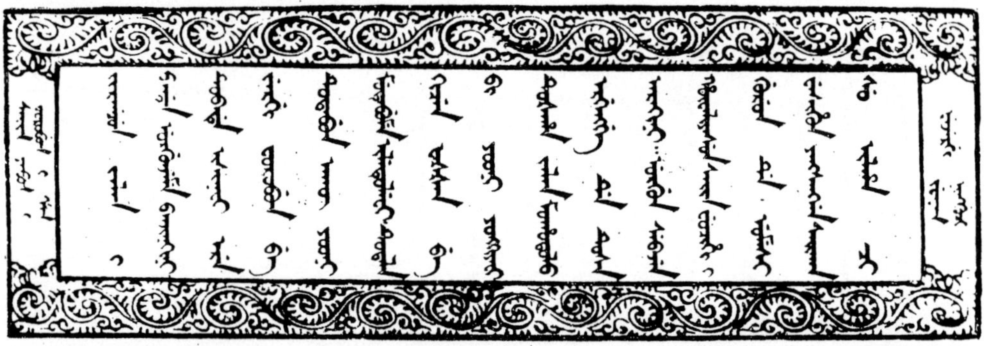

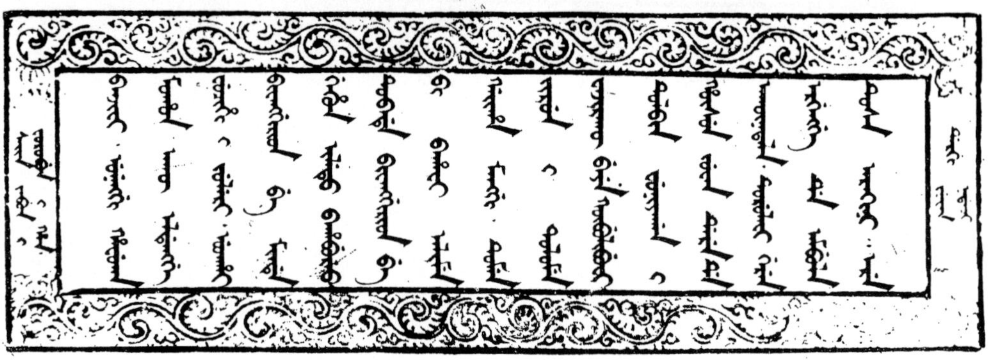

403

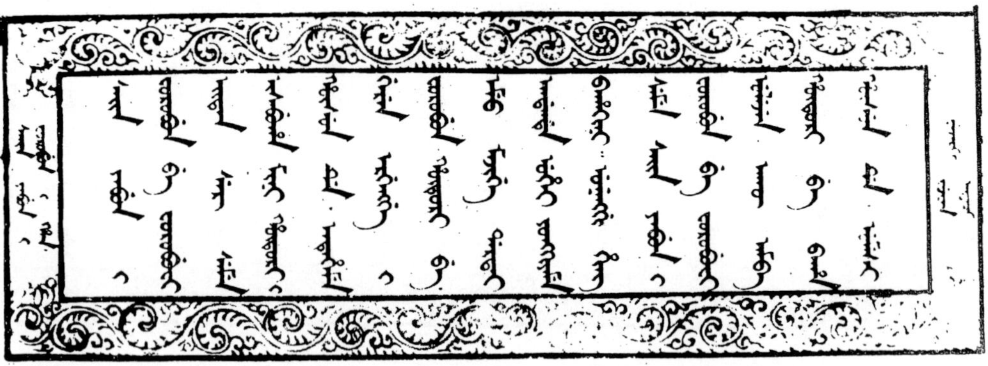

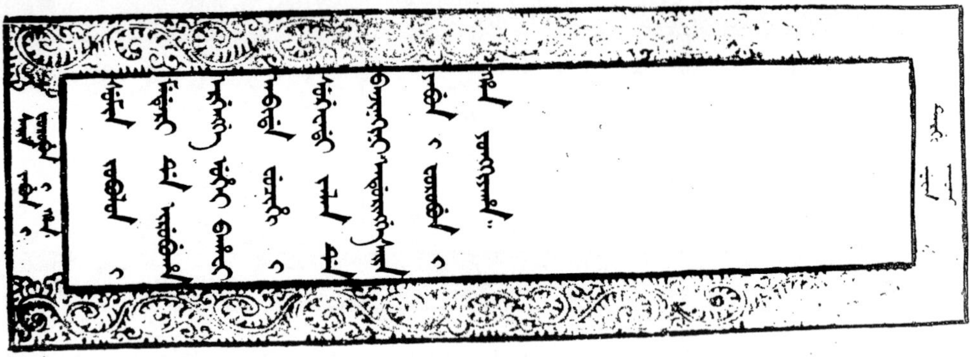

モンゴル語訳

404

05

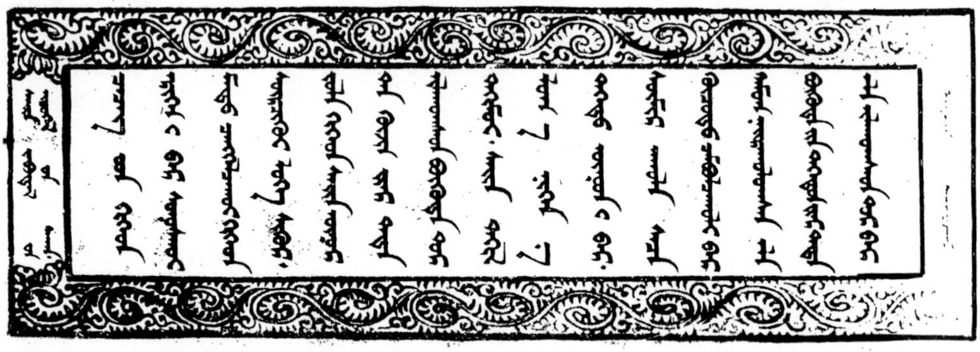

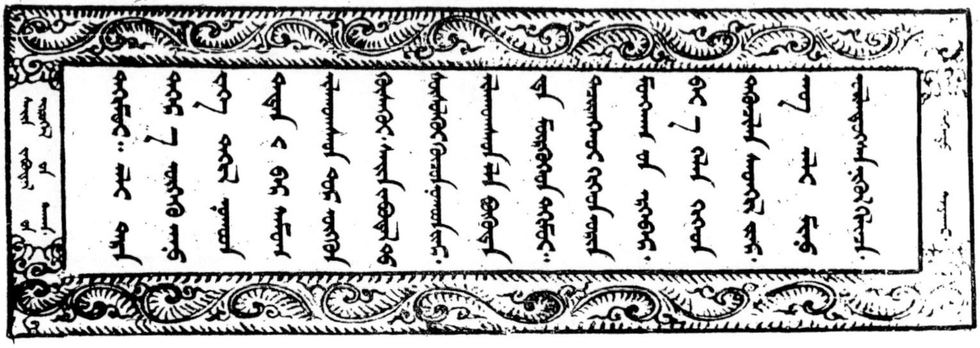

406

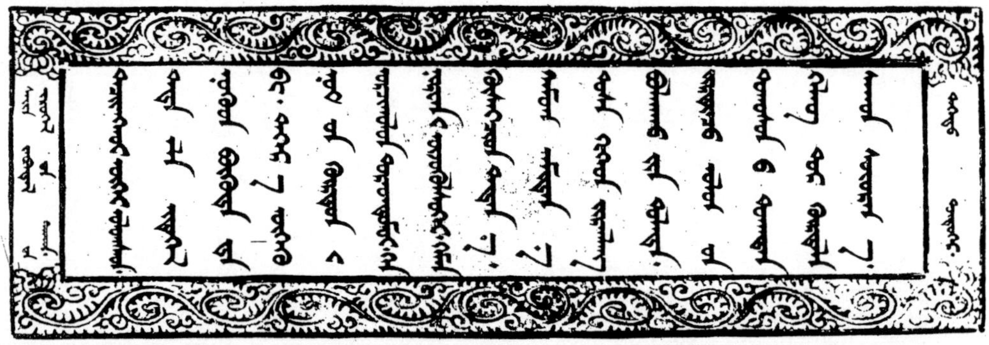

407

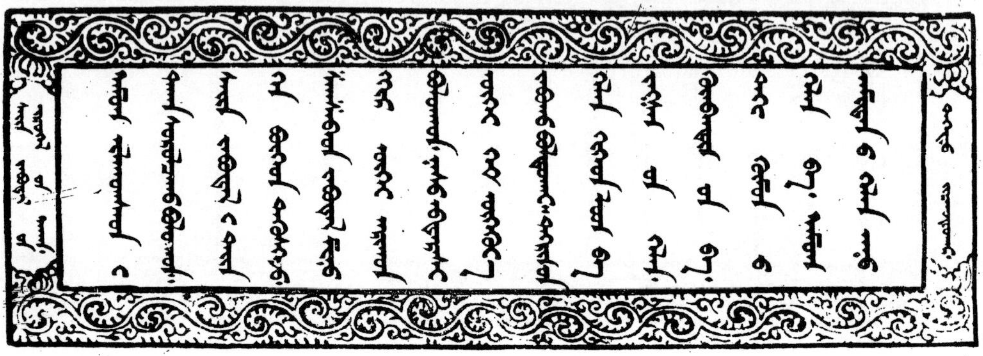

108

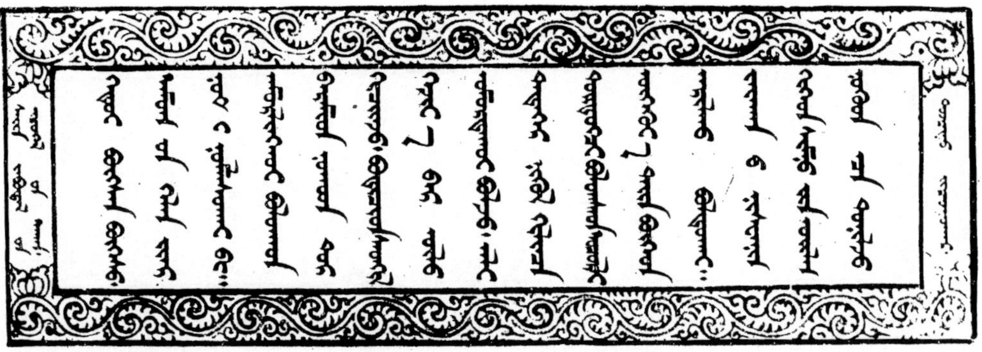

409

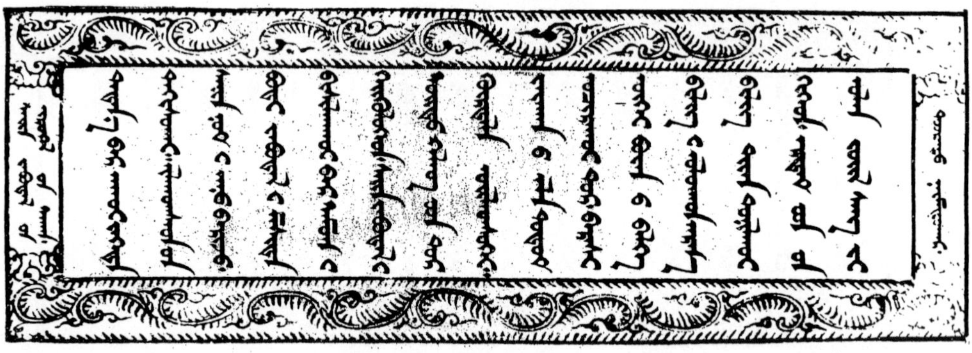

410

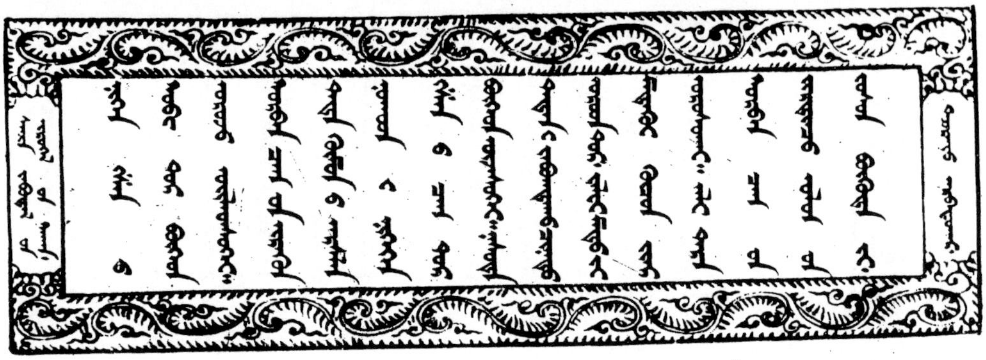

411

[illegible]

[illegible]

[illegible]

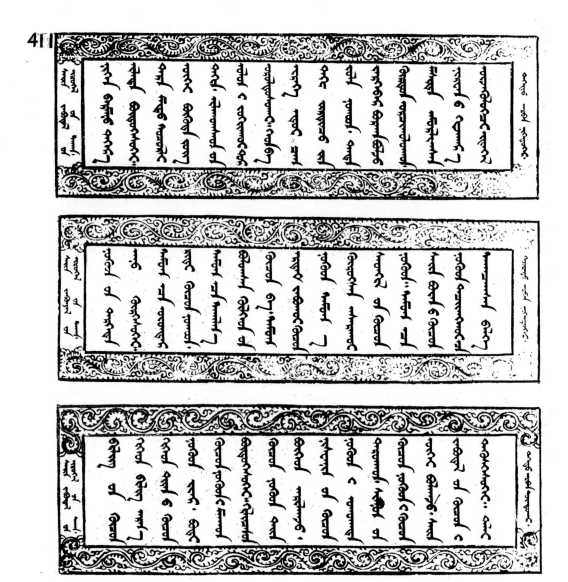

412

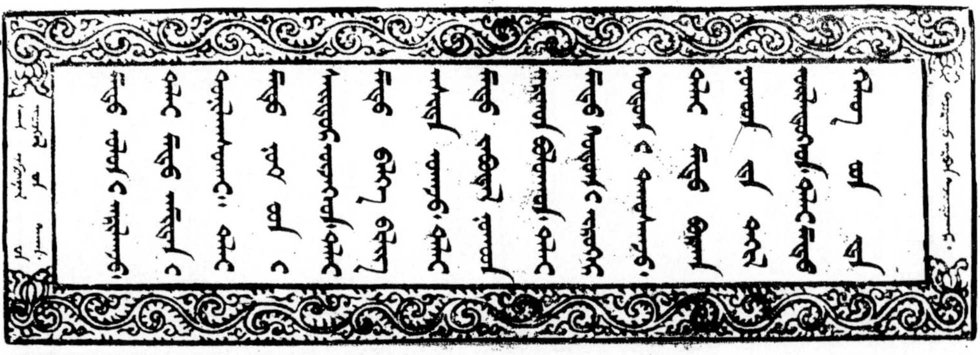

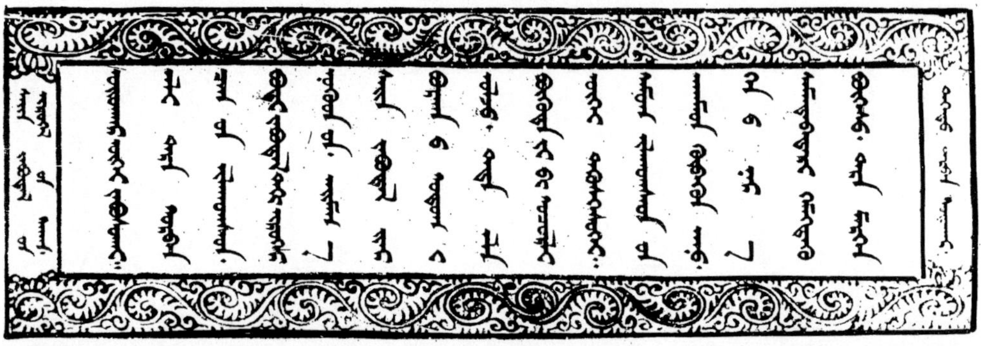

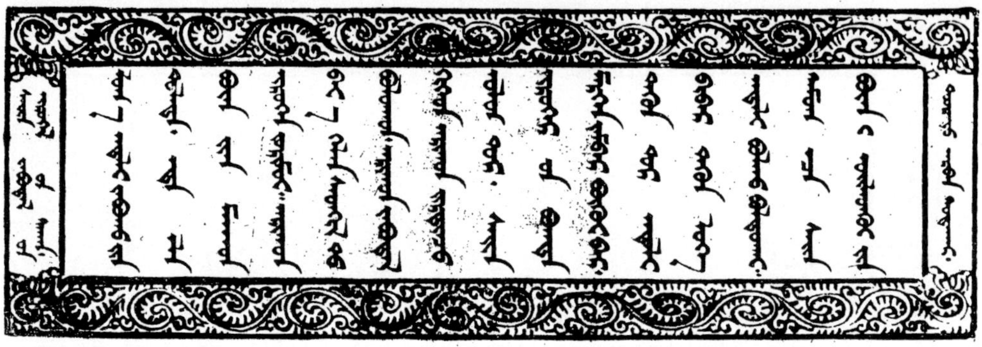

413

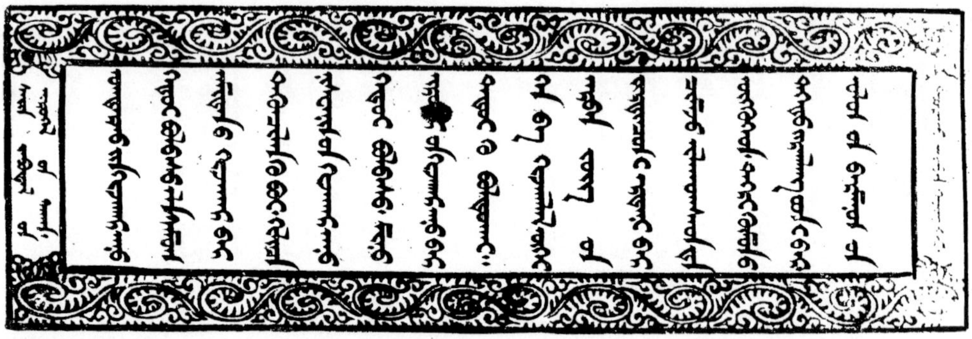

414

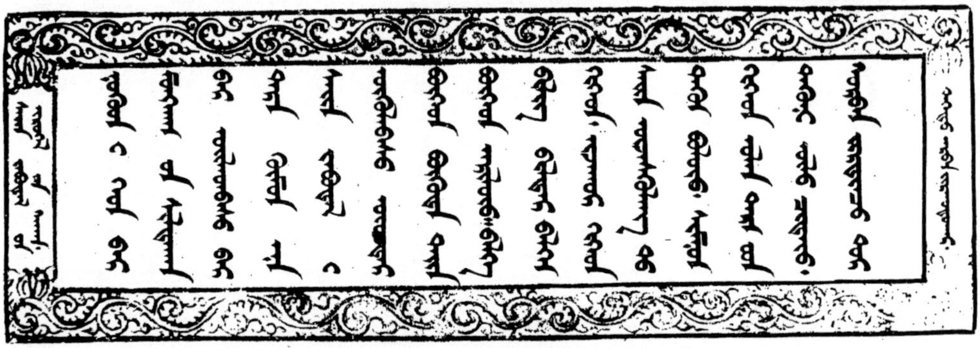

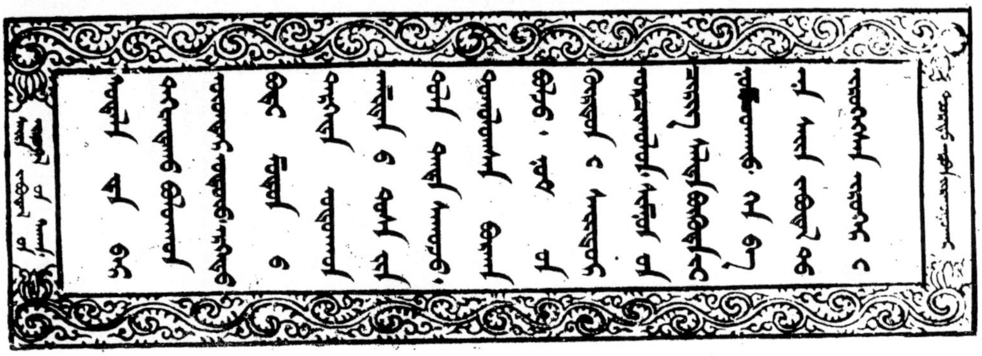

415

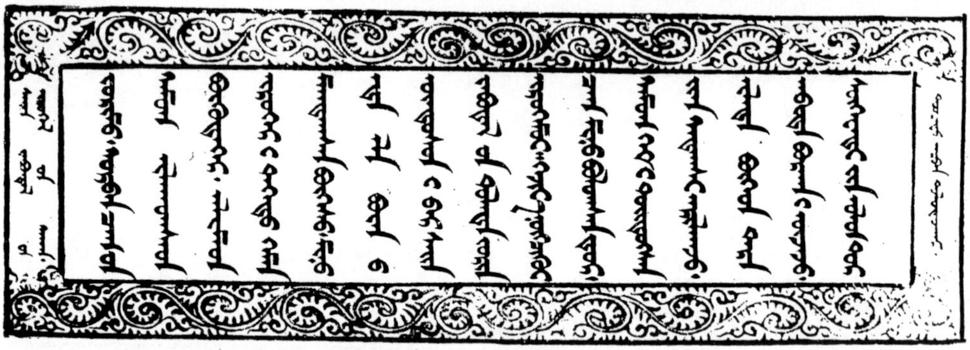

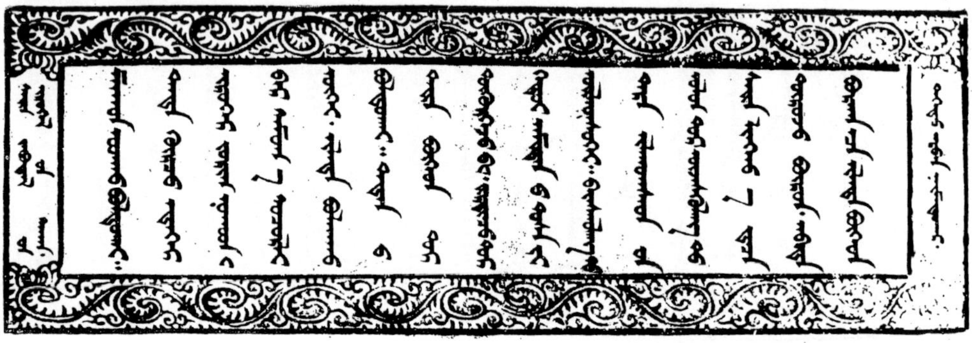

416

チベット語訳

417

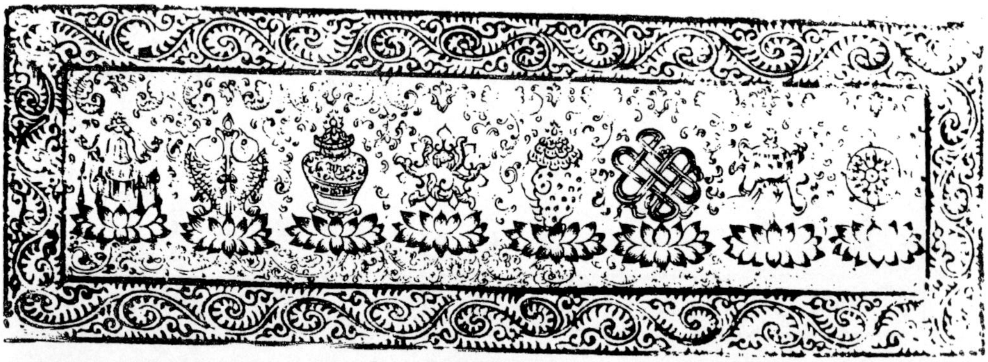

༄༅། །རྒྱ་གར་སྐད་དུ། ཨཱརྱ་བྷ་དྲ་ཙརྱ་པྲ་ཎི་དྷཱ་ན་རཱ་ཛ། བོད་སྐད་དུ།
འཕགས་པ་བཟང་པོ་སྤྱོད་པའི་སྨོན་ལམ་གྱི་རྒྱལ་པོ། །འཇམ་དཔལ་གཞོན་ནུར
གྱུར་པ་ལ་ཕྱག་འཚལ་ལོ། །ཇི་སྙེད་སུ་དག་ཕྱོགས་བཅུའི་འཇིག་རྟེན་ན། །དུས་གསུམ
གཤེགས་པ་མི་ཡི་སེང་གེ་ཀུན། །བདག་གིས་མ་ལུས་དེ་དག་ཐམས་ཅད་ལ། །

ལུས་དང་ངག་ཡིད་དང་བས་ཕྱག་བགྱིའོ། །བཟང་པོ་སྤྱོད་པའི་སྨོན་ལམ་སྟོབས
དག་གིས། །རྒྱལ་བ་ཐམས་ཅད་ཡིད་ཀྱི་མངོན་སུམ་དུ། །ཞིང་གི་རྡུལ་སྙེད་ལུས
རབ་བཏུད་པ་ཡིས། །རྒྱལ་བ་ཀུན་ལ་རབ་ཏུ་ཕྱག་འཚལ་ལོ། །རྡུལ་གཅིག་སྟེང
ན་རྡུལ་སྙེད་སངས་རྒྱས་རྣམས། །སངས་རྒྱས་སྲས་ཀྱི་དབུས་ན་བཞུགས་པ་དག །

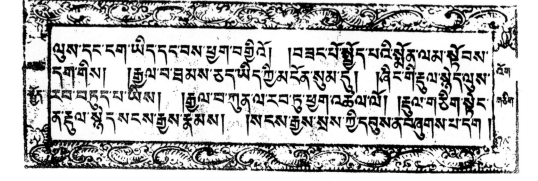

418

བཟང་ སྤྱོད། | ༄༅། །དེ་ལྟར་ཆོས་ཀྱི་དབྱིངས་རྣམས་མ་ལུས་པ། །ཐམས་ཅད་རྒྱལ་བ་དག་གིས་
གང་བར་མོས། །དེ་དག་བསྔགས་པ་མི་ཟད་རྒྱ་མཚོ་རྣམས། །དབྱངས་ཀྱི་ཡན་
ལག་རྒྱ་མཚོའི་སྒྲ་ཀུན་གྱིས། །རྒྱལ་བ་ཀུན་གྱི་ཡོན་ཏན་རབ་བརྗོད་ཅིང་། །བདེ་
བར་གཤེགས་པ་ཐམས་ཅད་བདག་གིས་བསྟོད། །མེ་ཏོག་དམ་པ་ཕྲེང་བ་དམ་ | ཤོ་ང གཉིས

བཟང་ སྤྱོད། | པ་དང་། །སིལ་སྙན་རྣམས་དང་བྱུག་པ་གདུགས་མཆོག་དང་། །མར་མེ་མཆོག་དང་
བདུག་སྤོས་དམ་པ་ཡིས། །རྒྱལ་བ་དེ་དག་ལ་ནི་མཆོད་པར་བགྱི། །ན་བཟའ་དམ་པ་
རྣམས་དང་དྲི་མཆོག་དང་། །ཕྱེ་མ་ཕུར་མ་རི་རབ་མཉམ་པ་དང་། །བཀོད་པས་ཁྱད་པར་
འཕགས་པའི་མཆོག་ཀུན་གྱིས། །རྒྱལ་བ་དེ་དག་ལ་ནི་མཆོད་པར་བགྱི། །མཆོད་པ་གང་ | ཚོག གཉིས

བཟང་ སྤྱོད། | ༄༅། །རྣམས་བླ་མེད་རྒྱ་ཆེ་བ། །དེ་དག་རྒྱལ་བ་ཐམས་ཅད་ལ་ཡང་མོས། །བཟང་
པོ་སྤྱོད་ལ་དད་པའི་སྟོབས་དག་གིས། །རྒྱལ་བ་ཀུན་ལ་ཕྱག་འཚལ་མཆོད་པར་བགྱི།།
འདོད་ཆགས་ཞེ་སྡང་གཏི་མུག་དབང་གིས་ནི། །ལུས་དང་ངག་དང་དེ་བཞིན་ཡིད་ཀྱིས་
ཀྱང་། །སྡིག་པ་བདག་གིས་བགྱིས་པ་ཅི་མཆིས་པ། །དེ་དག་ཐམས་ཅད་བདག་གིས | ཤོ་ང གསུམ

419

བཟང
སྤྱོད

སོ་སོར་བཤགས། །ཕྱོགས་བཅུའི་རྒྱལ་བ་ཀུན་དང་སངས་རྒྱས་སྲས། །རང་རྒྱལ་རྣམས
དང་སློབ་དང་མི་སློབ་དང་། །འགྲོ་བ་ཀུན་གྱི་བསོད་ནམས་གང་ལ་ཡང་། །དེ་དག་ཀུན་གྱི
རྗེས་སུ་བདག་ཡི་རང་། །གང་རྣམས་ཕྱོགས་བཅུའི་འཇིག་རྟེན་སྒྲོན་མ་རྣམས། །བྱང
ཆུབ་རིམ་པར་སངས་རྒྱས་མ་ཆགས་བརྙེས། །མགོན་པོ་དེ་དག་བདག་གིས་ཐམས་ཅད་ལ། །

བཟང
སྤྱོད

༄༅། །འཁོར་ལོ་བླ་ན་མེད་པ་བསྐོར་བར་བསྐུལ། །མྱ་ངན་འདའ་སྟོན་གང་བཞེད
དེ་དག་ལ། །འགྲོ་བ་ཀུན་ལ་ཕན་ཞིང་བདེ་བའི་ཕྱིར། །བསྐལ་པ་ཞིང་གི་རྡུལ་སྙེད
བཞུགས་པར་ཡང་། །བདག་གིས་ཐལ་མོ་རབ་སྦྱར་གསོལ་བར་བགྱི། །ཕྱག
འཚལ་བ་དང་མཆོད་ཅིང་བཤགས་པ་དང་། །རྗེས་སུ་ཡི་རང་བསྐུལ་ཞིང་གསོལ

བཟང
སྤྱོད

བ་ཡི། །དགེ་བ་ཅུང་ཟད་བདག་གིས་ཅི་བསགས་པ། །ཐམས་ཅད་བདག་གིས་བྱང
ཆུབ་ཕྱིར་བསྔོའོ། །འདས་པའི་སངས་རྒྱས་རྣམས་དང་ཕྱོགས་བཅུ་ཡི། །འཇིག་རྟེན
དག་ན་གང་བཞུགས་མཆོད་གྱུར་ཅིག །གང་ཡང་མ་བྱོན་དེ་དག་རབ་མྱུར་བར། །བསམ
རྫོགས་བྱང་ཆུབ་རིམ་པར་སངས་རྒྱས་སྤྱོན། །ཕྱོགས་བཅུ་ག་ལའི་ཞིང་རྣམས་ཇི་སྙེད

420

བཟང སྨོན ༄༅། །པ། །དེ་དག་རྒྱ་ཆེར་ཡོངས་སུ་དག་གྱུར་ཅིག །བྱང་ཆུབ་ཤིང་དབང་དྲུང ཤོ་ང
ག་ཤེགས་རྒྱལ་བ་དང༌། །སངས་རྒྱས་སྲས་ཀྱིས་རབ་ཏུ་གང་བར་ཤོག །ཕྱོགས་བཅུའི ༤
སེམས་ཅན་གང་རྣམས་ཇི་སྙེད་པ། །དེ་དག་རྟག་ཏུ་ནད་མེད་བདེ་གྱུར་ཅིག །འགྲོ་བ
ཀུན་གྱི་ཆོས་ཀྱི་དོན་རྣམས་ནི། །མཐུན་པར་གྱུར་ཅིག་རེ་བའང་འགྲུབ་པར་ཤོག །བྱང

བཟང སྨོན ཆུབ་སྤྱོད་པ་དག་ནི་བདག་སྤྱོད་ཅིང༌། །འགྲོ་བ་ཀུན་ཏུ་སྐྱེ་བ་དྲན་གྱུར་ཅིག །ཚེ་རབས ཤོག
ཀུན་ཏུ་འཆི་འཕོ་སྐྱེ་བ་ན། །རྟག་ཏུ་བདག་ནི་རབ་ཏུ་འབྱུང་བར་ཤོག །རྒྱལ་བ་ཀུན་གྱི ༤
རྗེས་སུ་སློབ་གྱུར་ཏེ། །བཟང་པོ་སྤྱོད་པ་ཡོངས་སུ་རྫོགས་བྱེད་ཅིང༌། །ཚུལ་ཁྲིམས
སྤྱོད་པ་དྲི་མེད་ཡོངས་དག་པ། །རྟག་ཏུ་མ་ཉམས་སྐྱོན་མེད་སྤྱོད་པར་ཤོག །ལྷའི་སྐད

བཟང སྨོན ༄༅། །དང་ཀླུ་དང་གནོད་སྦྱིན་སྐད། །གྲུལ་བུམ་དག་དང་མི་ཡི་སྐད་རྣམས་དང༌། ཤོ་ང
འགྲོ་བ་ཀུན་གྱི་སྒྲ་རྣམས་ཇི་ཙམ་པར། །ཐམས་ཅད་སྐད་དུ་བདག་གིས་ཆོས་བསྟན ༥༡
ཏོ། །དེས་ཤིང་ཕ་རོལ་ཕྱིན་ལ་རབ་བརྩོན་ཏེ། །བྱང་ཆུབ་སེམས་ནི་ནམ་ཡང་བརྗེད
མ་གྱུར། །སྡིག་པ་གང་རྣམས་སྒྲིབ་པར་གྱུར་པ་དག །དེ་དག་མ་ལུས་ཡོངས་སུ

བཟང་ སྤྱོད

བྱང་བར་ཤོག །ལས་དང་ཉོན་མོངས་བདུད་ཀྱི་ལས་རྣམས་ལས། །གྲོལ་ཞིང་
འཇིག་རྟེན་འགྲོ་བ་རྣམས་སུ་ཡང་། །ཇི་ལྟར་པདྨ་ཆུ་མི་ཆགས་པ་བཞིན། །ཉི་ཟླ་
ནམ་མཁར་ཐོགས་པ་མེད་ལྟར་སྤྱོད། །ཞིང་གི་ཁྱོན་དང་ཕྱོགས་རྣམས་ཇི་ཙམ་
པར། །ངན་སོང་སྡུག་བསྔལ་རབ་ཏུ་ཞི་བར་བྱེད། །བདེ་བ་དག་ལ་འགྲོ་བ་

ཤོག དྲུག

བཟང་ སྤྱོད

༄༅། །ཀུན་དགོད་ཅིང་། །འགྲོ་བ་ཐམས་ཅད་ལ་ནི་ཕན་པར་སྤྱོད། །བྱང་ཆུབ་
སྤྱོད་པ་ཡོངས་སུ་རྫོགས་བྱེད་ཅིང་། །སེམས་ཅན་དག་གི་སྤྱོད་དང་མཐུན་པར་
འཇུག །བཟང་པོ་སྤྱོད་པ་དག་ནི་རབ་སྟོན་ཅིང་། །མ་འོངས་བསྐལ་པ་ཀུན་
ཏུ་སྤྱོད་གྱུར་ཅིག །བདག་གི་སྤྱོད་དང་མཚུངས་པར་གང་སྤྱོད་པ། །དེ་དག་དང་

གཉིས བདུན

བཟང་ སྤྱོད

ནི་རྟག་ཏུ་འགྲོགས་པར་ཤོག །ལུས་དང་ངག་རྣམས་དང་ནི་སེམས་ཀྱིས་ཀྱང་། །
སྤྱོད་པ་དག་དང་སྨོན་ལམ་གཅིག་ཏུ་སྤྱོད། །བདག་ལ་ཕན་པར་འདོད་པའི་གྲོགས་
པོ་གང་། །བཟང་པོ་སྤྱོད་པ་རབ་ཏུ་སྟོན་བགྱིད་པ། །དེ་དག་དང་ཡང་རྟག་ཏུ་
འཕྲད་པར་ཤོག །དེ་དག་བདག་གིས་ནམ་ཡང་ཡིད་མི་འབྱུང་། །སངས་རྒྱས་སྲས་

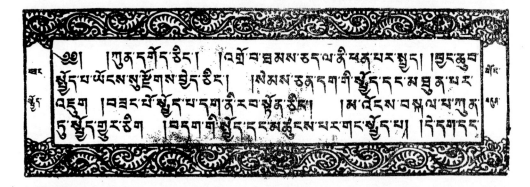

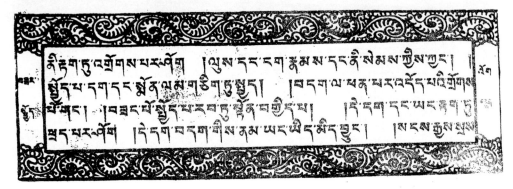

ཤོག

༄༅། །ཀྱིས་བསྐོར་བའི་མགོན་པོ་རྣམས། །མངོན་སུམ་རྟག་ཏུ་བདག་གིས་རྒྱལ
བ་བལྟ། །མ་འོངས་བསྐལ་པ་ཀུན་ཏུ་མི་སྐྱོ་བར། །དེ་དག་ལ་ཡང་མཆོད་པ་རྒྱ་ཆེར
བགྱི། །རྒྱལ་བ་རྣམས་ཀྱི་དམ་པའི་ཆོས་འཛིན་ཅིང་། །བྱང་ཆུབ་སྤྱོད་པ་ཀུན་ཏུ་སྣང་
བར་བྱེད། །བཟང་པོ་སྤྱོད་པ་རྣམ་པར་སྦྱོང་བ་ཡང་། །མ་འོངས་བསྐལ་པ་ཀུན་ཏུ

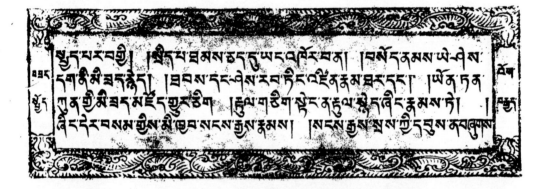

སྤྱོད་པར་བགྱི། །སྲིད་པ་ཐམས་ཅད་དུ་ཡང་འཁོར་བ་ན། །བསོད་ནམས་ཡེ་ཤེས
དག་ནི་མི་ཟད་རྙེད། །ཐབས་དང་ཤེས་རབ་ཏིང་འཛིན་རྣམ་ཐར་དང་། །ཡོན་ཏན
ཀུན་གྱི་མི་ཟད་མཛོད་དུ་གྱུར་ཅིག །རྡུལ་གཅིག་སྟེང་ན་རྡུལ་སྙེད་ཞིང་རྣམས་ཏེ། །
ཞིང་དེར་བསམ་གྱིས་མི་ཁྱབ་སངས་རྒྱས་རྣམས། །སངས་རྒྱས་སྲས་ཀྱི་དབུས་ན་བཞུགས་པས

༄༅། །པ་ལ། །བྱང་ཆུབ་སྤྱོད་པ་སྤྱོད་ཅིང་བལྟ་བར་བགྱི། །དེ་ལྟར་མ་ལུས་ཐམས
ཅད་ཕྱོགས་སུ་ཡང་། །སྐྲ་ཙམ་ཁྱོན་ལ་དུས་གསུམ་ཚད་སྙེད་ཀྱི། །སངས་རྒྱས་རྒྱ་མཚོ
ཞིང་རྣམས་རྒྱ་མཚོ་དང་། །བསྐལ་པ་རྒྱ་མཚོར་སྤྱོད་ཅིང་རབ་ཏུ་འཇུག །གསུང་གཅིག
ཡན་ལག་རྒྱ་མཚོའི་སྒྲ་སྐད་ཀྱིས། །རྒྱལ་བ་ཀུན་དབྱངས་ཡན་ལག་རྣམ་དག་པ། །འགྲོ་བ

423

བཟང་ སྤྱོད། ཀུན་གྱི་བསམ་པ་ཇི་བཞིན་དབྱངས། །སངས་རྒྱས་གསུང་ལ་རྟག་ཏུ་འཇུག་པར་བགྱི། །
དུས་གསུམ་གཤེགས་པའི་རྒྱལ་བ་ཐམས་ཅད་དག །འཁོར་ལོའི་ཚུལ་རྣམས་རབ་ཏུ་བསྐོར་ འོག
བ་ཡིས། །དེ་དག་གི་ཡང་གསུང་དབྱངས་མི་ཟད་ལ། །བློ་ཡི་སྟོབས་ཀྱིས་བདག་ཀྱང་ དགུ
རབ་ཏུ་འཇུག །མ་འོངས་བསྐལ་པ་ཐམས་ཅད་འཇུག་པར་ཡང་། །སྐད་ཅིག་གཅིག་གིས

བཟང་ སྤྱོད། ༄༅། །བདག་ཀྱང་འཇུག་པར་བགྱི། །གང་ཡང་བསྐལ་པ་དུས་གསུམ་ཚད་དེ་དག །སྐད
ཅིག་ཆ་ཤས་ཀྱིས་ནི་ཞུགས་པར་བྱེད། །དུས་གསུམ་གཤེགས་པ་མི་ཡི་སེང་གེ་གང་། །དེ གོང
དག་སྐད་ཅིག་གཅིག་ལ་བདག་གིས་བལྟ། །རྟག་ཏུ་དེ་དག་གི་ནི་སྤྱོད་ཡུལ་ལ། །སྒྱུ་མར ཅུ
གྱུར་པའི་རྣམ་ཐར་སྟོབས་ཀྱིས་འཇུག །གང་ཡང་དུས་གསུམ་དག་གི་ཞིང་བཀོད་པ། །

བཟང་ སྤྱོད། དེ་དག་རྡུལ་གཅིག་སྟེང་དུ་མངོན་པར་བསྒྲུབ། །དེ་ལྟར་མ་ལུས་ཕྱོགས་རྣམས་ཐམས་ཅད
དུ། །རྒྱལ་བ་དག་གི་ཞིང་རྣམས་བཀོད་ལ་འཇུག །གང་ཡང་མ་བྱོན་འཇིག་རྟེན་སྒྲོན
མ་རྣམས། །དེ་དག་རིམ་པར་འཚང་རྒྱ་འཁོར་ལོ་བསྐོར། །མྱ་ངན་འདས་པ་རབ་ཏུ ཅུ
ཞི་མཐའ་སྟོན། །མགོན་པོ་ཀུན་གྱི་དྲུང་དུ་བདག་མཆིའོ། །ཀུན་ཏུ་མྱུར་བའི་རྫུ་འཕྲུལ

424

ཕར་ཕྱིན། ༄༅། །སྟོབས་རྣམས་དང་། །ཀུན་ནས་སྒོ་ཡི་ཐེག་པའི་སྟོབས་དག་དང་། །ཀུན་ཏུ་ གོང་
ཡོན་ཏན་སྒྲུབ་པའི་སྟོབས་རྣམས་དང་། །ཀུན་ཏུ་ཁྱབ་པ་བྱམས་པ་དག་གི་སྟོབས། །
ཀུན་ནས་དགེ་བའི་བསོད་ནམས་སྟོབས་དག་དང་། །ཆགས་པ་མེད་པར་འགྱུར་བའི་ཡེ་ བཅུ་
ཤེས་སྟོབས། །ཤེས་རབ་ཐབས་དང་ཏིང་འཛིན་སྟོབས་དག་གིས། །བྱང་ཆུབ་སྟོབས གཅིག

ཉེར་ཕྱིན།
རྣམས་ཡང་དག་སྒྲུབ་པར་བྱེད། །ལས་ཀྱི་སྟོབས་རྣམས་ཡོངས་སུ་དག་བྱེད་ཅིང་། ། འོག
ཉོན་མོངས་སྟོབས་རྣམས་ཀུན་ཏུ་འཇོམས་པར་བྱེད། །བདུད་ཀྱི་སྟོབས་རྣམས་སྟོབས
མེད་རབ་བྱེད་ཅིང་། །བཟང་པོ་སྤྱོད་པའི་སྟོབས་ནི་རྫོགས་པར་བགྱི། །ཞིང་རྣམས བཅུ
རྒྱ་མཚོ་རྣམ་པར་དག་བྱེད་ཅིང་། །སེམས་ཅན་རྒྱ་མཚོ་དག་ནི་རྣམ་པར་སྒྲོལ། །ཆོས གཅིག

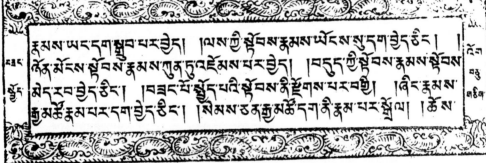

ཉེར་ཕྱིན།
༄༅། །རྣམས་རྒྱ་མཚོ་རབ་ཏུ་མཐོང་བྱེད་ཅིང་། །ཡེ་ཤེས་རྒྱ་མཚོ་རབ་ཏུ་རྟོགས་ གོང་
པར་བྱེད། །སྤྱོད་པ་རྒྱ་མཚོ་རྣམ་པར་དག་བྱེད་ཅིང་། །སྨོན་ལམ་རྒྱ་མཚོ་རབ་ཏུ་རྫོགས བཅུ
པར་བྱེད། །སངས་རྒྱས་རྒྱ་མཚོ་རབ་ཏུ་མཆོད་བྱེད་ཅིང་། །བསྐལ་པ་རྒྱ་མཚོར་མི་སྐྱོ གཉིས
སྤྱད་པར་བགྱི། །གང་ཡང་དུས་གསུམ་གཤེགས་པའི་རྒྱལ་བ་ཡི། །བྱང་ཆུབ་སྤྱོད་པའི

425

བཟང་ སྤྱོད།

སྨོན་ལམ་ཆེ་ཐག་རྣམས། །བཟང་པོ་སྤྱོད་པས་བྱང་ཆུབ་སངས་རྒྱས་ནས། །དེ་ཀུན་
མ་ལུས་བདག་གིས་རྫོགས་པར་བགྱི། །རྒྱལ་བ་ཀུན་གྱི་སྲས་ཀྱི་ཐུ་བོ་པ། །གང་གི་མིང་
ནི་ཀུན་ཏུ་བཟང་ཞེས་བྱ། །མཁས་པ་དེ་དང་མཚུངས་པར་སྤྱོད་པའི་ཕྱིར། །དགེ་བ་འདི་
དག་ཐམས་ཅད་རབ་ཏུ་བསྔོ། །ལུས་དང་ངག་དང་ཡིད་ཀྱང་རྣམ་དག་ཅིང་། །སྤྱོད་པ་རྣམ

ཤོག བཅུ གཅིག

བཟང་ སྤྱོད།

༄༅། །དག་ཞིང་རྣམས་ཡོངས་དག་པར། །བསྔོ་བ་བཟང་པོ་མཁས་པ་ཅི་འདྲ་བ། །དེ
འདྲར་བདག་ཀྱང་དེ་དང་མཚུངས་པར་ཤོག །ཀུན་ནས་དགེ་བ་བཟང་པོ་སྤྱད་པའི་ཕྱིར། །འཇམ
དཔལ་གྱི་ནི་སྨོན་ལམ་སྤྱད་པར་བགྱི། །མ་འོངས་བསྐལ་པ་ཀུན་ཏུ་མི་སྐྱོ་བར། །དེ་ཡི་བྱ་བས
ལུས་རྫོགས་པར་བགྱི། །སྤྱད་པ་དག་ནི་ཚད་ཡོད་མ་གྱུར་ཅིག །ཡོན་ཏན་རྣམས་ཀྱང་ཚད

ཤོག བཅུ གཉིས

བཟང་ སྤྱོད།

གཟུང་མེད་པར་ཤོག །སྤྱོད་པ་ཚད་མེད་པ་ལ་གནས་ནས་ཀྱང་། །དེ་དག་འཕྲུལ་པ་ཐམས་ཅད
འཚལ་བར་བགྱི། །ནམ་མཁའི་མཐར་ཐུག་གྱུར་པ་ཇི་ཙམ་པ། །སེམས་ཅན་མ་ལུས་མཐའ་ཡང
དེ་བཞིན་ཏེ། །ཇི་ཙམ་ལས་དང་ཉོན་མོངས་མཐར་གྱུར་པ། །བདག་གི་སྨོན་ལམ་མཐའ་ཡང་དེ
ཙམ་མོ། །གང་ཡང་ཕྱོགས་བཅུའི་ཞིང་རྣམས་མཐའ་ཡས་པ། །རིན་ཆེན་རྒྱན་ཏེ་རྒྱལ་བ་རྣམས

ཤོག བཅུ གསུམ

བཟང་ སྤྱོད

༄༅། །འཕྲུལ། །ལྷ་དང་མི་ཡི་བདེ་བ་མཆོག་རྣམས་ཀྱང་། །ཞིང་གི་རྡུལ་སྙེད་བསྐལ་པར་སྤྱོད
པ་བས། །གང་གིས་བསྔོ་བའི་རྒྱལ་པོ་འདི་ཐོས་ནས། །བྱང་ཆུབ་མཆོག་གི་རྗེས་སུ་རབ་མོས་
ཤིང་། །ལན་ཅིག་ཙམ་ཡང་དད་པ་བསྐྱེད་པ་ནི། །བསོད་ནམས་དམ་པའི་མཆོག་ཏུ་འདི་འགྱུར
རོ། །གང་གིས་བཟང་སྤྱོད་སྨོན་ལམ་འདི་བཏབ་པས། །དེས་ནི་ངན་སོང་ཐམས་ཅད་སྤངས་པར

གོང་ བཅུ་ བཞི

བཟང་ སྤྱོད

འགྱུར། །དེས་ནི་གྲོགས་པོ་ངན་པ་སྤངས་པ་ཡིན། །སྣང་བ་མཐའ་ཡས་དེ་ཡང་དེས་མྱུར་
མཐོང་། །དེ་དག་རྙེད་པ་རབ་རྙེད་བདེ་བར་འཚོ། །མི་ཚེ་འདིར་ཡང་དེ་དག་ལེགས་པར་འོང་།།
ཀུན་ཏུ་བཟང་པོ་དེ་ཡང་ཅི་འདྲ་བར། །དེ་དག་རིང་པོར་མི་ཐོགས་དེ་བཞིན་འགྱུར། །མཚམས་
མེད་ལྔ་པོ་བདག་གིས་སྡིག་པ་རྣམས། །གང་གིས་མི་ཤེས་དབང་གིས་བྱས་པ་དག །

འོག བཅུ་ བཞི

བཟང་ སྤྱོད

༄༅། །དེ་ཡིས་བཟང་པོ་སྤྱོད་པ་འདི་བརྗོད་ན། །མྱུར་དུ་མ་ལུས་ཡོངས་སུ་བྱང་བར་
འགྱུར། །ཡེ་ཤེས་དང་ནི་གཟུགས་དང་མཚན་རྣམས་དང་། །རིགས་དང་ཁ་དོག་རྣམས་
དང་ལྡན་པར་འགྱུར། །བདུད་དང་མུ་སྟེགས་མང་པོས་དེ་མི་ཐུབ། །འཇིག་རྟེན་གསུམ་
པོ་ཀུན་ནའང་མཆོད་པར་འགྱུར། །བྱང་ཆུབ་ཤིང་དབང་དྲུང་དུ་དེ་མྱུར་འགྲོ། །སོང་ནས་

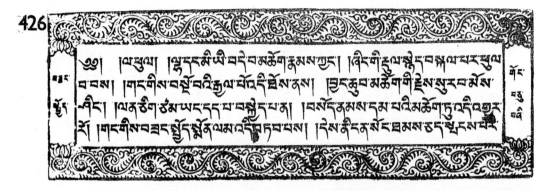

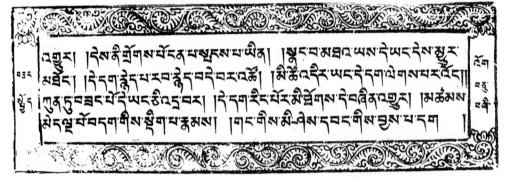

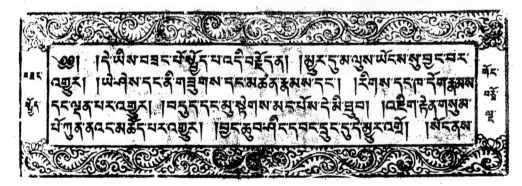

གོང་ བཅོ་ ལྔ

427

སེམས་ཅན་ཕན་ཕྱིར་དེར་འདུག་སྟེ། །བྱང་ཆུབ་སངས་རྒྱས་འཁོར་ལོ་རབ་ཏུ་བསྐོར། །
བདུད་རྣམས་སྡེ་དང་བཅས་པ་ཐམས་ཅད་བཏུལ། །གང་ཡང་བཟང་པོ་སྤྱོད་པའི་སྨོན
ལམ་འདི། །འཆང་བ་དང་ནི་བསྟོན་ཏམ་ཀློག་ན་ཡང་། །དེའི་རྣམ་པར་སྨིན་པའང་སངས
རྒྱས་མཁྱེན། །བྱང་ཆུབ་མཆོག་ལ་སོམ་ཉི་མ་བྱེད་ཅིག །འཇམ་དཔལ་དཔའ་བོས་ཇི

༄༅། །ལྟར་མཁྱེན་པ་དང་། །ཀུན་ཏུ་བཟང་པོ་དེ་ཡང་དེ་བཞིན་ཏེ། །དེ་དག་ཀུན་གྱི་རྗེས་སུ
བདག་སློབ་ཕྱིར། །དགེ་བ་འདི་དག་ཐམས་ཅད་རབ་ཏུ་བསྔོ། །དུས་གསུམ་གཤེགས་པའི་རྒྱལ་བ་ཐམས
ཅད་ཀྱིས། །བསྔོ་བ་གང་ལ་མཆོག་ཏུ་བསྔགས་པ་དེས། །བདག་གི་དགེ་བའི་རྩ་བ་འདི་ཀུན་ཀྱང་། །བཟང
པོ་སྤྱོད་ཕྱིར་རབ་ཏུ་བསྔོ་བར་བགྱི། །བདག་ནི་འཆི་བའི་དུས་བྱེད་གྱུར་པ་ན། །སྒྲིབ་པ་ཐམས་ཅད་དག

ནི་ཕྱིར་བསལ་ཏེ། །མངོན་སུམ་སྣང་བ་མཐའ་ཡས་དེ་མཐོང་ནས། །བདེ་བ་ཅན་གྱི་ཞིང་དེར་རབ་ཏུ་འགྲོ།
དེར་སོང་ནས་ནི་སྨོན་ལམ་འདི་དག་ཀྱང་། །ཐམས་ཅད་མ་ལུས་མངོན་དུ་འགྱུར་བར་ཤོག །དེ་དག་མ་ལུས་བདག
གིས་ཡོངས་སུ་བཀང་། །འཇིག་རྟེན་ཇི་སྲིད་སེམས་ཅན་ཕན་པར་བགྱི། །རྒྱལ་བའི་དཀྱིལ་འཁོར་བཟང་ཞིང
དགའ་བ་དེར། །པདྨོ་དམ་པ་ཤིན་ཏུ་མཛེས་ལས་སྐྱེས། །སྣང་བ་མཐའ་ཡས་རྒྱལ་བའི་མངོན

བཟང་ སྤྱོད་

༄༅། །ཞུས་ཏོ། །ལུང་བསྟན་པ་ཡང་བདག་གིས་དེར་ཐོབ་ཤོག །དེར་ནི་བདག་གིས
ལུང་བསྟན་རབ་ཐོབ་ནས། །སྤྲུལ་པ་མང་པོ་བྱེ་བ་ཕྲག་བརྒྱ་ཡི། །བློ་ཡི་སྟོབས་ཀྱིས་
ཕྱོགས་བཅུ་རྣམས་སུ་ཡང་། །སེམས་ཅན་རྣམས་ལ་ཕན་པ་མང་པོ་བགྱིད། །བཟང་པོ་སྤྱོད་པའི་
སྨོན་ལམ་བཏབ་པ་ཡིས། །དགེ་བ་ཅུང་ཟད་བདག་གིས་ཅི་བསགས་པ། །དེས་ནི་འགྲོ་བའི་སྨོན

ཤོ་ བཅུ་ བདུན

བཟང་ སྤྱོད་

ལམ་དགེ་བ་རྣམས། །སྐད་ཅིག་གཅིག་གིས་ཐམས་ཅད་འབྱོར་བར་ཤོག །བཟང་པོ་སྤྱོད་པའི་
སྨོན་ལམ་བསྔོས་པ་ཡིས། །བསོད་ནམས་དམ་པ་མཐའ་ཡས་གང་ཐོབ་དེས། །འགྲོ་བ་
སྡུག་བསྔལ་ཆུ་བོར་བྱིང་བ་རྣམས། །འོད་དཔག་མེད་པའི་གནས་རབ་ཐོབ་པར་ཤོག །
སྨོན་ལམ་རྒྱལ་པོ་འདི་དག་མཆོག་གི་གཙོ། །མཐའ་ཡས་འགྲོ་བ་ཀུན་ལ་ཕན་བྱེད་

འོག ཉེར་ བདུན

བཟང་ སྤྱོད་

༄། །ཅིང་། །ཀུན་ཏུ་བཟང་པོས་བརྒྱན་པའི་གཞུང་གྲུབ་སྟེ། །ངན་སོང་རྒྱུད་
རྣམས་མ་ལུས་སྟོང་པར་ཤོག ། ||

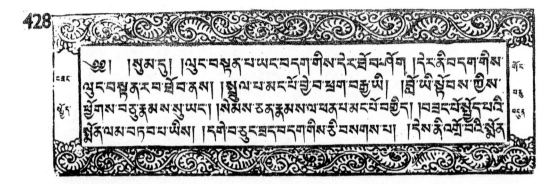

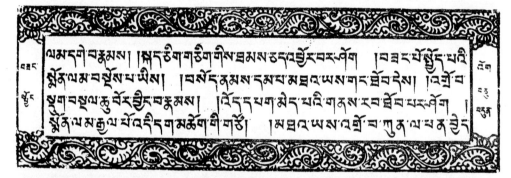

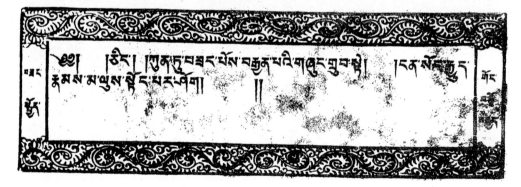

གོང་

429

普賢行願品

上 一

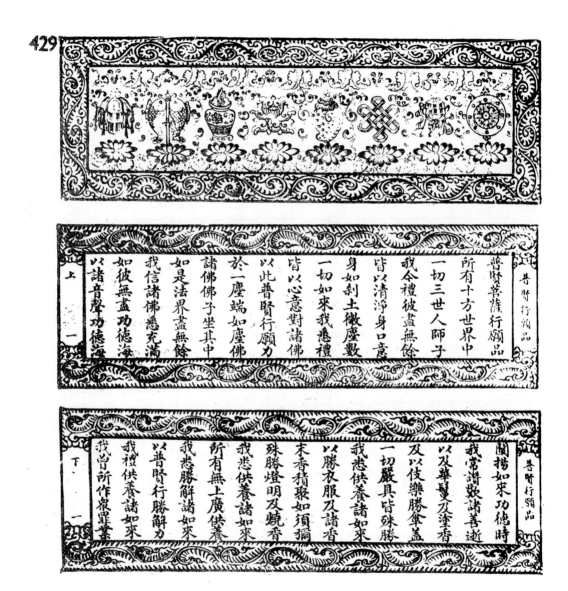

普賢菩薩行願品
所有十方世界中
一切三世人師子
我今禮彼盡無餘
皆以清淨身口意
身如剎土微塵數
一切如來我悉禮
皆以心意對諸佛
以此普賢行願力
於一塵端如塵佛
諸佛佛子坐其中
如是法界盡無餘
我信諸佛悉充滿
如彼無盡功德海
以諸音聲功德海

普賢行願品

下 一

闡揚如來功德時
我常讚歎諸善逝
以及華鬘及塗香
及以伎樂勝傘蓋
一切嚴具皆殊勝
我悉供養諸如來
以勝衣服及諸香
末香積聚如須彌
殊勝燈明及燒香
我悉供養諸如來
所有無上廣供養
我悉勝解諸如來
以普賢行勝解力
我禮供養諸如來
我曾所作衆罪業

皆由貪欲瞋恚癡
由身口意亦如是
我皆陳說於一切
所有十方羣生福
有學無學辟支佛
及諸佛子諸如來
我皆隨喜咸一切
所有十方世間燈
以證菩提得無染
我皆勸請諸世尊
轉於無上妙法輪
所有欲現涅槃者
我皆於彼合掌請
惟願久住剎塵劫
為諸羣生利安樂

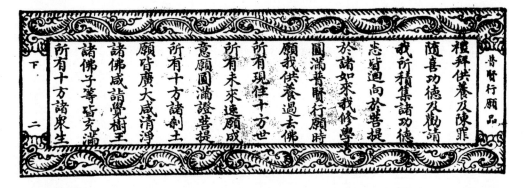

禮拜供養及陳罪
隨喜功德及勸請
我所積集諸功德
悉皆迴向於菩提
於諸如來我修學
圓滿普賢行願時
願我供養過去佛
所有現住十方世
所有未來速願成
意願圓滿證菩提
所有十方諸剎土
願皆廣大咸清淨
諸佛咸詣覺樹王
諸佛子等皆充滿
所有十方諸衆生

願皆安樂無衆患
一切羣生獲法利
願得隨順如意心
我當菩提修行時
於諸趣中憶宿命
若諸衆生為生滅
我皆常當為出家
戒行無垢恒清淨
常行無缺無孔隙
天語龍語夜叉語
鳩槃茶語及人語
所有一切羣生語
皆以諸音而說法
妙波羅蜜常加行
不於菩提心生迷

43

所有衆罪及障礙
悉皆滅盡無有餘
於業煩惱及魔境
世間道中得解脫
猶如蓮華不著水
亦如日月不著空
諸惡趣苦願寂靜
一切羣生令安樂
於諸羣生行利益
乃至十方諸剎土
常行隨順諸衆生
菩提妙行令圓滿
普賢行願我修習
我於未來劫修行
所有共我同行者

共彼咸得常聚會
於身口業及意業
同一行願而修習
所有善友益我者
為我示現普賢行
共彼常得而聚會
於彼皆得無厭心
常得面見諸如來
與諸佛子共圍繞
於彼皆興廣供養
皆於未來劫無倦
常持諸佛微妙法
皆令光顯菩提行
咸皆清淨普賢行
皆於未來劫修行

於諸有中流轉時
福德智慧得無盡
般若方便定解脫
獲得無盡功德藏
如一塵端如塵剎
彼中佛剎不思議
佛及佛子坐其中
常見菩提勝妙行
如是無盡一切方
於一毛端三世量
佛海及與剎土海
我入修行諸劫海
於一音聲功德海
一切如來清淨聲
一切羣生意樂音

普賢行願品

常皆得入佛辯才
於彼無盡音聲中
一切三世諸如來
當轉理趣妙輪時
以我慧力普能入
以一刹那諸未來
我入未來一切劫
三世所有無量劫
刹那能入諸胝劫
所有三世人師子
以一刹那我咸見
於得境界常得入
如幻解脫行威力
所有三世妙嚴刹
能現出生一塵端

上 五

普賢行願品

如是無盡諸方所
能入諸佛嚴刹土
所有未來世間燈
彼皆覺悟轉法輪
示現涅槃究竟寂
我皆往詣於世尊
以神足力普迅疾
以乘威力普遍門
以行威力等功德
以慈威力普遍行
以福威力普端嚴
以智威力無著行
般若方便等持力
菩提威力皆積集
皆於業力而清淨

下 五

普賢行願品

我今摧滅煩惱力
悉能降伏魔羅力
圓滿普賢一切力
普令清淨刹土海
普能解脫眾生海
悉能觀察諸法海
及以德源於智海
普令行海咸清淨
又令願海咸圓滿
諸佛海會咸供養
普賢行劫無疲倦
所有三世諸如來
菩提行願眾差別
願我圓滿悉無餘
以普賢行悟菩提

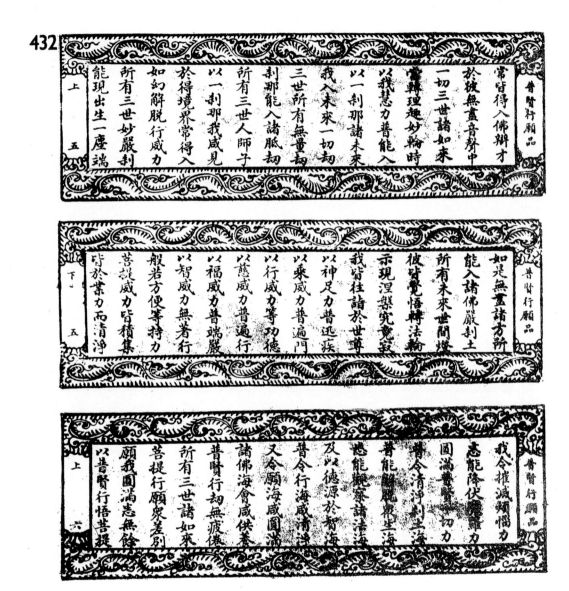

上 六

433

諸佛如來有長子
彼名號曰普賢尊
皆以彼慧同妙行
迴向一切諸善根
身口意業願清淨
諸行清淨刹土淨
如彼智慧普賢名
願我於今盡同彼
普賢行願普端嚴
我行曼殊室利行
於諸未來劫無倦
一切圓滿作無餘
所修勝行無能量
所有功德不可量
無量修行而住已

盡知一切彼神通
乃至虛空得究竟
衆生無餘究竟然
及業煩惱乃至盡
乃至我願亦皆盡
若有十方無邊刹
以寶莊嚴施諸佛
天妙人民勝安樂
如刹微塵劫捨施
若人於此勝願王
一聞能生勝解心
於勝菩提生渴仰
獲得殊勝前福聚
彼得遠離諸惡趣
彼皆遠離諸惡友

速疾得見無量壽
唯憶普賢勝行願
得大利益勝壽命
善來為此人生命
如彼普賢大菩薩
彼人不久當獲得
所作罪業五無間
由無智慧而所作
彼誦普賢行願時
速疾消滅得無餘
智慧容色及相好
族姓品類得成就
於魔外道得難摧
常於三界得供養
速疾往詣菩提樹

到彼坐已利有情
覺悟菩提轉法輪
摧伏魔羅并眷從
若有持此普賢願
讀誦受持及演說
如來具知得果報
得勝菩提勿生疑
如妙吉祥勇猛智
亦如普賢如是智
我當習學於彼時
一切善根悉迴向
一切三世諸如來
以此迴向殊勝願
我皆一切諸善根
悉以迴向普賢行

當於臨終捨壽時
一切業障皆得轉
親覩得見無量光
速往彼刹極樂界
得到於彼此勝願
悉皆現前得具足
我當圓滿皆無餘
衆生利益於世間
於彼佛會甚端嚴
生於殊勝蓮華中
於彼獲得受記莂
親對無量光如來
於彼獲得受記已
變化俱胝無量種
廣作有情諸利樂

十方世界以慧力
若人誦持普賢願
所有善根而積集
以一刹那得如願
以此羣生獲勝願
我獲得此普賢行
殊勝無量福德聚
所有羣生溺惡習
皆往無量光佛宮
普賢菩薩行願品全

435

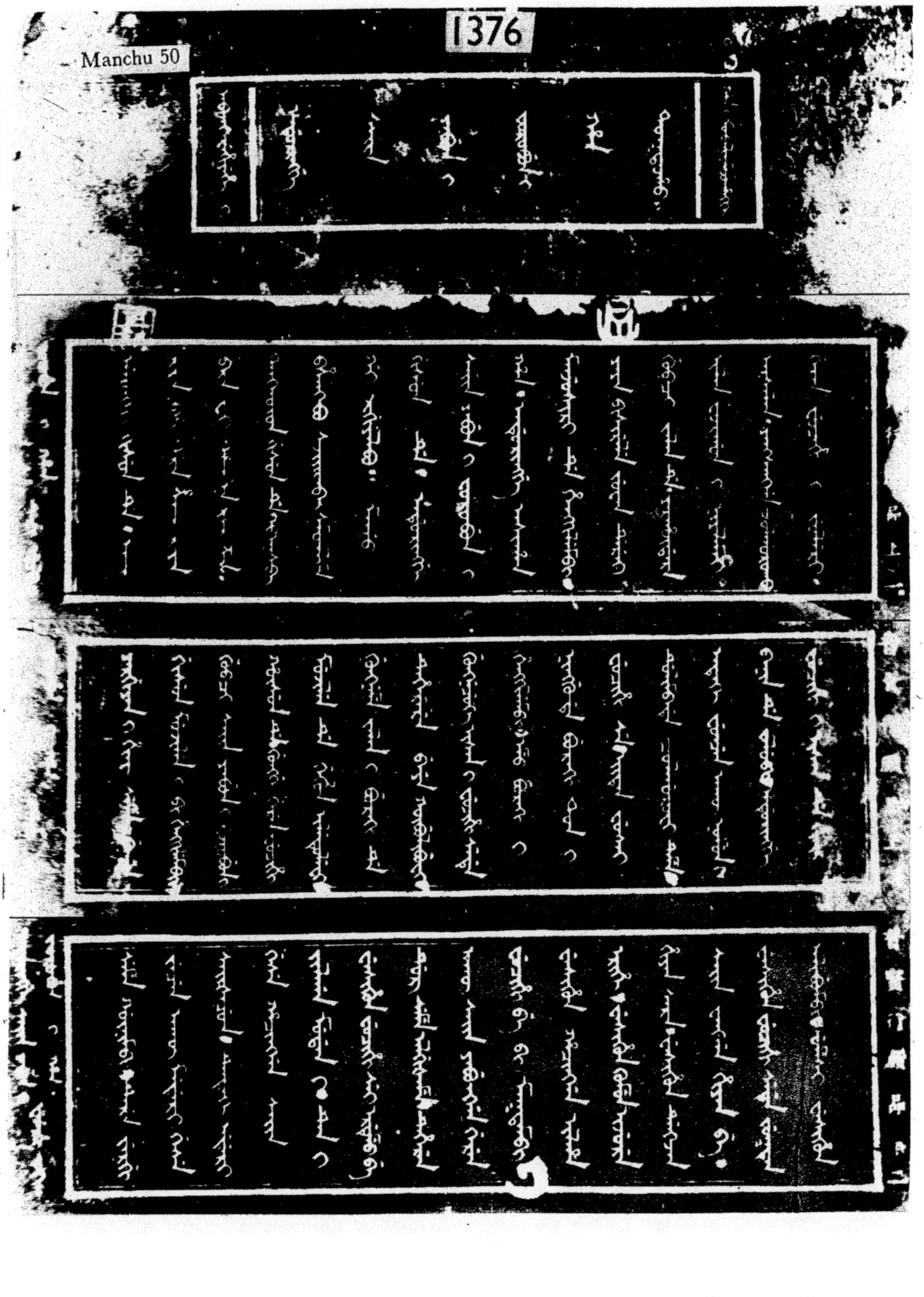
1376
Manchu 50

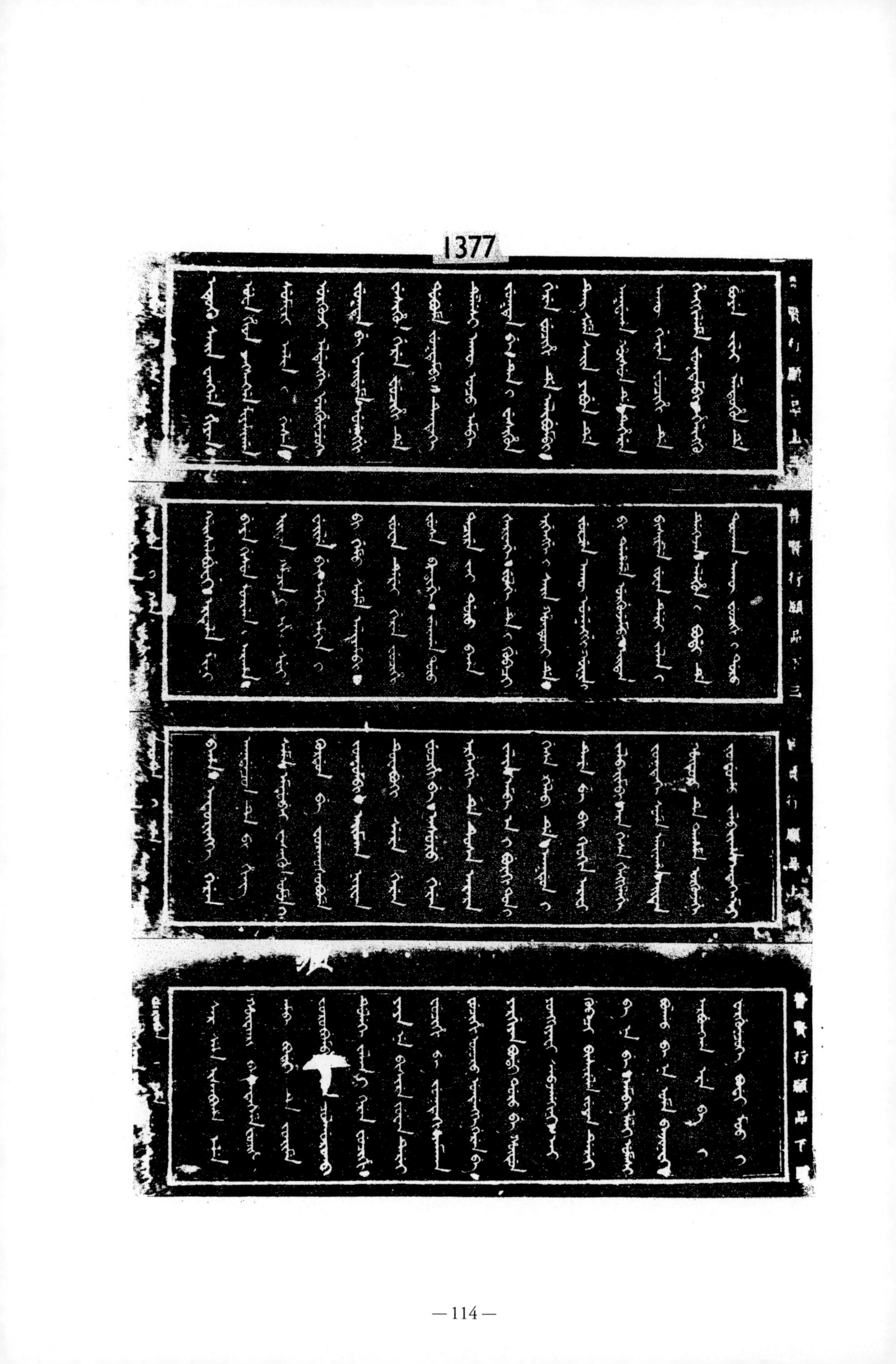

普賢行願品上 [illegible]

普賢行願品下 三

普賢行願品上

普賢行願品下

普賢行願品上

普賢行願品下

普賢行願品

普賢行願品下 六

普賢行願品上

普賢行願品下

普賢行願品

普賢行願品下八

普賢行願品上 九

普賢行願品下

普賢行願品上 十

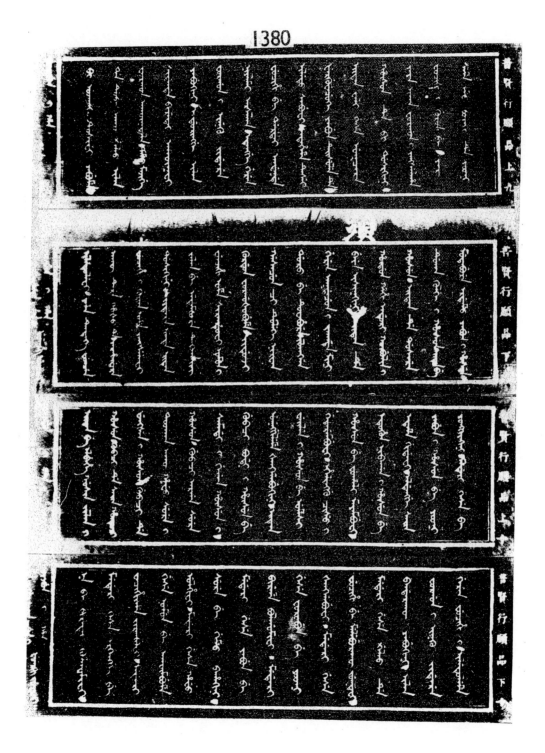

普賢行願品下 十

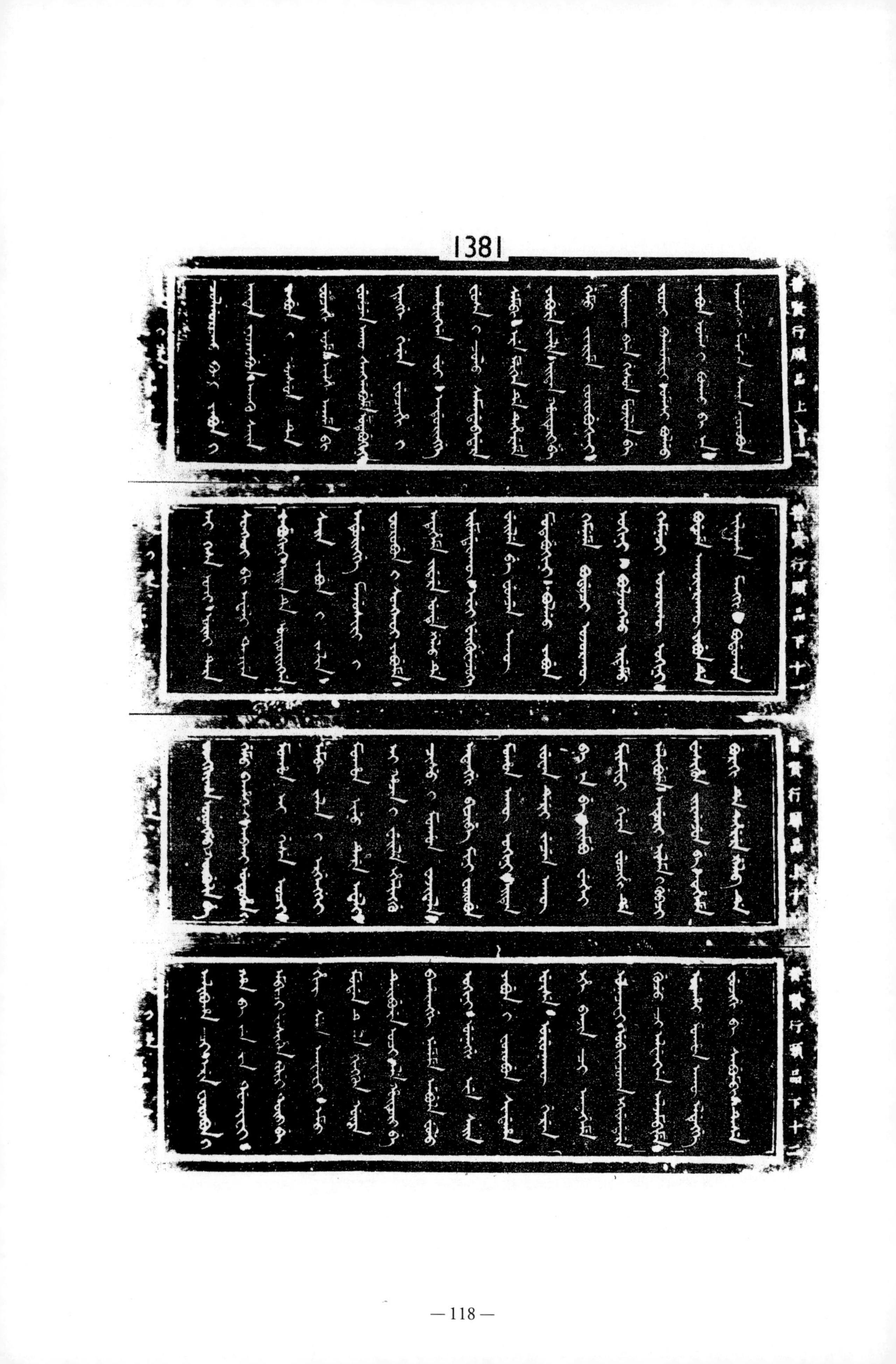

普賢行願品上十一

[illegible]

普賢行願品下十一

[illegible]

普賢行願品上十二

[illegible]

普賢行願品下十二

[illegible]

普賢行願品上十

普賢行願品下

普賢行願品上十

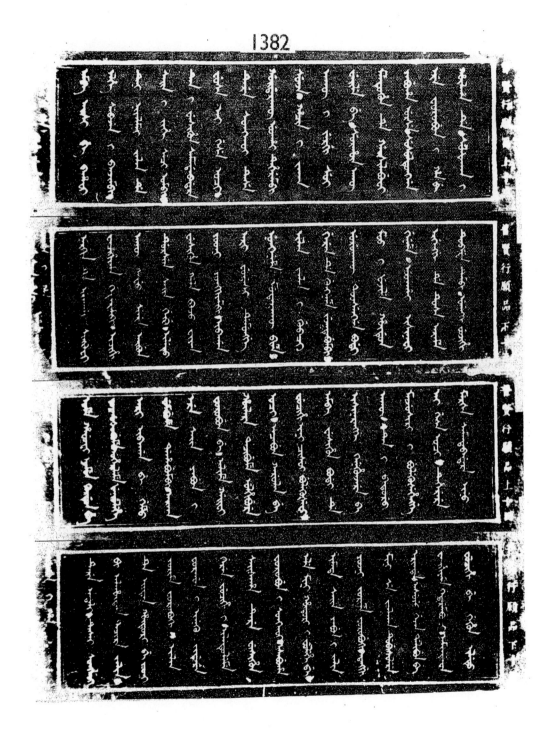

行願品下

行願品

[illegible]

普賢行願品下十

[illegible]

[illegible]

[illegible]

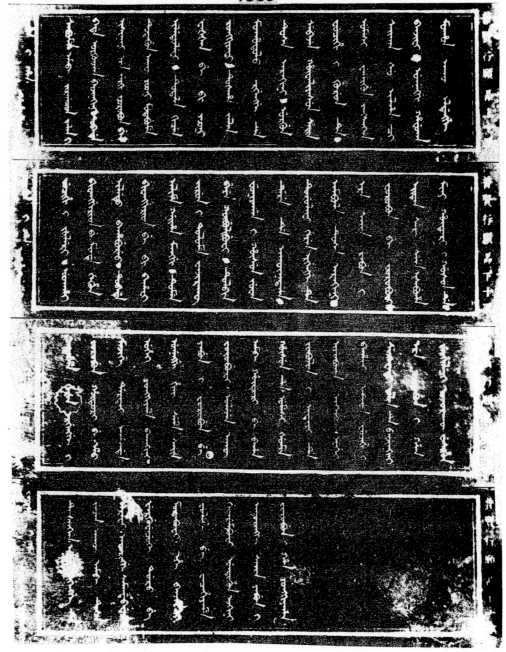

1384
Manchu 51

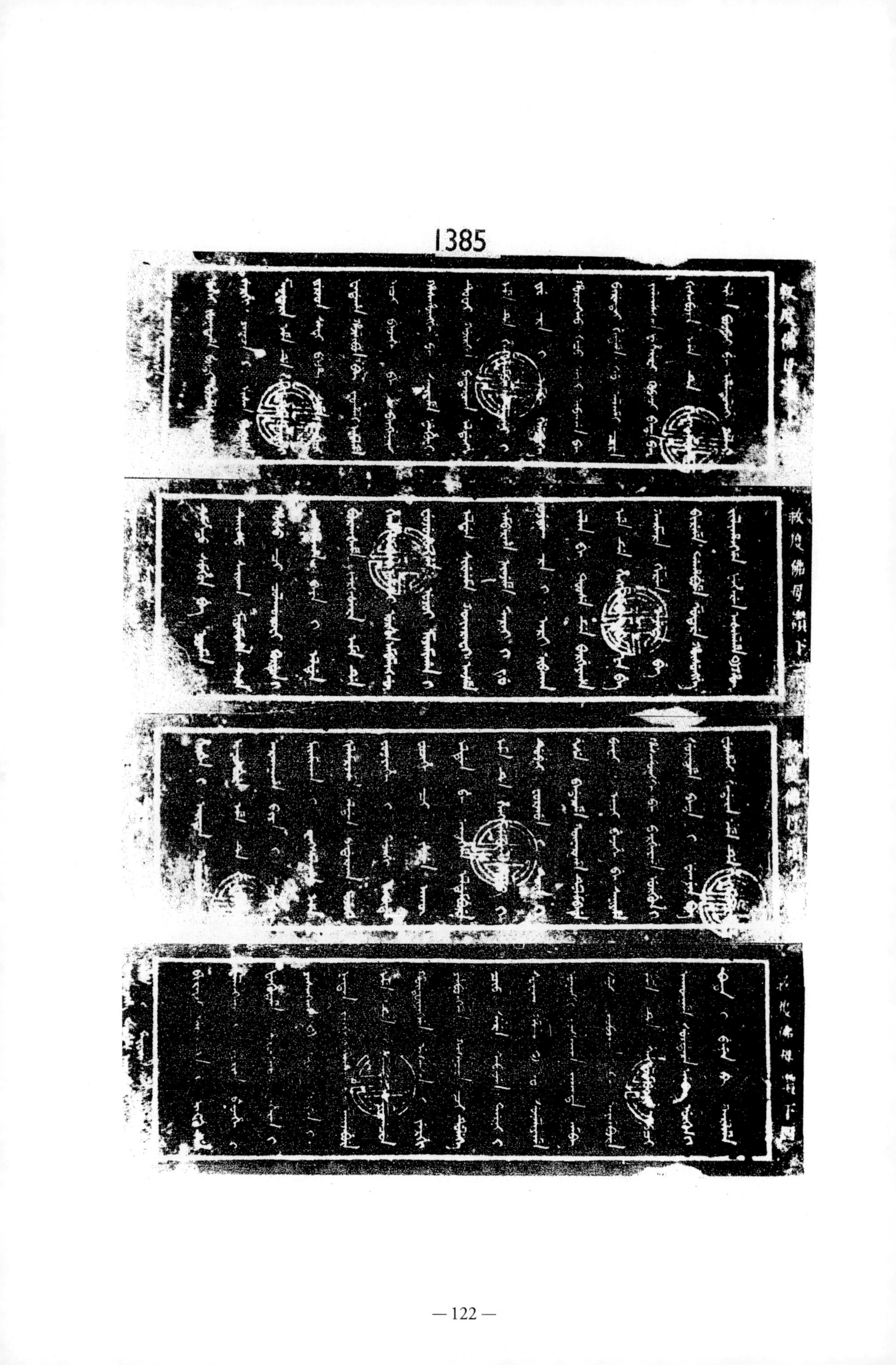

救度佛母

救度佛母讚下

救度佛母

救度佛母讚下

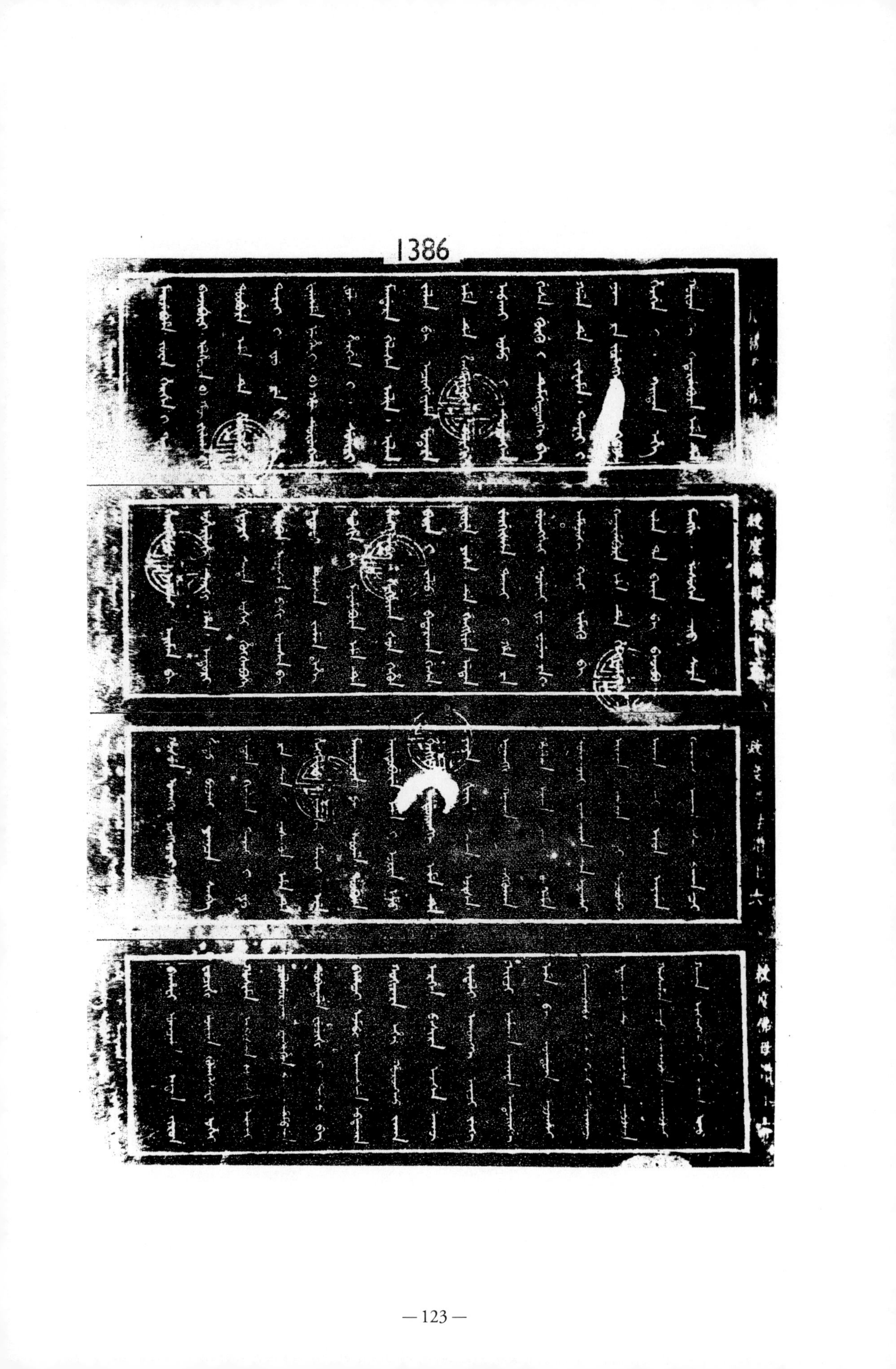

1387

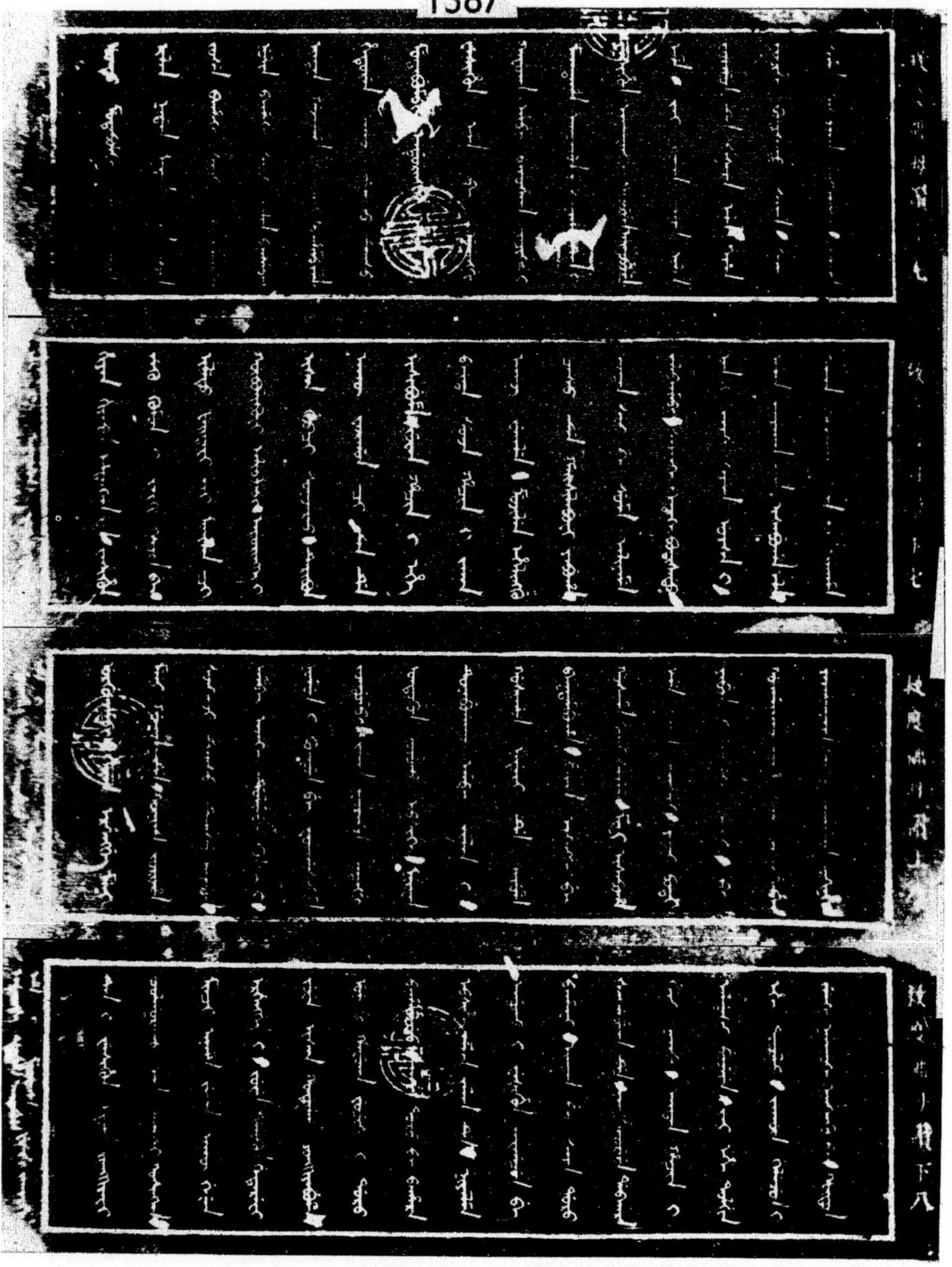

1388

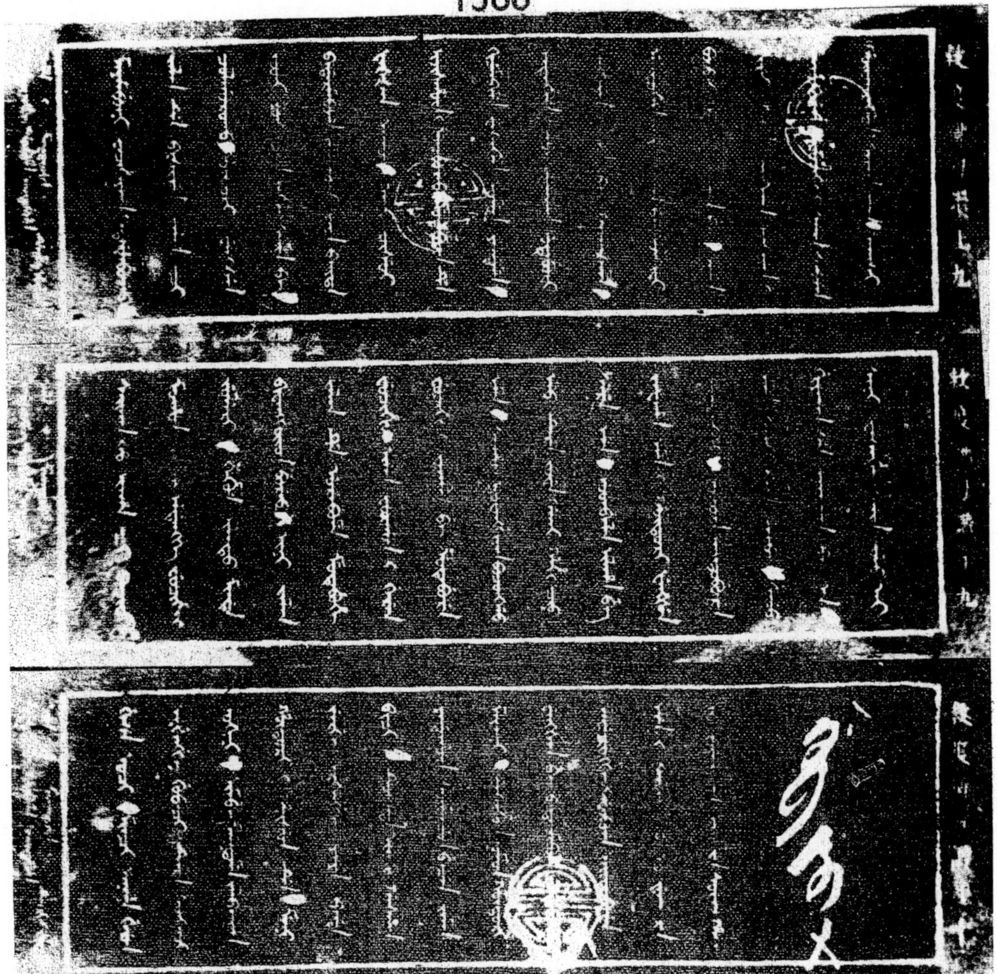

Vol. 6 Samantabhadracaryāpraṇidhānarāja, Sanskrit in Lantsha and Tibetan transliterations followed by Tibetan text

2167

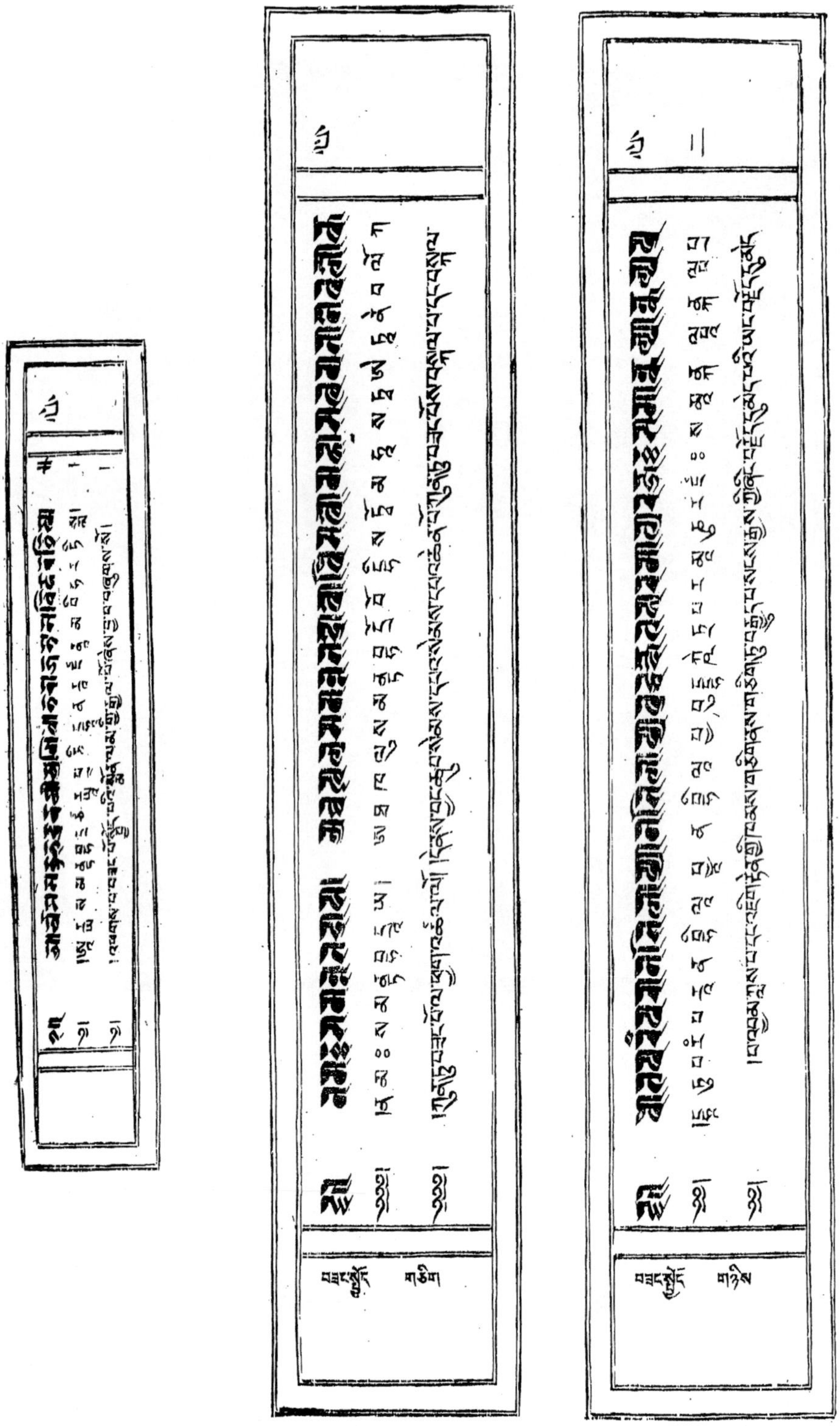

二

ས་ཧྲ་ན་ཏྲཱི་ཙྭ་ཏ་ཡ་སྨ་ནེ་ཧྱ་ཡ་སྶ་སྤ་ཏ་ཡཱ་ཀྐ་ཀྟ་ཀྭ་ཏེ་ན་པྲ་ཀྲི་ཏྲ་ན་མ་ཀྭ་ཀྲཱི་ཏ ཡཱ་བ་ཏ་ཀེ་ཙི་ད་ཤ་དི་ཤི་ལོ་ཀེ་ས་རྦ་ཏྲི་ཨ

པའི་རྡུལ་ཕྲ་མོ་སྙེད་དག་ཡང་བསྐལ་ནི་མ་ཟད་པར་བརྗོད་པའི་ཕྱིར་ཚིགས་སུ་བཅད་པའི་དབྱངས་ཀྱིས་སྨོན་ལམ་བཏབ་པ། ཇི་སྙེད་སུ་དག་ཕྱོགས་བཅུའི་འཇིག་རྟེན་ན། །དུས་གསུམ

ཛྷ་ག་ཏཱ་ན་ར་སིཾ་ཧཱཿ ཏཱ་ན་ཧུ་བ་ནྡ་མི་ས་རྦི་ཨ་ཤེ་ཥཱན ཀཱ་ཡ་ཏུ་བཱ་ཙ་མ་ནེ་ན་པྲ་ས་ནྣཿ བྷ་དྲ་ཙ་རཱི་པྲ་ཎི་དྷཱ་ན་བ་ལེ་ན་ས་རྦ

གཤེགས་པ་མི་ཡི་སེང་གེ་ཀུན། །བདག་གིས་མ་ལུས་དེ་དག་ཐམས་ཅད་ལ། །ལུས་དང་ངག་ཡིད་དང་བས་ཕྱག་བགྱིའོ། །བཟང་པོ་སྤྱོད་པའི་སྨོན་ལམ་སྟོབས་དག་གིས། །རྒྱལ་བ་

心 三

བཟང་སྤྱོད། གསུམ

༄། །ཛི་ནཱ་ན་ཀ་རོ་མི་པྲ་ཎཱ་མཾ ས་རྦ་ཛི་ནཱ་བྷི་མུ་ཁེ་ན་མ་ནེ་ན་ཀྵེ་ཏྲ་ར་ཛོ་པ་མ་ཀཱ་ཡ་པྲ་ཎཱ་མཻ་ན། ཨེ་ཀ་ར་ཛཱ་གྲི་ར་ཛོ

༄། །ཐམས་ཅད་ཡིད་ཀྱི་མངོན་སུམ་དུ། །ཞིང་གི་རྡུལ་སྙེད་ལུས་རབ་བཏུད་པ་ཡིས། །རྒྱལ་བ་ཀུན་ལ་རབ་ཏུ་ཕྱག་འཚལ་ལོ། །རྡུལ་གཅིག་སྟེང་ན་རྡུལ་སྙེད་

པ་མ་བུདྡྷཱ་བུདྡྷ་སུ་ཏཱ་ན་ནི་ཥཎྞ་ཀ་མ་དྷྱེ། ཨེ་བ་མ་ཤེ་ཥ་ཏ་དྷརྨ་ཏ་དྷཱ་ཏུཾ་ས་རྦ་ཨ་དྷི་མུ་ཙྱ་མི་པཱུརྞ་ཛི་ནེ་བྷིཿ ཏེ་ཥུ་ཙ་ཨ་ཀྵ་ཡ་བ་ར་ཎ

སངས་རྒྱས་རྣམས། །སངས་རྒྱས་སྲས་ཀྱི་དབུས་ན་བཞུགས་པ་དང་། །དེ་ལྟར་ཆོས་ཀྱི་དབྱིངས་རྣམས་མ་ལུས་པ། །ཐམས་ཅད་རྒྱལ་བ་དག་གིས་གང་བར་མོས། །དེ་དག་བསྔགས་པ་མི་ཟད་རྒྱ་

三

ས་མུ་དྲཱཾ ས་རྦ་སྭ་རཱཾ་ག་ས་མུ་དྲ་རུ་ཏེ་བྷིཿ ས་རྦ་ཛི་ན་ན་གུ་ཎཱཾ་བྷ་ཎ་མཱ་ན་སྟཱ་ན་སུ་ག་ཏཱཾ་སྟ་བ་མཱི་ཨ་ཧཾ་ས་རྦཱ་ན། པུ་ཥྤ་བ་རེ་བྷི་ཙ་མཱ་ལྱ

མཚོ་རྣམས། །དབྱངས་ཀྱི་ཡན་ལག་རྒྱ་མཚོའི་སྒྲ་ཀུན་གྱིས། །རྒྱལ་བ་ཀུན་གྱི་ཡོན་ཏན་རབ་བརྗོད་ཅིང་། །བདེ་བར་གཤེགས་པ་ཐམས་ཅད་བདག་གིས་བསྟོད། །མེ་ཏོག་དམ་པ་ཕྲེང་བ་དམ་

ཀུ་བ་རེ་བྷི་སྟྭ་ད་བ་ལི་བ་ནཱ་སྟྲ་བ་རེ་བྷིཿ དཱི་བ་བ་རེ་བྷི་ཙ་དྷུ་པ་བ་རེ་བྷིཿ པཱུ་ཛ་ན་ཏེ་བ་ཛི་ན་ན་ཀ་རོ་མི། བ་སྟྲ་བ་རེ་བྷི་ཙ་གནྡྷ

པ་དང་། །སིལ་སྙན་རྣམས་དང་བྱུག་པ་གདུགས་མཆོག་དང་། །མར་མེ་མཆོག་དང་བདུག་སྤོས་དམ་པ་ཡིས། །རྒྱལ་བ་དེ་དག་ལ་ནི་མཆོད་པར་བགྱི། །ན་བཟའ་དམ་པ་རྣམས་དང་

心 四

ཨོཾ། །ཁ་རེ་ཧྲི་ཀླྀཾ་ཙ་པུ་ཏེ་ ཧྲི་ཙ་མེ་ཏུ་ནམ་མེ་ཧྲཱིཿ ས་ཏ་བི་ཤི་ཀྵ་བི་ཡུ་ཏ་བ་རེ་ཧྲཱིཿ པུ་ཛ་ན་ཏེ་ཨ་ཛ་ཀྵ་ན་ཀ་རོ་མི། ར་ཏྣ་བ་རེ

ཨོཾ། །དྲི་མཆོག་དང་། །ཕྱེ་མ་ཕུར་མ་རི་རབ་མཉམ་པ་དང་། །བཀོད་པས་ཁྱད་པར་འཕགས་པ་ཡི་མཆོག་ཀུན་གྱིས། །རྒྱལ་བ་དེ་དག་ལ་ཡི་མཆོད་པར་བགྱི། །རིན་ཆེན་མཆོག

[illegible]

ཧྲི་ཙ་ཏྣ་ར་བ་རེ་ཧྲཱིཿ དི་བྱ་བི་ཙི་ཏྲ་བི་ཏྣ་ཤ་བ་རེ་ཧྲཱིཿ ས་ཏ་ཏྲ་དྷྭ་ཛ་པ་ཏཱ་ཀ་བ་རེ་ཧྲཱིཿ པུ་ཛ་ན་ཏེ་ཨ་ཛ་ཀྵ་ན་ཀ་རོ་མི། ཡུ་ཙ་ཡ

དང་དོ་ཤལ་མཆོག་རྣམས་དང་། །རྣམ་པ་བཀྲ་ལྡན་རྣམ་བཀྲ་བླ་བྲེ་མཆོག་རྣམས་དང་། །རྒྱལ་མཚན་མཆོག་དང་བ་དན་མཆོག་རྣམས་ཀྱིས། །རྒྱལ་བ་དེ་དག་ལ་ནི་མཆོད་པར་བགྱི། །མཆོད་པ་གང་

བཟང་སྤྱོད བཞི

四

ཙུ་ཏ་ར་པུ་ཛ་ཨུ་དཱ་རཱ་ཏ་མ་ཏེ་མུ་ཙྪ་མི་ས་ཏ་ཛི་ན་ནཱཾ ཀྵུ་དྷ་ཙ་ཏྲི་ཡ་ཏེ་མུ་ཀྵུ་བ་ལེ་ན་བ་ཏྲ་མི་པུ་ཛ་ཡ་ཏི་ཛི་ན་ས་ཏྭ་ན། པ་རྩཱ

རྣམས་བླ་མེད་རྒྱ་ཆེ་བ། །དེ་དག་རྒྱལ་བ་ཐམས་ཅད་ལ་ཡང་མོས། །བཟང་པོ་སྤྱོད་ལ་དད་པའི་སྟོབས་དག་གིས། །རྒྱལ་བ་ཀུན་ལ་ཕྱག་འཚལ་མཆོད་པར་བགྱི། །འདོད

ཏྲཱི་ཧཾ་མ་ཡི་པྲ་པུ་ཀྲ་པེ་ཡུ་ཏྣ་ག་ཙུ་དྷེ་ཤ་ཙུ་མོ་ཧ་བ་ཤེ་ན། ཀྲཱ་ཡ་ཙུ་བྲ་ཙ་མ་ནེ་ན་ཏ་ཐཻ་བ་ཧི་པྲ། ཧི་དེ་ཤ་ཡ་སྨི་ཨ་ཙུ་ས་ཙཾ ཡ་ཀྵཾ་དེ་ཤ

ཆགས་ཞེ་སྡང་གཏི་མུག་དབང་གིས་ནི། །ལུས་དང་ངག་དང་དེ་བཞིན་ཡིད་ཀྱིས་ཀྱང་། །སྡིག་པ་བདག་གིས་བགྱིས་པ་ཅི་མཆིས་པ། །དེ་དག་ཐམས་ཅད་བདག་གིས་སོ་སོར་བཤགས། །ཕྱོགས

心 五

ཨོཾ། །ཧྲི་ཤི་པྲ་ཧྲ་ཛ་ག་ཏ་ཤི་ཀྵ་ཨ་ཤི་ཀྵ་པྲ་ཏྱེ་ཀ་ཛི་ན་ནཱཾ ། བུདྡྷ་སུ་ཏཱ་ན་ཐ་ས་ཏ་ཛི་ན་ནཱཾ་ཏཾ་ཨ་ནུ་མོ་ད་ཡ་མཱི་ཨ་ཏུ

ཨོཾ། །ཕྱོགས་བཅུའི་རྒྱལ་བ་ཀུན་དང་སངས་རྒྱས་སྲས། །རང་རྒྱལ་རྣམས་དང་སློབ་དང་མི་སློབ་དང་། །འགྲོ་བ་ཀུན་གྱི་བསོད་ནམས་གང་ལ་ཡང་། །དེ་དག་ཀུན་གྱི་རྗེས་སུ་བདག་ཡི

སརྦཾ ཡེ་ཙ་ད་ཤ་དི་ཤི་ལོ་ཀ་པྲ་དཱི་པཱ་བོ་དྷི་བི་བུདྡྷ་ཨ་སཾ་ག་ཏ་པྲཱ་པྟཱཿ ཏ་ན་ཨ་ཧཾ་ས་ཏ་ཨ་དྷྱེ་ཥ་མི་ན་ཐཱཾ་ཙ་ཀྲཱ་ཨ་ནུ་ཏྟ་ར་བ་ཏྟ

རང་། །གང་རྣམས་ཕྱོགས་བཅུའི་འཇིག་རྟེན་སྒྲོན་མ་དག །བྱང་ཆུབ་རིམ་པར་སངས་རྒྱས་མ་ཆགས་བརྙེས། །མགོན་པོ་དེ་དག་བདག་གིས་ཐམས་ཅད་ལ། །འཁོར་ལོ་བླ་ན་མེད་པ་བསྐོར

བཟང་སྤྱོད ལྔ

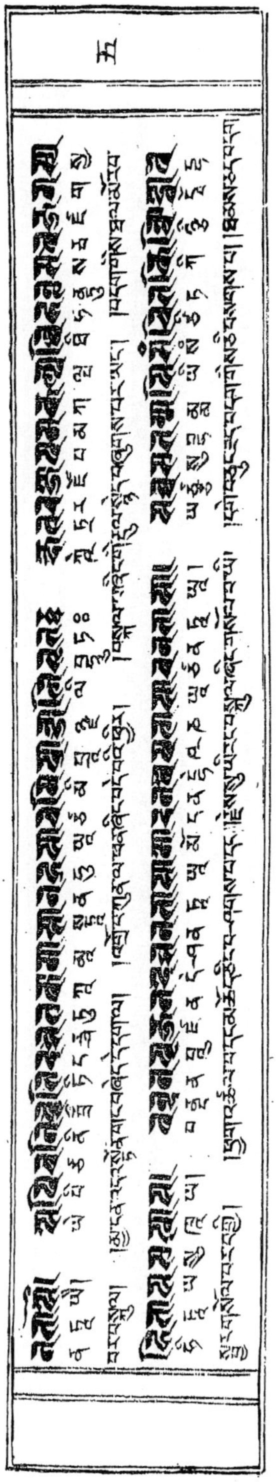

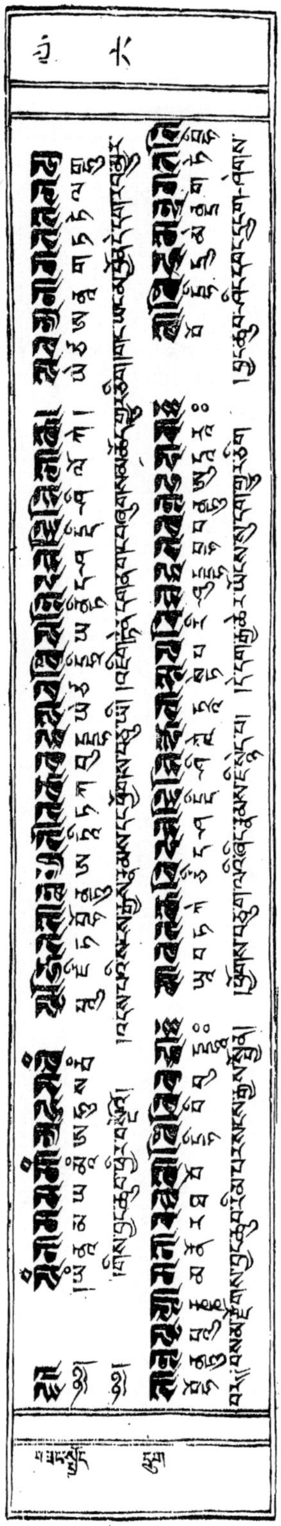

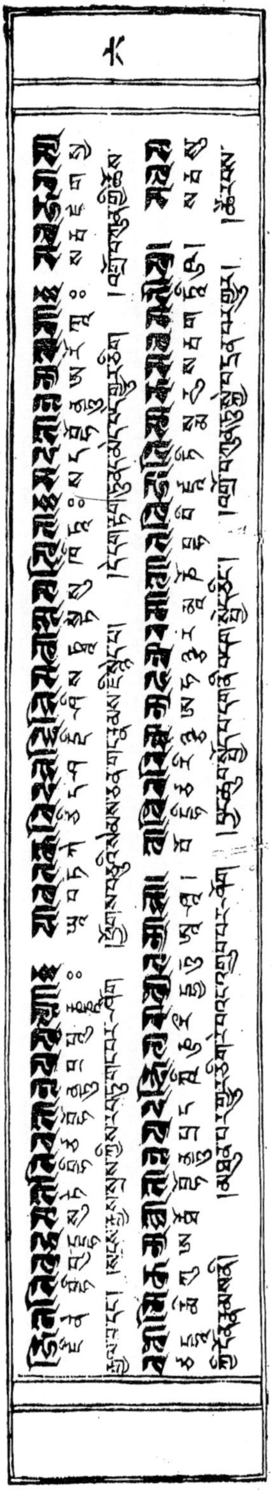

བཟང་སྤྱོད་ བདུན

心 七

༄༅། ཛེ་ སྨྲ་ ཙྱུ་ ཏྱུ་ པ་ པ་ ཏྟི་ པྲ་ བྲ་ ཛི་ ཏོ་ ཨ་ ཧུ་ ནི་ ཏྱ་ བྷ་ ཝེ་ ཡཾ། ཤི་ ཀྵ་ ཀ་ སརྦ་ ཛི་ ན་ ན་ བྷ་ ཝེ་ ཡཾ་ བྷ་ དྲ་ ཙ་ རིཾ་ པ་ རི་ པཱུ་ ར་ ཡ་ མཱ

༄༅། །ཀུན་ཏུ་འཆི་འཕོ་སྐྱེ་བ་ན། །རྟག་ཏུ་བདག་ནི་རབ་ཏུ་འབྱུང་བར་ཤོག །རྒྱལ་བ་ཀུན་གྱི་རྗེས་སུ་སློབ་གྱུར་ཏེ། །བཟང་པོ་སྤྱོད་པ་ཡོངས་སུ་རྫོགས་བྱེད་

ཎཿ ཤཱི་ ལ་ ཙ་ རིཾ་ བི་ མ་ ལཱཾ་ པ་ རི་ ཤུདྡྷཱཾ་ ནི་ ཏྱ་ ཨ་ ཁཎྜ་ མ་ ཙྪི་ དྲ་ ཙ་ རེ་ ཡཾ། དེ་ བ་ རུ་ ཏེ་ བྷི་ ཙ་ ནཱ་ ག་ རུ་ ཏེ་ བྷི་ ཡཀྵ་ ཀུ་ མྦྷཱཎྜ་ མ་ ནུ་ ཥྱ་ རུ་ ཏེ

ཅིང༌། ཚུལ་ཁྲིམས་སྤྱོད་པ་དྲི་མེད་ཡོངས་དག་པ། །རྟག་ཏུ་མ་ཉམས་སྐྱོན་མེད་སྤྱོད་པར་ཤོག །ལྷ་ཡི་སྐད་དང་ཀླུ་དང་གནོད་སྦྱིན་སྐད། །གྲུལ་བུམ་དག་དང་མི་ཡི་སྐད་རྣམས་

七

བྷིཿ ཡཱ་ ནི་ ཙ་ སརྦ་ རུ་ ཏཱ་ ནི་ ཛ་ ག་ སྱ་ སརྦ་ རུ་ ཏེ་ བྷི་ ཨ་ ཧཾ་ དེ་ ཤ་ ཡི་ དྷརྨཾ། པཱ་ ར་ མི་ ཏཱ་ སུ་ ཨ་ བྷི་ ཡུ་ ཀྟོ་ བོ་ དྷི་ ཡ་ ཙི་ ཏྟ་ མ་ ཛཱ་ ཏུ་ བི

དང༌། །འགྲོ་བ་ཀུན་གྱི་སྒྲ་རྣམས་ཇི་ཙམ་པར། །ཐམས་ཅད་སྐད་དུ་བདག་གིས་ཆོས་བསྟན་ཏོ། །དེས་ཞིང་ཕ་རོལ་ཕྱིན་ལ་རབ་བརྩོན་ཞིང༌། །བྱང་ཆུབ་སེམས་ནི་ནམ་ཡང་བརྗེད་

མུ་ ཧྱེ། ཡེ་ པི་ ཙ་ པཱ་ པ་ ཀ་ ཨཱ་ བ་ ར་ ཎཱི་ ཡཱ་ སྟེ་ ཥུ་ པ་ རི་ ཀྵ་ ཡུ་ བྷོ་ ཏུ་ ཨ་ ཤེ་ ཥཾ། ཀ་ རྨ་ ཏུ་ ཀླེ་ ཤ་ ཏུ་ མཱ་ ར་ པ་ ཐ་ ཏོ་ ལོ་ ཀ་ ག་ ཏཱི་ ཥུ་ བི་ མུ་ ཀྟ

མི་འགྱུར། །སྡིག་པ་གང་རྣམས་སྒྲིབ་པར་གྱུར་པ་དག །དེ་དག་མ་ལུས་ཡོངས་སུ་བྱང་བར་ཤོག །ལས་དང་ཉོན་མོངས་བདུད་ཀྱི་ལས་རྣམས་ལས། །གྲོལ་ཞིང་འཇིག་རྟེན་འགྲོ་བ་

བཟང་སྤྱོད་ བརྒྱད

心 八

༄༅། ཙ་ རེ་ ཡཾ་ པ་ དྨ་ ཡ་ ཐཱ་ ཛ་ ལ་ ལི་ པྟ་ ཨ་ ལི་ པྟཿ སཱུ་ རྻ་ ཤ་ ཤཱི་ ག་ ག་ ནེ་ བ་ ཨ་ ས་ ཀྟཿ ས་ རྦ་ ཨ་ པཱ་ ཡ་ དུཿ་ ཁ་ པྲ་ ཤ་ མཾ་ ཏོ་ ས་ རྦ་ ཛ

༄༅། །རྣམས་སུ་ཡང༌། །ཇི་ལྟར་པདྨ་ཆུས་མི་ཆགས་པ་བཞིན། །ཉི་ཟླ་ནམ་མཁར་ཐོགས་པ་མེད་ལྟར་སྤྱོད། །ཞིང་གི་ཁྱོན་དང་ཕྱོགས་རྣམས་ཇི་ཙམ་པར། །ངན་སོང་

གཾ་ སུ་ ཁི་ སྠཱ་ པ་ ཡ་ མཱ་ ནཿ ས་ རྦ་ ཛ་ ག་ སྱ་ ཧི་ ཏཱ་ ཡ་ ཙ་ རེ་ ཡཾ་ ཡཱ་ བ་ ཏ་ ཀྵེ་ ཏྲ་ པ་ ཐཱ་ དི་ ཤ་ ཏཱ་ སུ། ས་ ཏྭ་ ཙ་ རྻཱ་ ཨ་ ནུ་ བ་ རྟ་ ཡ་ མཱ་ ནོ་ བོ་ དྷི

སྡུག་བསྔལ་རབ་ཏུ་ཞི་བར་བྱེད། །བདེ་བ་དག་ལ་འགྲོ་བ་ཀུན་འགོད་ཅིང༌། །འགྲོ་བ་ཐམས་ཅད་ལ་ནི་ཕན་པར་སྤྱོད། །བྱང་ཆུབ་སྤྱོད་པ་ཡོངས་སུ་རྫོགས་བྱེད་ཅིང༌། །སེམས་

八

ཙ རི་པ རི་པཱུ་ར ཡ མཱ ཎཿ བྷ དྲ ཙ རིཾ ཙ པྲ བྷཱ ཝ ཡ མཱ ནཿ ས རྦི ཨ ནཱ ག ཏ ཀ ལྤ ཙ རེ ཡཾ ཡེ ཙ ས བྷཱ ག མ མ ས ཧ ཙ རྻཱ ཏེ ཥུ

ཅན་དག་གི་སྤྱོད་དང་མཐུན་པར་འཇུག །བཟང་པོ་སྤྱོད་པ་དག་ནི་རབ་སྟོན་ཅིང་། །མ་འོངས་བསྐལ་པ་ཀུན་ཏུ་སྤྱོད་པར་འགྱུར། །བདག་གི་སྤྱོད་དང་མཚུངས་པར་གང་སྤྱོད་པ། །

ས མཱ ག མུ ནི ཏྱ བྷ ཝེ ཡཱ། ཀཱ ཡ ཏུ ཝཱ ཙ ཏུ ཙེ ཏ ན ཏོ ཝཱ ཨེ ཀ ཙ རཱི པྲ ཎི དྷཱ ན ཙ རེ ཡཾ ཡེ པི ཙ མི ཏྲ མ མཱ ཧི ཏ ཀཱ མཱ བྷ དྲ ཙ རཱི

དེ་དག་དང་ནི་རྟག་ཏུ་འགྲོགས་པར་ཤོག །ལུས་དང་ངག་རྣམས་དང་ནི་སེམས་ཀྱིས་ཀྱང་། །སྤྱོད་པ་དག་དང་སྨོན་ལམ་གཅིག་ཏུ་སྤྱད། །བདག་ལ་ཕན་པར་འདོད་པའི་གྲོགས་པོ་དང་། །བཟང་

བཟང་སྤྱོད དགུ

心 九

ༀ། །ཡ ནི ད རྴི ཡི ཏཱ རཿ ཏེ ཥུ ས མཱ ག མུ ནི ཏྱ བྷ ཝེ ཡཱ ཏཱཾ ཤྩ ཨ ཧཾ ན བི རཱ ག ཡི ཛཱ ཏུ། སཾ མུ ཁ ནི ཏྱ མ ཧཾ ཛི ན པ

ༀ། །པོ་སྤྱོད་པ་རབ་ཏུ་སྟོན་པ་བཀྲིད་པ། །དེ་དག་དང་ཡང་རྟག་ཏུ་ཕྲད་པར་ཤོག །དེ་དག་བདག་གིས་ནམ་ཡང་ཡིད་མི་དབྱུང་། །སངས་རྒྱས་སྲས་ཀྱིས་བསྐོར་བའི་མགོན་པོ་

ཤྱེ བུ དྡྷ སུ ཏེ ཧི པ རི བྲྀ ཏ ནཱ ཐཱན྄ ཏེ ཥུ ཙ པཱུ ཛ ཀ རེ ཡ ཨུ དཱ རཱཾ ས རྦི ཨ ནཱ ག ཏ ཀ ལྤ མ ཁི ནྣཿ དྷཱ ར ཡ མཱ ཎུ ཛི ནཱ ན ས

རྣམས། །མངོན་སུམ་རྟག་ཏུ་བདག་གིས་རྒྱལ་བ་བལྟ། །མ་འོངས་བསྐལ་པ་ཀུན་ཏུ་མི་སྐྱོ་བར། །དེ་དག་ལ་ཡང་མཆོད་པ་རྒྱ་ཆེར་བགྱི། །རྒྱལ་བ་རྣམས་ཀྱི་དམ་པའི་ཆོས་འཛིན་

九

དྡྷ རྨཾ བོ དྷི ཙ རཱིཾ པ རི དཱི པ ཡ མཱ ནཿ བྷ དྲ ཙ རཱིཾ ཙ བི ཤོ དྷ ཡ མཱ ནཿ ས རྦི ཨ ནཱ ག ཏ ཀ ལྤ ཙ རེ ཡཾ ས རྦ བྷ བེ ཥུ ཙ སཾ ས ར

ཅིང་། །བྱང་ཆུབ་སྤྱོད་པ་ཀུན་ཏུ་སྣང་བར་བྱེད། །བཟང་པོ་སྤྱོད་པ་རྣམ་པར་སྦྱོང་བ་ཡང་། །མ་འོངས་བསྐལ་པ་ཀུན་ཏུ་སྤྱད་པར་བགྱི། །སྲིད་པ་ཐམས་ཅད་དུ་ཡང་འཁོར་བ་

མཱ ཎཿ པུ ཎྱ ཛྙཱ ནུ ཨ ཀྵ ཡ པྲཱ པྟོ པྲ ཛྙུ པཱ ཡ ས མཱ དྷི བི མོ ཀྵཻཿ ས ར྄ བ གུ ཎཻ རྦྷ བེ ཨ ཀྵ ཡ ཀོ ཤཿ ཨེ ཀ ར ཛཱ གྲེ ར ཛཿ ས མཱ

ན། །བསོད་ནམས་ཡེ་ཤེས་དག་ནི་མི་ཟད་རྙེད། །ཐབས་དང་ཤེས་རབ་ཏིང་ངེ་འཛིན་རྣམ་ཐར་དང་། །ཡོན་ཏན་ཀུན་གྱིས་མི་ཟད་མཛོད་དུ་གྱུར་ཅིག །རྡུལ་གཅིག་སྟེང་ན་རྡུལ་སྙེད་ཞིང་

༄༅། །ཀྵེ་ཏྲཱ་ཏ་ཏྲ་ཙ་ཀྵེ་ཏྲི་ཨ་ཙིན་ཏི་ཡ་བུདྡྷཱན། བུདྡྷ་སུ་ཏཱ་ན་ནི་ཥཎྞ་ཀུ་མ་དྷྱེ་པ་ཤྱ་མི་བོ་དྷི་ཡ་ཙཱ་རི་ཀཾ་ཙ་རན་ཏཿ ཨེ་བ་མ་ཤེ་ཥ་ཏ

༄༅། །རྡུལ་ཏེ། །ཞིང་དེ་ར་བསམ་གྱིས་མི་ཁྱབ་སངས་རྒྱས་རྣམས། །སངས་རྒྱས་སྲས་ཀྱི་དབུས་ན་བཞུགས་པ་ལ། །བྱང་ཆུབ་སྤྱོད་པ་སྤྱོད་ཅིང་བལྟ་བར་བགྱི། །དེ་ལྟར་མ་ལུས་ཐམས་

སརྦ་དི་ཤཱ་སུ་ཝཱ་ལ་པ་ཐེ་ཥུ་ཏྲི་ཡདྷྭ་པྲ་མཱ་ཎ་ཏ། བུདྡྷ་ས་མུ་དྲ་ཐ་ཀྵེ་ཏྲ་ས་མུ་དྲཱན་ཨོ་ཏ་རི་ཙཱ་རི་ཀ་ཀལྤ་ས་མུ་དྲཱན། ཨེ་ཀ་སྭ་རཱ་ངྒ

ཅད་ཕྱོགས་སུ་ཡང་། །སྐྲ་ཚད་ཁྱོན་ལ་དུས་གསུམ་ཚད་སྙེད་ཀྱི། །སངས་རྒྱས་རྒྱ་མཚོ་ཞིང་རྣམས་རྒྱ་མཚོ་དང་། །བསྐལ་པ་རྒྱ་མཚོར་སྤྱོད་ཅིང་རབ་ཏུ་འཇུག །གསུང་གཅིག་ཡན་

ས་མུ་དྲ་རུ་ཏེ་བྷིཿ སརྦ་ཛི་ན་ན་སྭ་རཱ་ངྒ་བི་ཤུདྡྷིམ། སརྦ་ཛ་ག་སྱ་ཡ་ཐཱ་ཤ་ཡ་གྷོ་ཥཾ་བུདྡྷ་ས་ར་སྭ་ཏིམ་ཨོ་ཏ་རི་ནི་ཏྱཾ། ཏེ་ཥུ་ཙ་ས

ལག་རྒྱ་མཚོའི་སྒྲ་སྐད་ཀྱིས། །རྒྱལ་བ་ཀུན་དབྱངས་ཡན་ལག་རྣམ་དག་པ། །འགྲོ་བ་ཀུན་གྱི་བསམ་པ་ཇི་བཞིན་དབྱངས། །སངས་རྒྱས་གསུང་ལ་རྟག་ཏུ་འཇུག་པར་བགྱི། །དུས་གསུམ་

རྦ་ཛི་ན་ན་ཏྲི་ཡདྷྭ་ག་ཏཱ་ན་ཙ་ཀྲ་ན་ཡཾ་པ་རི་བརྟ་ཡ་ནྟཱ་ན། ཏེ་ཥཱཾ་ཙ་སོ་ཨཀྵ་ཡ་གྷོ་ཥ་རུ་ཏེ་བྷིཿ བུདྡྷི་བ་ལེ་ན་ཨ་ཧཾ་པྲ་བི་ཤེ་ཡཾ། ཨེ་ཀ་ཀྵ་ཎེ་ན་ཨ

གཤེགས་པའི་རྒྱལ་བ་ཐམས་ཅད་དག །འཁོར་ལོའི་ཚུལ་རྣམས་རབ་ཏུ་བསྐོར་བ་ཡི། །དེ་དག་གི་ཡང་གསུང་དབྱངས་མི་ཟད་ལ། །བློ་ཡི་སྟོབས་ཀྱིས་བདག་ཀྱང་རབ་ཏུ་འཇུག །མ་འོངས་བསྐལ་

༄༅། །ན་ཱ་ག་ཏ་སརྦཱན་ཀལྤ་པྲ་བེ་ཤ་ཨ་ཧཾ་པྲ་བི་ཤེ་ཡཾ། ཡེ་པི་ཙ་ཀལྤ་ཏྲི་ཡདྷྭ་པྲ་མཱ་ཎཱ་སྟཱན་ཀྵ་ཎ་ཀོ་ཊི་པྲ་བི་ཥྚ་ཙ་རེ་ཡཾ། ཡེ་ཙ་ཏྲི་ཡ

༄༅། །པ་ཐམས་ཅད་འཇུག་པར་ཡང་། །སྐད་ཅིག་གཅིག་གིས་བདག་ཀྱང་འཇུག་པར་བགྱི། །གང་ཡང་བསྐལ་པ་དུས་གསུམ་ཚད་དེ་དག །སྐད་ཅིག་ཆ་ཤས་ཀྱིས་ནི་ཞུགས་པར་བྱ། །དུས་གསུམ་

དྷྭ་ག་ཏཱ་ན་ར་སིཾ་ཧཱ་སྟཱ་ན་ཧུ་པ་ཤྱེ་ཡ་ཨེ་ཀ་ཀྵ་ཎེ་ན། ཏེ་ཥུ་ཙ་གོ་ཙ་རི་ནི་ཏྱཾ་མཱ་ཡ་ག་ཏེ་ན་བི་མོཀྵ་བ་ལེ་ན། ཡེ་ཙ་ཏྲི་ཡདྷྭ་སུ

གཤེགས་པ་མི་ཡི་སེང་གེ་གང་། །དེ་དག་སྐད་ཅིག་གཅིག་ལ་བདག་གིས་བལྟ། །རྟག་ཏུ་དེ་དག་གི་ནི་སྤྱོད་ཡུལ་ལ། །སྒྱུ་མར་གྱུར་པའི་རྣམ་ཐར་སྟོབས་ཀྱིས་འཇུག །གང་ཡང་དུས་གསུམ་

十二

དག་གི་ཞིང་བཀོད་པ། །དེ་དག་རྡུལ་གཅིག་སྟེང་དུ་མངོན་པར་བསྒྲུབ། །དེ་སྙེད་མ་ལུས་ཕྱོགས་རྣམས་ཐམས་ཅད་དུ། །རྒྱལ་བ་རྣམས་ཀྱི་ཞིང་རྣམས་བཀོད་ལ་འཇུག །གང་ཡང་མ་བྱོན་འཇིག

རྟེན་སྒྲོན་མ་རྣམས།། །དེ་དག་རིམ་པར་འཚང་རྒྱ་འཁོར་ལོ་བསྐོར། །མྱ་ངན་འདས་པ་རབ་ཏུ་ཞི་མཐའ་སྟོན། །མགོན་པོ་ཀུན་གྱི་དྲུང་དུ་བདག་མཆི་འོ། །ཀུན་ཏུ་མྱུར་བའི་རྫུ

心 十三

བཟང་སྤྱོད བརྒྱ་གཅིག

༄༅། །འཕྲུལ་སྟོབས་རྣམས་དང་། །ཀུན་ནས་སྒོ་ཡི་ཐེག་པའི་སྟོབས་རྣམས་དང་། །ཀུན་ཏུ་ཡོན་ཏན་སྤྱོད་པའི་སྟོབས་རྣམས་དང་། །ཀུན་ཏུ་ཁྱབ་པ་བྱམས་པ་དག་གི་སྟོབས། །ཀུན་ནས་དགེ་

བའི་བསོད་ནམས་སྟོབས་རྣམས་དང་། །ཆགས་པ་མེད་པར་འགྱུར་བའི་ཡེ་ཤེས་སྟོབས། །ཤེས་རབ་ཐབས་དང་ཏིང་འཛིན་སྟོབས་དག་གིས། །བྱང་ཆུབ་སྟོབས་རྣམས་ཡང་དག་སྒྲུབ་པར་བྱེད། །ལས་ཀྱི་

十三

སྟོབས་རྣམས་ཡོངས་སུ་དག་བྱེད་ཅིང་། །ཉོན་མོངས་སྟོབས་རྣམས་ཀུན་ཏུ་འཇོམས་པར་བྱེད། །བདུད་ཀྱི་སྟོབས་རྣམས་སྟོབས་མེད་རབ་བྱེད་ཅིང་། །བཟང་པོ་སྤྱོད་པའི་སྟོབས་ནི་རྫོགས་པར་བགྱི། །ཞིང་རྣམས

རྒྱ་མཚོ་རྣམ་པར་དག་བྱེད་ཅིང་། །སེམས་ཅན་རྒྱ་མཚོ་དག་ནི་རྣམ་པར་དགྲོལ། །ཆོས་རྣམས་རྒྱ་མཚོ་རབ་ཏུ་མཐོང་བྱེད་ཅིང་། །ཡེ་ཤེས་རྒྱ་མཚོ་རབ་ཏུ་རྟོགས་པར་བྱེད། །སྤྱོད་པ་རྒྱ་མཚོ་རྣམ་པར

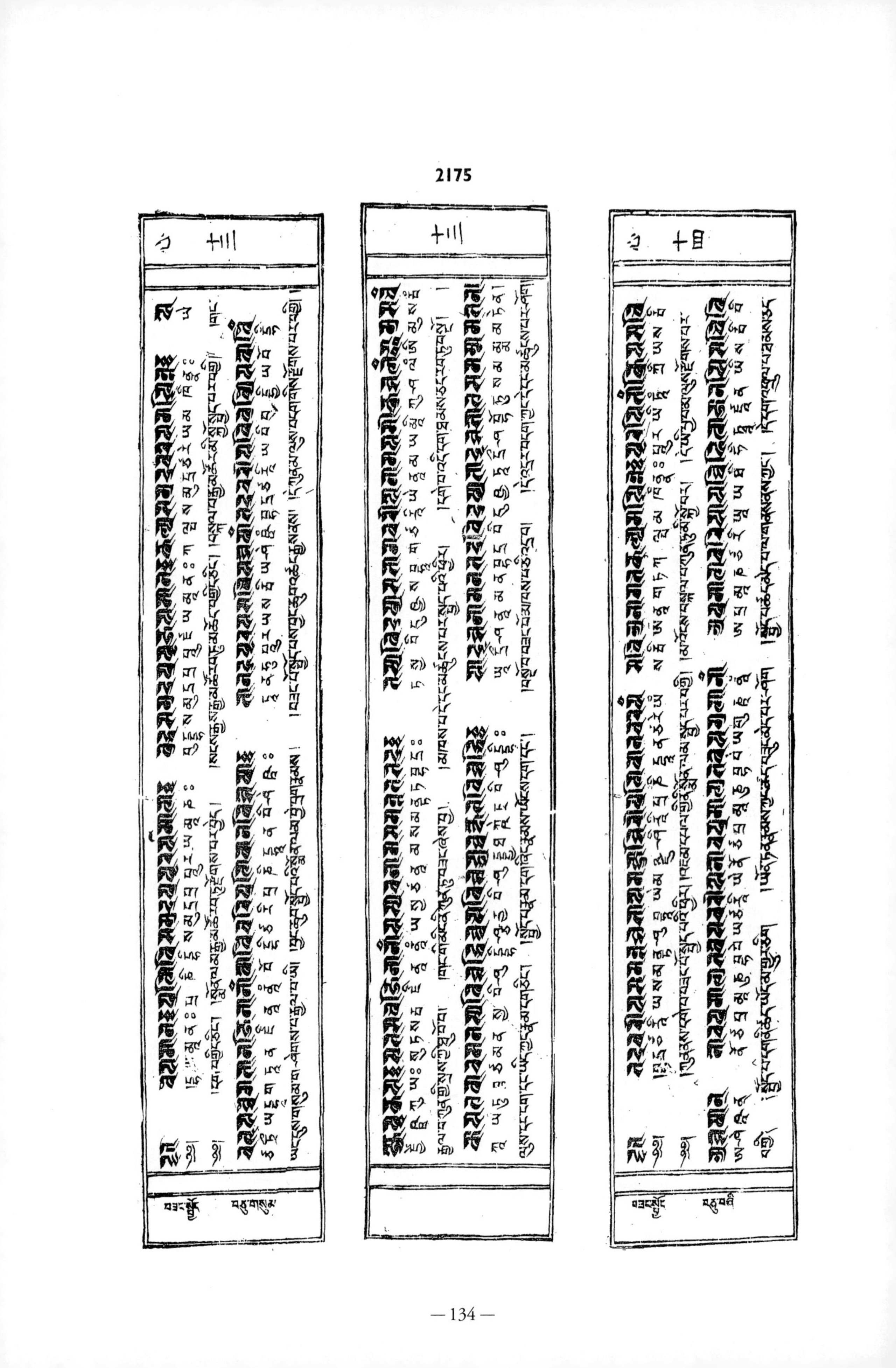

十三

十二

十四

十四

འཚལ་བ་ངར་བགྱི། །ནམ་མཁའ་ཅི་མཐར་ཐུག་གྱུར་པ་དེ་ཙམ་པར། །སེམས་ཅན་ཀུན་མཐའ་ཡང་དེ་བཞིན་ནོ། །ཇི་ཙམ་ལས་དང་ཉོན་མོངས་མཐར་གྱུར་པ། །བདག་གི་སྨོན་ལམ

མཐའ་ཡང་དེ་ཙམ་མོ། །གང་ཡང་ཕྱོགས་བཅུའི་ཞིང་རྣམས་མཐའ་ཡས་པ། །རིན་ཆེན་བརྒྱན་ཏེ་རྒྱལ་བ་རྣམས་ལ་ཕུལ། །ལྷ་དང་མི་ཡི་བདེ་བའི་མཆོག་རྣམས་ཀྱང་། །ཞིང་གི་རྡུལ་སྙེད

心 十五

༄༅། །བསྐལ་པ་བར་ཞུགས་པ་བས། །གང་གིས་བསྔོ་བའི་རྒྱལ་པོ་འདི་ཐོས་ནས། །བྱང་ཆུབ་མཆོག་གི་རྗེས་སུ་རབ་མོས་ཤིང་། །ལན་ཅིག་ཙམ་ཡང་

དད་པ་བསྐྱེད་པ་ཡི། །བསོད་ནམས་དམ་པའི་མཆོག་ཏུ་འདི་འགྱུར་རོ། །གང་གིས་བཟང་སྤྱོད་སྨོན་ལམ་འདི་བཏབ་པས། །དེས་ནི་ངན་སོང་ཐམས་ཅད་སྤོང་བར་འགྱུར།

十五

དེས་ནི་གྲོགས་པོ་ངན་པ་སྤངས་པ་ཡིན། །སྣང་བ་མཐའ་ཡས་དེ་ཡང་དེས་མྱུར་མཐོང་། །དེ་དག་རྙེད་པ་རབ་རྙེད་བདེ་བར་འཚོ། །མི་ཚེ་འདིར་ཡང་དེ་དག་ལེགས་པར

འོང་། །ཀུན་ཏུ་བཟང་པོ་དེ་ཡང་ཇི་འདྲ་བར། །དེ་དག་རིང་པོར་མི་ཐོགས་དེ་བཞིན་འགྱུར། །མཚམས་མེད་ལྔ་པོ་དག་གི་སྡིག་པ་རྣམས། །གང་གིས

心 十六

༄༅། །ཨཛྙཱ་ན་ཝ་ཤེ་ན་ཀྲྀ་ཏཱ་ནི། སོ་ཨི་མུ་བྷ་དྲ་ཙ་རི་པྲ་ཎི་དྷཱ་ན༔ ཀྵི་པྲ་པ་རི་ཀྵ་ཡ་ག་ཙྪ་ཏི་ཤཱི་གྷྲ་མུ། ཛྙཱ་ན་ཏུ་རཱུ་པ་ཏུ

༄༅། །མི་ཞེས་དབང་གིས་བྱས་པ་དག །དེ་ཡིས་བཟང་པོ་སྤྱོད་པ་འདི་བརྗོད་ན། །མྱུར་དུ་མ་ལུས་ཡོངས་སུ་བྱང་བར་འགྱུར། །ཡེ་ཤེས་དང་ནི་གཟུགས

ལཀྵ་ཎ་ཏ་ཤྩ་བརྞ་ཏུ་གོ་ཏྲ་ཏུ་བྷོ་ནྟི་ཨུ་པེ་ཏཿ ཏཱིརྠི་ཀ་མཱ་ར་ག་ཎེ་བྷི་ར་དྷྲྀཥྱཱཿ པཱུ་ཛི་ཏ་བྷོ་ནྟི་ཙ་སརྦ་ཏྲི་ལོ་ཀེ། བོ་དྷི

དང་མཚན་རྣམས་དང་། །རིགས་དང་ཁ་དོག་རྣམས་དང་ལྡན་པར་འགྱུར། །བདུད་དང་མུ་སྟེགས་མང་པོས་དེ་མི་ཐུབ། །འཇིག་རྟེན་གསུམ་པོ་ཀུན་ནའང་མཆོད་པར་འགྱུར། །བྱང་

བཟང་སྤྱོད། བཅུ་དྲུག

十六

རྒྱལ་ཤིང་དབང་པོ་དྲུང་དུ་དེ་མྱུར་འགྲོ། །སོང་ནས་སེམས་ཅན་ཕན་ཕྱིར་དེ་རུ་འདུག་སྟེ། །བྱང་ཆུབ་སངས་རྒྱས་འཁོར་ལོ་རབ་ཏུ་བསྐོར། །བདུད་རྣམས་སྡེ་དང་བཅས་པ་ཐམས

ཅད་བཏུལ། །གང་ཡང་བཟང་པོ་སྤྱོད་པའི་སྨོན་ལམ་འདི། །འཆང་བ་དང་ནི་འཆད་དམ་ཀློག་ན་ཡང་། །དེ་ཡི་རྣམ་པར་སྨིན་པ་སངས་རྒྱས་མཁྱེན། །བྱང་ཆུབ་མཆོག་ལ

心 十七

༄༅། །མཱ་ཀཱཾ་ཀྵ་ཏ་ཝ། མཉྫུ་ཤྲཱི་ཡ་ཐ་ཛཱ་ན་ཏི་ཤཱུ་ར། སོ་ཙ་ས་མ་ནྟ་བྷ་དྲ་ཐཻ་ཝ། ཏེ་ཥུ་ཨ་ཧཾ་ཨ་ནུ་ཤི་ཀྵ་མཱ

༄༅། །སོམ་ཉི་མ་བྱེད་ཅིག །འཇམ་དཔལ་ཇི་ལྟར་མཁྱེན་པ་དང་། །ཀུན་ཏུ་བཟང་པོ་དེ་ཡང་དེ་བཞིན་ཏེ། །དེ་དག་ཀུན་གྱི་རྗེས་སུ་བདག་སློབ་ཅིང་། །

ཎོ་ནཱ་མ་ཡཱ་མི་ཀུ་ཤ་ལཾ་ཨི་མུ་སརྦཾ། སརྦ་ཏྲི་ཡ་དྷྭ་ག་ཏེ་བྷི་ཛི་ནེ་བྷི། ཡ་པ་རི་ཎཱ་མ་ན་ཨ་གྲ་པྲ་ཤསྟ། ཏེ་ན་ཨ་ཧཾ་ཀུ

དགེ་བ་འདི་དག་ཐམས་ཅད་རབ་ཏུ་བསྔོ། །དུས་གསུམ་གཤེགས་པའི་རྒྱལ་བ་ཐམས་ཅད་ཀྱིས། །བསྔོ་བ་གང་ལ་མཆོག་ཏུ་བསྔགས་པ་དེས། །བདག་གི་དགེ་བའི་རྩ་བ

བཟང་སྤྱོད། བཅུ་བདུན

十七

ཤ་ལི་ཨི་སྲུ་ཀ་ཏྲ་ཏྲ་མ་ཨ་མྃ་བ་ར་ཧྲ་ཏྲ་ཚ་རི་ཡེ། ཀྲུ་ལ་ཀྲི་ཨ་ཙྪ་ཨ་རྟྃ་ཀ་ར་ཀྲུ་རྟོ་ཀྲུ་པ་ར་ཧྲུ་བི་ཤི་བ་རྟི་ཡ་ས་ཏྲ་ཏྲ། ས་སྐྲུ་ཁ

འདི་ཀུན་ཀྱང་། །བཟང་པོ་སྤྱོད་ཕྱིར་རབ་ཏུ་བསྔོ་བར་བགྱི། །བདག་ནི་འཆི་བའི་དུས་བྱེད་གྱུར་པ་ན། །སྒྲིབ་པ་ཐམས་ཅད་དག་ནི་ཕྱིར་བསལ་ཏེ། །མངོན་སུམ

པ་ཀྲི་ཡ་རྟྃ་ཨ་མི་ཏུ་ཏྲྃ་ཏ་ཙྪ་སྲུ་ཏྲ་པ་ཏི་ཏྲི་ཏ་པྲ་རྟེ་ཡྃ། ཏ་ཏ་ག་ཏ་སྲུ་ཨོ་མི་པྲ་ཏི་ཏྲ་ཏྲ་སྲུ་སྲུ་ཁི་ས་ཋི་ཏྲ་པེ་ཡུ་ས་མ་ཏྲ

སྣང་བ་མཐའ་ཡས་དེ་མཐོང་ནས། །བདེ་བ་ཅན་གྱི་ཞིང་དེར་རབ་ཏུ་འགྲོ། །དེར་སོང་ནས་ནི་སྨོན་ལམ་འདི་དག་ཀུན། །ཐམས་ཅད་མ་ལུས་མངོན་དུ་འགྱུར་བར་ཤོག །

心 十八

བཟང་སྤྱོད

ཨོཾ། །ཧཱུཾ་ཧྲཱི་ཨ་རྟྃ་པ་རི་པུ་རི་ཨ་ཤཱིཾ་ས་ཏྭ་ཏི་ཏིཾ་ཀ་རི་ཡུ་བ་ཏ་ལོ་ཀ། ཏེ་ཛི་ན་མ་ཏྲ་ལི་ཤཱ་ཀྲྀ་ཏི་ར་ཀྲི་པ་ཏྲ་བ་ར

ཨོཾ། །དེ་དག་མ་ལུས་བདག་གིས་ཡོངས་སུ་བཀང་། །འཇིག་རྟེན་ཇི་སྲིད་སེམས་ཅན་ཕན་པར་བགྱི། །རྒྱལ་བའི་དཀྱིལ་འཁོར་བཟང་ཞིང་དགའ་བ་དེར། །པདྨོ་དམ་

བཅོ་བརྒྱད

ཧྲུ་ཙི་རི་ཡུ་པ་པཱུཿ ཀྲྀ་ཀ་ར་ཏཾ་ཨ་ཙྪུ་ཏ་ཏྲ་ལ་ཀྵེ་ཡུ་སཾ་སྲུ་ཁ་རྟོ་ཨ་མི་ཏ་ཏྲ་ཛི་ན་སྲུ། ཀྲྀ་ཀ་ར་ཏཾ་པྲ་ཏི་ལ་ཀྵུ་ཙཾ་ཏ

པ་ཤིན་ཏུ་མཛེས་ལས་སྐྱེས། །སྣང་བ་མཐའ་ཡས་རྒྱལ་བས་མངོན་སུམ་དུ། །ལུང་བསྟན་པ་ཡང་བདག་གིས་དེར་ཐོབ་ཤོག །དེ་ནི་བདག་གིས་ལུང་བསྟན་རབ་ཐོབ་

十八

སྲུ་ཏི་སྨི་ཏ་ཀ་ཏི་ཤཱ་ཏ་ཏྲི་ར་ཏེ་ཀེཿ ས་ཏྲ་ཏི་ཏྲ་ཏི་པ་ཙུ་ཙྪ་ཙུ་ཀུ་སྲཱི་ཏི་ཀྲ་ཏ་ཤཱ་སྲ་པི་ཏུ་སྲི་པ་ཡི་ཏ། ཏྲི་ཏ

ནས། །སྤྲུལ་པ་མང་པོ་བྱེ་བ་ཕྲག་བརྒྱ་ཡིས། །བློ་ཡི་སྟོབས་ཀྱིས་ཕྱོགས་བཅུ་རྣམས་སུ་ཡང་། །སེམས་ཅན་དོན་རྣམས་མང་པོ་བདག་གིས་བགྱི། །བཟང་པོ་སྤྱོད

ཙ་ཏྲི་པ་ཏི་ཏྲ་ཏ་པ་ཚི་ཏྲ་ཡ་ཏུ་ཤཱ་ལིཾ་མ་ཡི་ས་ཀྵི་ཏ་ཀི་ཀྵི་ཏ། ཨ་ཀ་ཀྲུ་ཏི་ཏ་ས་ཀྵྀ་ཏྲ་ཙུ་ས་པྲཾ་ཏི་ཏ་རྟ་ཀ་སྲུ་ཤཱཾ་ཏྲཱི་པ

པའི་སྨོན་ལམ་བཏབ་པ་ཡི། །དགེ་བ་ཅུང་ཟད་བདག་གིས་གང་བསགས་པ། །དེས་ནི་འགྲོ་བའི་སྨོན་ལམ་དགེ་བ་རྣམས། །སྐད་ཅིག་གཅིག་གིས་ཐམས་ཅད་

ཧྲཱི། །ཀྵིཾ་ཧྲཱུཾ་ཧྲཱིཾ་ བྷ་དྲ་ཙ་རི་པ་རི་ཎཱ་མ་ཡ་དྤུཎྱ་མ་ན་ནྟ་མ་ཏཱི་ཝ་བ་ཤི་ཥྚཾ། ཏེ་ན་ཛ་ག་དྦྱ་ས་ནོ་གྷ་ནི

ཧྲཱི། །འདྲེན་པར་ཤོག །བཟང་པོ་སྤྱོད་པའི་སྨོན་ལམ་བསྔོས་པ་ཡི། །བསོད་ནམས་དམ་པ་མཐར་ཡས་གང་ཐོབ་དེས། །འགྲོ་བ་སྡུག་བསྔལ་ཆུ་བོར་བྱིང་བ་

མ་གྣཱ་ཡཱ་ནྟྭ་མི་ཏཱ་བྷ་པུ་རིཾ་ཝ་ར་མེ་ཝ། ཨཱརྱ་བྷ་དྲ་ཙ་རྱ་པྲ་ཎི་དྷཱ་ན་རཱ་ཛཱ་ས་མཱ་པྟཿ

རྣམས། །འོད་དཔག་མེད་པའི་གནས་རབ་ཐོབ་པར་ཤོག །འཕགས་པ་བཟང་པོ་སྤྱོད་པའི་སྨོན་ལམ་གྱི་རྒྱལ་པོ་རྫོགས་སོ།།

心 十九

除遣一切諸障礙　現前親覩彼世尊　速往得生極樂國
到彼此等諸行願　願悉亦明得現前　智盡無量爲圓滿
盡於世界利群生　極樂殊勝佛道場　生彼勝妙蓮華中
親於最勝菩提前　願我於此得授記　我於彼所授記已
獲得無量億神通　以智慧力遍十方　於諸衆生廣饒益

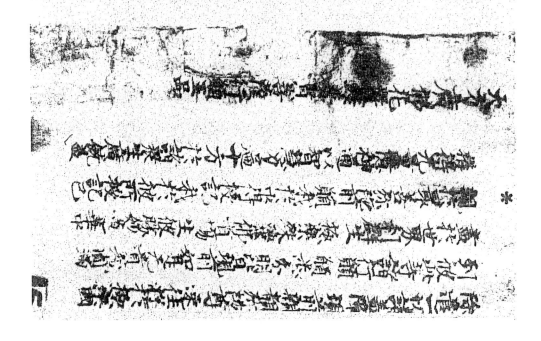

大方廣佛花嚴經普賢菩薩行願王品

身業口業意業淨 諸行清淨選剎淨 普賢如何盡回向
願我亦同於彼行 皆普賢之行故 文殊之行亦應行
盡未來劫修方時 彼之所作皆滿 願所修行无有量
願諸福德亦无邊 雖住于量諸勝行 於諸神通要應知
爲於虛空所有際 衆生无量際亦然 所有業際煩惱際
我之願誓量亦爾 應是十方无量剎 以寶莊嚴獻諸佛
人天諸賢殊妙樂 經劫塵剎持布施 誰聞如是回向經
於殊勝菩提生信解 若能於此一生信 即成最勝功德聚
誰於普賢此行願 是即能離諸惡趣 亦能遠離諸惡友
是人面見阿彌陀 見其得最安樂壽 現世亦得如意樂
普賢菩薩如云何 此等不久亦如是 誰爲无明力所轉
造五无間等諸罪 若能稱此普賢行 速疾消滅永无餘
智慧殊嚴諸相貌 種族色等悉圓滿 如魔外道无能始
三界一切咸供養 速趣自在菩提樹 爲利有情坐於彼
成等正覺轉法輪 降伏一切魔軍衆 誰於普賢此行願
受持讀誦及開演 彼之果報唯佛知 於勝菩提莫疑惑
文殊雄猛及所知 普賢菩薩亦如是 我依彼輩而脩行
此等諸善悉迴向 超於三世諸最善 於迴向中最上者
我以此等諸善根 爲脩普賢行迴向 我若臨欲命終時
除遣一切諸業障 現前親覩彌陀等 速往於彼極樂國
到彼此等諸行願 願來當明皆現前 如智是无量悉圓滿
盡於世界利有生 極樂殊勝佛道場 生彼勝妙蓮華中

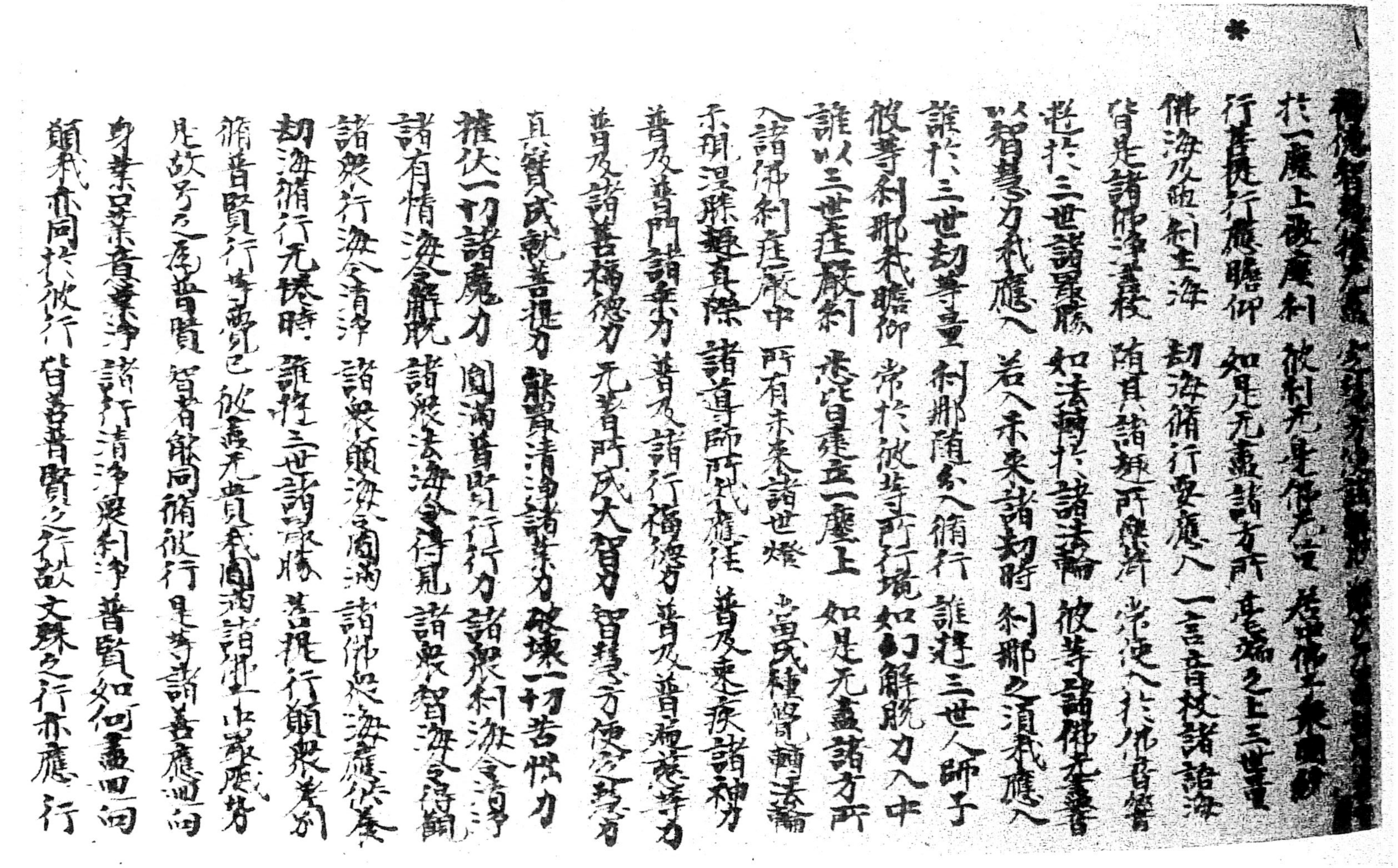

[illegible]
於一塵上微塵刹　彼刹无量佛不可　在中佛子衆會中
行菩提行應瞻仰　如是无盡諸方所　毫端之上三世量
佛海及與刹土海　劫海修行要應入　一言音枝諸語海
皆是諸佛淨音枝　隨其諸趣所樂解　常從入於佛音聲
從於三世諸最勝　如法轉於諸法輪　彼等諸佛辯才善
以智慧力我應入　若入未來諸劫時　刹那之頃我應入
誰於三世劫等量　刹那隨分入修行　誰得三世人師子
彼等刹那我瞻仰　常於彼等所行境　如幻解脫力入中
誰以三世莊嚴刹　悉皆建立一塵上　如是无盡諸方所
入諸佛刹莊嚴中　所有未來諸世燈　當成種覺轉法輪
示現涅槃究竟際　諸導師所我應往　普及速疾諸神力
普及普門諸乘力　普及諸行福德力　普及普遍慈等力
普及諸善福德力　无著所成大智力　智慧方便[illegible]力
真實成就菩提力　能普清淨諸業力　破壞一切苦惱力
摧伏一切諸魔力　圓滿普賢行行力　諸衆刹海令清淨
諸有情海令解脫　諸衆法海令得見　諸衆智海令得解
諸衆行海令清淨　諸衆願海令圓滿　諸佛之海應供養
劫海修行无倦時　誰於三世諸最勝　菩提行願衆差別
修普賢行等覺已　彼處无盡我圓滿　諸佛世中[illegible]
是故號名普賢　智者能同修彼行　是等諸善應迴向
身業口業意業淨　諸行清淨衆刹淨　普賢如何盡回向
願我亦同於彼行　皆善普賢之行故　文殊之行亦應行

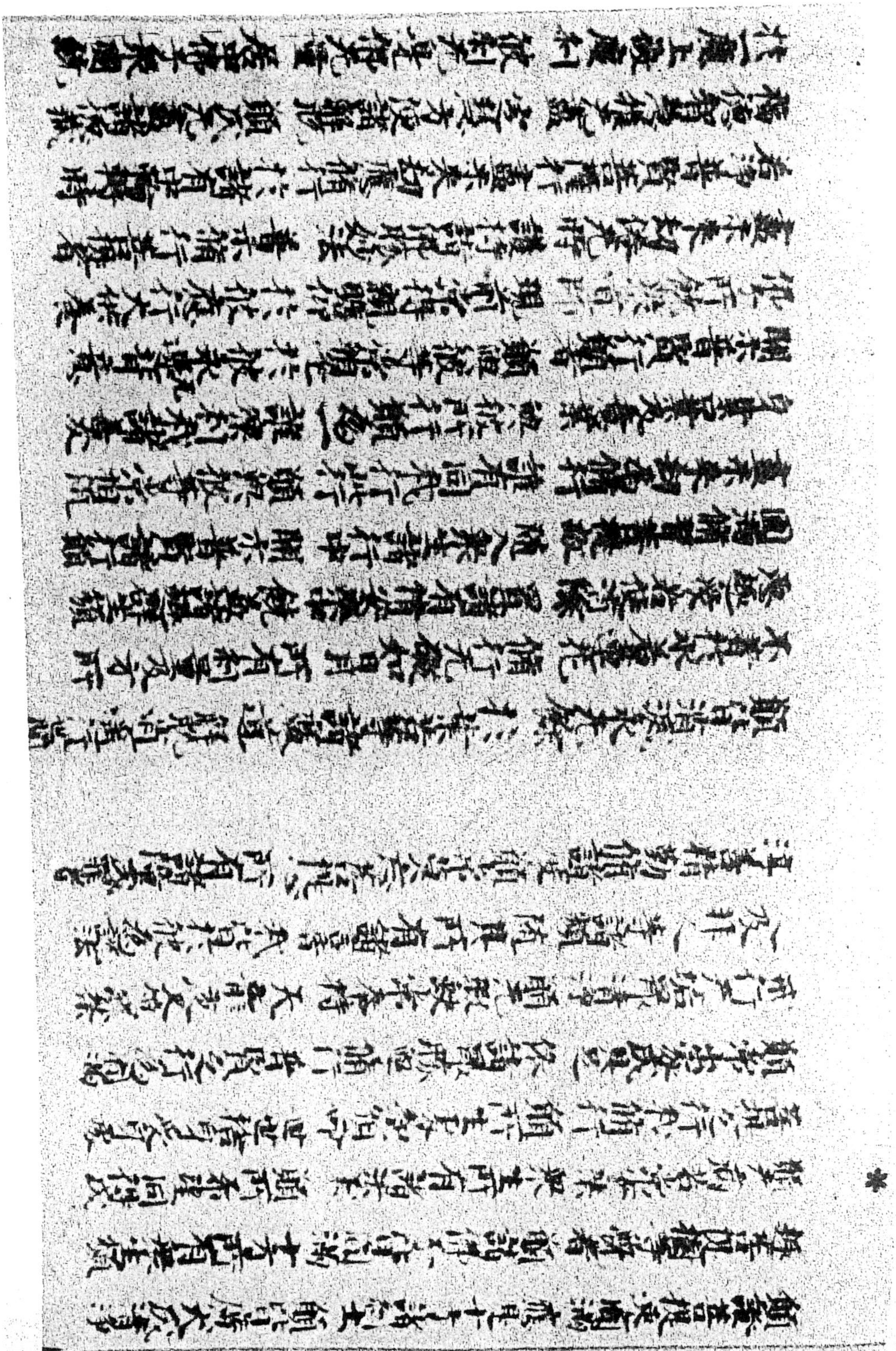

大方廣佛花嚴經普賢菩[illegible]
應在十方剎土中 稽首於三世人[illegible]
以淨身口意稽首 為修普[illegible]
修身[illegible]等剎土塵 虔心敬禮[illegible]
居塵佛子眾圍繞 如是法界盡無[illegible]
彼諸德海數無盡 妙變月枝海聚音[illegible]
一切善逝我今讚 最上妙花及花鬘 [illegible]
最上燈明及燒香 供養彼等諸最勝 眾妙衣服及塗香
最上閒錯莊嚴具 精妙香末等須彌 供養彼等諸最勝
供養無上廣大者 以信持獻諸最勝 樂修普賢行者力
稽首供養諸最勝 貪嗔癡力所持故 身語及意所造業
我曾所有造罪者 悉皆清淨別別懺 十方最勝及佛子
緣覺有學無學眾 眾生所修何福聚 於彼我皆盡隨喜
誰於十方作世燈 漸得菩提證無著 我於彼等諸尊所
勸請轉於無上輪 或欲趣於涅槃者 皆為利樂諸有情
或樂住世剎塵劫 我當合掌應勸請 禮拜供養及懺悔
勸請隨喜及發願 我所積集少善根 皆為迴向於菩提
過去十方一切佛 誰住於世應供養 未來所有諸世尊
願意菩提速圓滿 應是十方諸剎土 願皆廣大成清淨
坐菩提樹等覺者 願諸佛子皆圓滿 十方所有眾生類

我以此等諸善根　而請普賢行回向　我若臨欲命終 15
除盡一切諸蓋障　現前親覩彌陀尊　速往生於極樂國
到彼此等諸行願　一一悉明皆現前　如是无盡我願滿
盡於世界利群生　極樂殊嚴佛道場　生彼勝妙蓮華中
親於最勝彌陀前　願我於中得授記　我於彼所授記已
獲得无量億神通　以智慧力遍十方　於諸衆生廣饒益

大方廣佛華嚴經普賢菩薩行願品

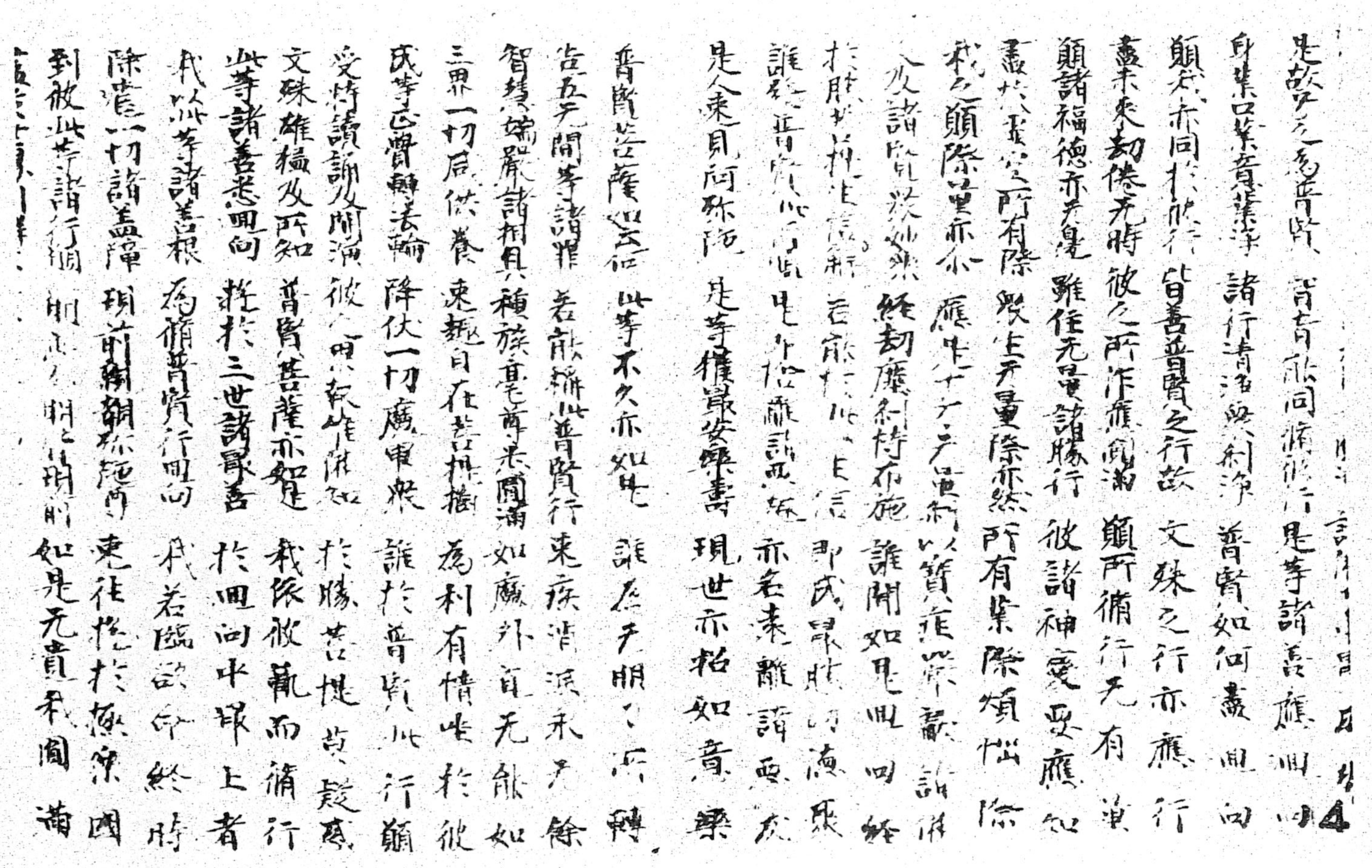

是故我今為普賢　皆亦同彼修行　是等諸善應迴向 4
身業口業意業淨　諸行清淨與刹淨　普賢如何盡迴向
願我亦同於彼行　皆善普賢之行故　文殊之行亦應行
盡未來劫修无時　彼之所作應圓滿　願所修行无有數
願諸福德亦无邊　雖住无量諸勝行　彼諸神通要應知
盡於虛空所有際　衆生无量際亦然　所有業際煩惱際
我之願際量亦爾　應於十方一切剎　以寶莊嚴獻諸佛
人及諸天妙樂　經劫應剎持布施　誰聞如是迴向經
於勝菩提生信解　若能於此一生信　即成最勝福德聚
誰於普賢心勸發　是亦捨離諸惡趣　亦名遠離諸惡友
是人速見阿彌陀　是等獲最安樂壽　現世亦福如意樂
普賢菩薩如是行　此等不久亦如是　誰為无明所轉
造五无間等諸罪　若能稱此普賢行　速疾消滅永无餘
智慧端嚴諸相具　種族色相悉圓滿　如魔外道无能如
三界一切所供養　速趣自在菩提樹　為利有情坐於彼
成等正覺轉法輪　降伏一切魔軍衆　誰於普賢此行願
受持讀誦及開演　彼之果報唯佛知　於勝菩提莫疑惑
文殊雄猛及所知　普賢菩薩亦如是　我依彼亂而修行
此等諸善悉迴向　讚於三世諸最善　於迴向中最上者
我以此等諸善根　為修普賢行迴向　我若臨欲命終時
除遣一切諸蓋障　現前覩見彌陀佛　速往於極樂國
到彼此等諸行願　[illegible]　如是无量我圓滿

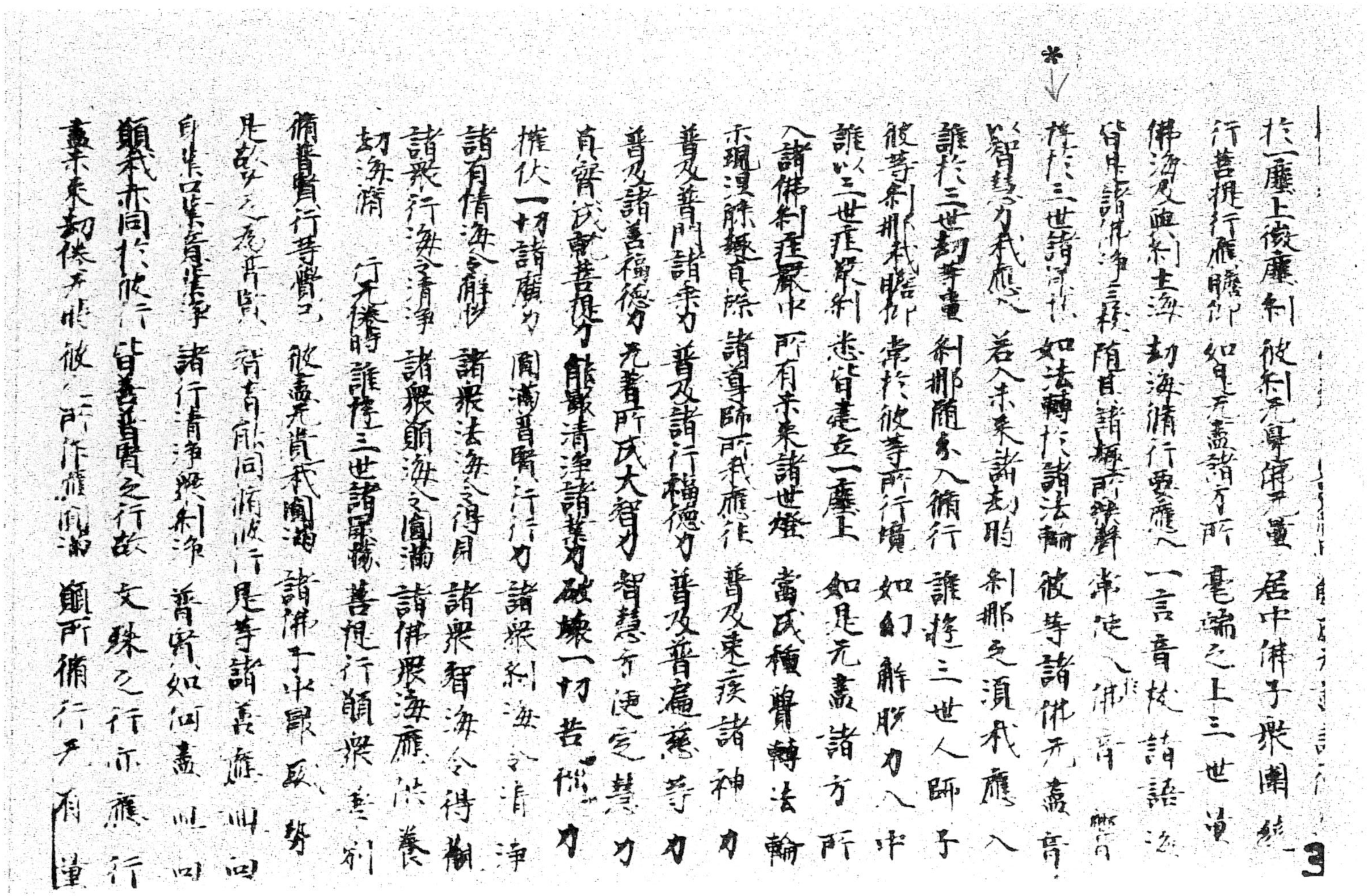
於一塵上微塵剎 彼剎无量佛无量 居中佛子衆圍繞
行菩提行所勝御 如是无盡諸方所 毫端之上三世量
佛海及與剎土海 劫海脩行要應入 一言音枝諸語海
皆出諸佛淨三枝 隨其諸樂所欲解 常從佛音
悟於三世諸時化 如法轉於諸法輪 彼等諸佛无盡音
以智慧力我應入 若入未來諸劫時 剎那之頃我應入
誰於三世劫等量 剎那隨分入脩行 誰將三世人師子
彼等剎那我瞻仰 常於彼等所行境 如幻解脫力入中
誰以三世莊嚴剎 悉皆建立一塵上 如是无盡諸方所
入諸佛剎莊嚴中 所有未來諸世燈 當成種覺轉法輪
示現涅槃極真際 諸導師所我應往 普及速疾諸神力
普及普門諸乘力 普及諸行功德力 普及普遍慈等力
普及諸善福德力 无著所成大智力 智慧方便定慧力
真實成就菩提力 能嚴清淨諸業力 破壞一切苦惱力
摧伏一切諸魔力 圓滿普賢行行力 諸衆剎海令清淨
諸有情海令解脫 諸衆法海令得見 諸衆智海令得觀
諸衆行海令清淨 諸衆願海令圓滿 諸佛衆海應供養
劫海脩 行无倦時 誰於三世諸最勝 菩提行願衆差別
脩普賢行等覺已 彼盡无遺我圓滿 諸佛子中最長勢
是故今亦悉皆以 智者行同脩彼行 是等諸善應迴向
身業口業意業淨 諸行清淨彼剎淨 普賢如何盡此回
願我亦同於彼行 皆善普賢之行故 文殊之行亦應行
盡未來劫依我非彼 彼之所作應圓滿 願所脩行无有量

身語意業[illegible]願見十方[illegible]土 身[illegible]塵大[illegible]
趣菩提樹王下者 願諸佛一切皆圓滿 十方所有眾生類
願无病苦常安樂 眾生所有諸法義 願所希望同得成
菩提之行我修行 願所生處憶宿命 世世捨身受身處
願常出家戒具足 修諸最勝學修行 普賢之行為圓滿
戒行无垢最清淨 願无瑕缺常奉持 天龍夜叉鳩槃荼
人及非人等諸類 隨其所有諸言音 我皆於彼為說法
淳善精勤修諸度 願常莫忘菩提心 所有諸障及罪垢
願皆消滅永无餘 於業苦等諸魔道 解脫逍遙行世間
不著於水若蓮華 修行无礙如日月 所有剎量及方所
惡趣眾苦使消除 置諸有情安樂中 饒益諸趣群生類
圓滿修習菩提故 隨入眾生諸行中 開示普賢諸行願
盡未來劫常修行 誰有同我行此行 願與彼等常相隨
身口業及意業 與彼所行願為一 誰樂利我諸善友
開示普賢行願者 願與彼等常相逢 於彼永无違背意
佛子所繞眾首師 現前常得親瞻仰 於彼應行大供養
盡未來劫[illegible]无時 讚持諸佛勝妙法 普示修行菩提者
清淨普賢菩薩行 盡未來劫應修行 於諸有中輪轉時
福德智慧獲无盡 定慧方便諸解脫 願成无盡諸德藏
於一塵上微塵剎 彼剎无量佛无量 居中佛子眾圍繞
行菩提行應瞻仰 如是无盡諸方所 毫端之上三世等
佛海及與剎土海 劫海清行悉遍[illegible] 一言音中諸語海
皆是諸佛[illegible] 隨其諸[illegible]斷[illegible] 常使入佛[illegible]

大方廣佛花嚴經普賢菩薩行願王品

應在十方刹土中　撐於三世人師子　彼等諸佛我无餘
以淨身口意稽首　為脩普賢行願力　諸佛現於意想中
倂身量等刹土塵　虔心敬礼諸最勝　於一塵上微塵佛
居中佛子衆圍繞　如是法界盡无遺　諸佛滿中應信解
彼諸德海歎无盡　妙響音枝海衆言音　諸佛功德我稱揚
一切善逝我今讚　最上妙花及花鬘　鈴鐸塗香及寶蓋
最上燈明及燒香　供養彼等諸最勝　衆妙衣服及薰香
最上聞錯莊嚴具　積妙香末等須彌　供養彼等諸最勝
供養无上廣大者　以信持獻諸最勝　樂脩普賢行者力
稽首供養諸最勝　貪瞋癡力所持故　身業口業及意業
我曾所有造罪者　悉皆隨類別別懺　十方最勝及佛子
緣覺聲聞學无學　衆生所脩何福德　於彼我皆盡隨喜
誰於十方作世燈　漸得菩提證无著　我於彼等諸尊師
勸請轉於无上輪　或欲趣於涅槃者　皆為利樂諸有情
或樂住世刹塵劫　我當合掌應勸請　礼拜供養及懺悔
勸請隨喜及啓發　我所積集少善根　皆為迴向於菩提
過去十方一切佛　誰住於世應供養　未來所有諸世尊
願證菩提速圓滿　應是十方諸刹土　願皆廣大成清淨
趣菩提樹等覺者　願諸佛子皆圓滿　十方所有衆生類
願无病苦常安樂　衆生所有諸法義　願所希望同得凡
菩提之行我脩行　願所生處知宿命　世世捨身受身處

我之如是衆善根　爲脩普賢行迴向
若我當於命終時　願除一切諸罪障
目所親覩弥陁已　遊彼極樂剎土中
既到彼已如是願　誓得一切皆現前
令我此皆極圓滿　盡於世界饒群生
秀麗極樂佛道場　生於上妙蓮華上
親向弥陁世尊所　願我於此得授記
我得最勝授記已　變化衆多百俱胝
令以惠力於十方　於諸有情作饒益

普賢菩薩行願王經

佛說稻芉經

如是我聞一時佛住王舍城耆闍崛山中與
大比丘衆千二百五十人俱及大菩薩摩訶
薩衆尒時尊者舍利弗往至弥勒經行處所
勒舍利弗俱坐石上尒時尊者舍利弗問弥
勒言今日世尊覩見稻芉而作是說汝等比
丘見十二因緣即是見法即是見佛
尒時世尊作是說已默然而住弥勒世尊何
故說是脩多羅[illegible]以何義說見[illegible]

[illegible]

[illegible] 與大比丘衆千二百五十人俱 [illegible]

[illegible]

佛垂般涅槃略說教誡經

姚秦三藏法師鳩摩羅什譯

釋迦牟尼佛初轉法輪度阿若憍陳如最後說法度須跋陀羅所應度者
皆已度訖於娑羅雙樹間將入涅槃是時中夜寂然無聲為諸弟子略說法要
汝等比丘於我滅後當尊重珍敬波羅提木叉如闇遇明貧人得寶當知
此則是汝大師若我住世無異此也持淨戒者不得販賣貿易安置田宅
畜養人民奴婢畜生一切種殖及諸財寶皆當遠離如避火坑不得斬伐
草木墾土掘地合和湯藥占相吉凶仰觀星宿推步盈虛曆數算計

[illegible]於三世諸[illegible]　[illegible]轉無上法輪時　如上諸佛無量報　我以[illegible]力令普[illegible]
所有未來衆多劫　於一剎那我皆證　如是諸劫歷三世　剎那分中我皆行
遊於三世人師子　我於剎那盡瞻仰　證得如幻解脫力　常入諸佛之境界
三世剎土衆莊嚴　盡用遠立一塵上　如是無量諸方所　我願盡入佛淨土
所有未來諸世燈　盡證等覺轉法輪　亦入涅槃證真際　我願行於諸佛前
令諸神力速普往　以大乘力趣普門　以行行力普功德　諸大慈力普遍滿
普於衆善皆福力　無有染著大智力　智慧方便諸定力　令皆修行菩提力
常以清淨諸業力　永除一切煩惱力　諸作魔力令無力　圓滿普賢行行力
諸剎如海令清淨　有情諸海令解脫　諸海如海令了見　智慧如海令普證
行行如海令清淨　普願如海令圓滿　諸佛如海令供養　歷劫如海行無倦
所遊三世最勝尊　菩提行願有衆多　用普賢行等覺[illegible]　如是我當盡圓滿
諸佛子中最為尊　是故號之為普賢　與此大智同行故　如是諸善悉迴向
身口意業無清淨　行淨衆剎亦清淨　普賢如何善迴向　願我亦同於此行
為行無善普賢行　文殊大願亦當行　來未諸劫無厭疲　菩薩此行皆圓滿
如是等行勿有量　亦願諸福勿有量　處於如是無量行　一切變化願我知
若有盡於虛空際　衆生無盡亦如是　盡於業於煩惱際　我之願際量亦然
所有十方無量剎　衆寶莊嚴獻諸佛　人及諸天最勝樂　如剎塵劫將供養
若有聞此迴向經　讀誦深信大菩提　唯於此中生一信　即是最勝功德聚
若人誦此普賢願　此乃遠離諸惡趣　又以棄絕諸惡友　是人速見阿彌陀
由皆獲證最勝尊　善來於善此人身　有如普賢大菩薩　皆能不久速成就
罪以無明力所作　五無間等諸衆罪　其人誦此普賢願　應時速得永盡除
於諸色相及智慧　種族家實皆圓備　衆魔外道不能壞　遍於三界成供養
為利一切有情故　菩提樹下速安住　成等正覺轉法輪　降伏一切魔軍衆
若此普賢行行願　受持讀誦解說者　此之果報唯佛知　無上菩提勿生疑
猶如文殊勇猛智　普賢菩薩亦如是　我隨修學如彼行　是諸衆善悉迴向
遍於三世諸最勝　所可稱讚勝迴向　我之皆是[illegible]善根　為獲普賢行迴向
若我當於命終時　願除一切諸障礙　日所觀親阿彌陀　遍彼極樂剎土中
現前成已此是願　皆得一切皆現前　令我此皆成圓滿　盡於世界利群生
[illegible]　生於上勝蓮花上　親觀彌陀世尊所　願我於此得授記

是諸德海量難盡　以言讚流法无涯　諸佛功德歎稱故　一切善逝我當讚
寶勝妙華及華鬘　寶勝妙燈及燒香　音聲塗香及寶蓋　恭敬供養一切佛
勝妙衣服及羞香　末香積聚等須弥　勝妙一切莊嚴具　供敬供養於善逝
深信普賢行願力　如是无上廣大施　此皆持獻於十方　供敬供養一切佛
爲以貪嗔癡爲因　身業口業及意業　若有所造於不善　如是我今皆懺悔
十方諸佛及菩薩　緣覺有學及无學　及與衆生諸功德　我當隨喜於一切
十方諸界作燈者　願證无著佛菩提　如是於諸大導師　我請轉於无上輪
有佛欲趣於涅槃　爲利一切有情故　我以合掌當勸請　令願住劫剎塵數
礼拜供養與懺悔　隨喜勸發及勸請　我以積集少善根　皆用迴向大菩提
過去十方諸善逝　任於世者皆供養　所有未來諸善逝　速令願滿證菩提
盡於十方諸剎土　皆得廣大令清淨　菩提樹下等覺尊　及諸佛子願圓滿
所有十方有情類　願得无病常安樂　所有衆生諸義利　願得希望隨意成
菩提諸行我當行　願生六趣憶宿命　若於世世受身時　願我出家然恒逆[?]
隨順修學諸佛緣　普賢行行令圓滿　无垢清淨尸羅等　願常无缺无瑕穢
天龍夜叉鳩槃茶　人及諸類衆生等　各各所有一切音　我隨彼音爲說法
調善精勤離十度　願常不忘菩提心　所有諸惡諸障者　如是諸願盡消除
業與煩惱諸魔道　行於世間得解脫　不是於水著蓮華　經空无碍如日月
所有十方剎土中　惡趣衆苦盡消除　令至有情安樂處　饒益諸行剎那
能令圓滿菩提行　隨順衆生轉故行　開示普賢菩薩行　盡未來劫行此行
能修集我同行行　願得與之常相隨　身業口業及意業　與彼行行願爲一
願利於我諸善友　開示普賢諸行者　如是願得常相遇　我不違背於彼意
佛子圍遶大導師　願我常得親觀見　於中廣行大供養　盡未來劫无猒倦
持諸諸佛衆妙法　菩薩之行令普示　爲淨普賢菩薩行　於未來劫我願行
於三有中輪轉時　證得无盡福因智　定慧方便及解脫　願成諸得无盡藏
一微塵上微塵剎　於一剎中无量佛　佛子圍遶衆中尊　菩薩行行成滿師[?]
如是无邊衆方所　一毫端上載三世　佛與剎土量如海　行行如海衆多劫
一音音聲方大海　皆是諸佛清淨音　隨其衆意而數演　願我常趣諸佛教
衆上世諸衆勝　常轉无上法輪時　如上諸佛无盡數　我以慧力普入

不具足故業[illegible][illegible]如其大因及眾緣若不具足者不能生因具足之時乃可得
如是無我之法無我我所猶如虛空依彼幻法因及眾緣無不具足故所生之處入於
母胎則能成就種子之識業及煩惱所生名色之芽是故應如是觀內因緣法
緣相應事
應以五種觀內因緣法云何為五不常不斷不移從於小因而生大
果與彼相似云何不常所謂彼後滅蘊與彼生分各異為後滅蘊非生分故彼
後滅蘊亦滅生分亦得現故是故不常云何不斷非依後滅蘊滅壞之時生分得生
亦非不滅彼後滅蘊亦滅當介之時生分之蘊如秤高下而得生故是故不斷云何
不移為諸有情從非種同分處能生眾同分處故是故不移云何從於小因而生
大果作於小業感大異熟是故從於小因而生大果如所作因感彼果故與彼相似
是故應以五種觀因緣法 尊者舍利子若復有人能以正智常觀如來所說因
緣之法無壽離壽如實性無錯謬性無生無起無作無為無障礙無境界寂靜
無畏無侵奪無盡不寂靜相不虛誑無堅實如病如癰如箭過失無常苦空
無我者我於過去而有生耶而不分別過去之際於未來世生於何處亦不分別未
來之際此是何耶此復云何而作何物此諸有情從何而來從於此滅而生何處亦
不分別現在之有 復能滅於世間沙門婆羅門不同諸見所謂我見眾生見壽
者見人見希有見吉祥見開合之見善了之故如多羅樹明了斷除諸根機已於
未來世證得無生無滅之法 尊者舍利子若復有人具足如是無生法忍善能
了別此因緣法者如來應供正遍知明行足善逝世間解無上士 調御丈夫天人師
佛世尊即與授阿耨多羅三藐三菩提記 介時彌勒菩薩摩訶薩說是語已
舍利子及一切世間天人阿脩羅揵闥婆等聞彌勒菩薩摩訶薩所說之法信受奉
行

普賢菩薩行願王經一卷

盡諸十方世界中 普遍三世人師子 我身口意具清淨 是故今當遍禮首
以普賢行諸願力 一切勝相現前 俯身重身剎土塵 盡心淨禮於大聖
一塵塵上眾塵眾 各於其中佛子處 是諸法界盡無遺 如來皆已當勝解
無盡讚海眾 以言枝流詰無遺 諸佛功德教演故 一切善逝我當讚

[illegible]无明力所作　五无間等諸惡罪　甚誦此普賢願　應時速得永消除
[illegible]諸種族智慧　種族容貌皆圓滿　衆魔外道不能侵　通於三界成供養
[illegible]一切有情故　菩提樹下速往詣　[illegible]　降伏一切魔軍衆
[illegible]普賢行行願　受持讀誦并書寫　此之果報唯佛知　无上菩提勿疑惑
[illegible]文殊師利得智　普賢菩薩亦如是　[illegible]　是等諸善悉迴向
[illegible]三世諸佛　所有稱讚勝迴向　我今迴向諸善根　爲於普賢行迴向
願我臨命終時　滅除一切諸障礙　目前親覩阿彌陀　往彼極樂刹土中
既到彼已是願　[illegible]　令我此時極圓滿　盡於世界利群生
彼佛衆會咸清淨　生於上妙蓮花上　親向彌陀無量光　願我於此得授記
我蒙授記已　變化衆多百俱胝　令以慧力於十方　於諸有情作饒益

普賢菩薩行願王經一卷

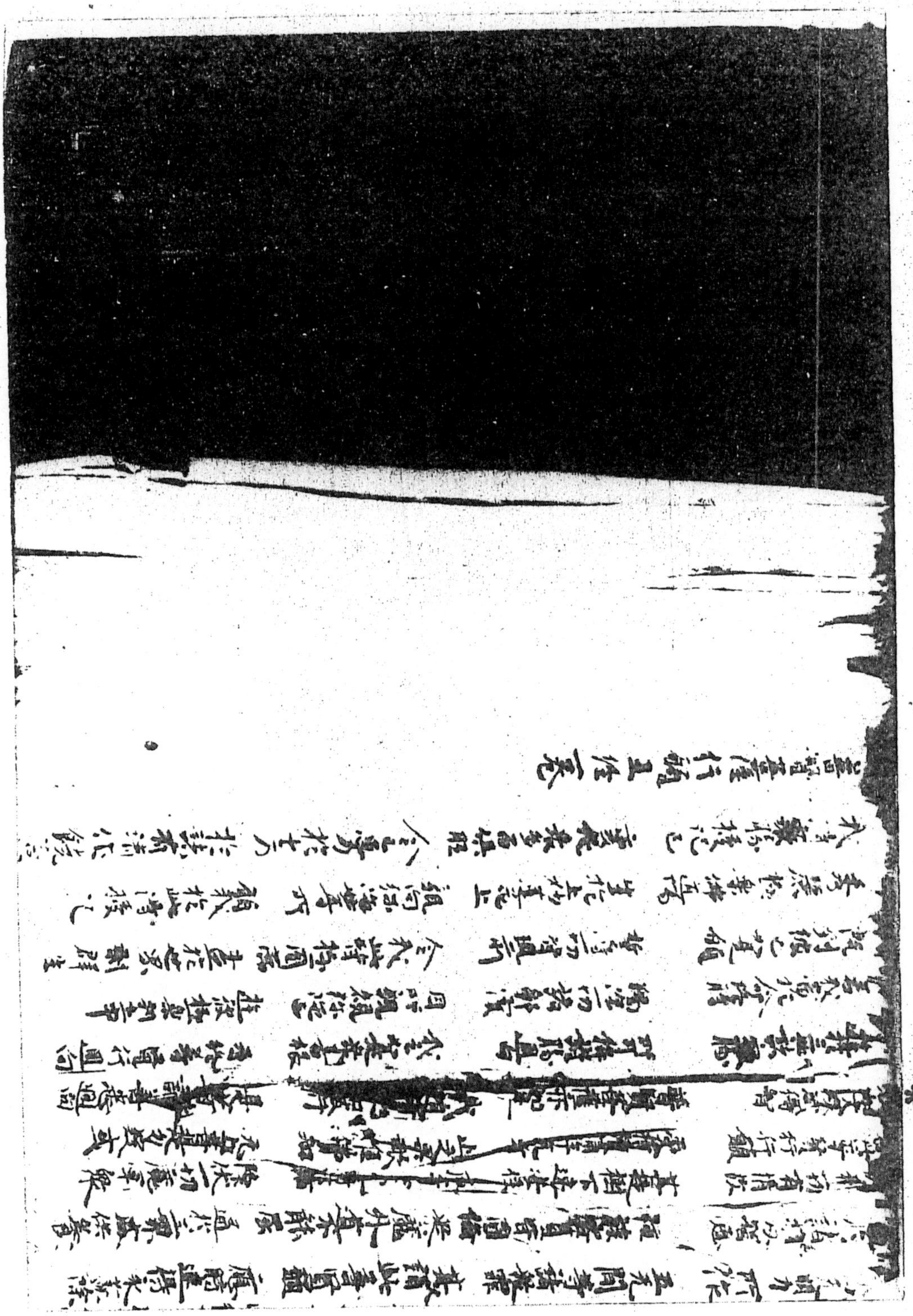

普賢[illegible]行 於未來劫我願行 於三有中輪轉時 證得無盡福德智
方便定解脫 願成諸德無盡藏 一數塵上微塵剎 於一剎中無量佛
[illegible] 菩薩行我圍[illegible] [illegible]是無邊眾方所 一塵既上我見世
[illegible]無量如海 行行如海眾多劫 一音言技方大海 皆是佛子清淨音
眾[illegible] 願我常顯諸佛教 於於三世諸最勝 當轉無上法輪時
諸佛[illegible]致 我以慧力令悉入 所有未來眾多劫 於剎那我當證
諸劫層三世 剎那分中我當行 遍於三世人師子 我於剎那盡證知
[illegible] 盡世剎上普莊嚴 盡見一塵上 如是無量諸方所
明佛剎[illegible] 所有未來諸世燈 皆證菩提轉法輪 示入涅槃證真際
[illegible]行[illegible]化[illegible] 令諸神力速皆往 以大神力趣普門 以行行力普功德
[illegible]力[illegible] 以普於眾善諸福力 無有染著諸智力 智慧方便諸定力
已備行[illegible]力 常以清淨諸業力 永除一切煩惱力 諸作魔力令無力
[illegible]普賢行[illegible]力 諸剎如海令清淨 有情諸海令解脫 諸法如海令了見
[illegible]如海令[illegible] 如行如海令清淨 菩提如海令圓滿 諸佛如海令供養
[illegible]行無倦 於彼三世最勝等 於彼行願[illegible]眾多 用普賢行得覺已
[illegible]佛國滿 諸佛子中最為尊 是故號之名普賢 與此大智同行故
[illegible]諸[illegible] 身口意業得清淨 普賢如何善迴向 願我齊同於此行
[illegible]普賢行 令我大願常當行 未來諸劫勿散疲 菩薩此行皆圓滿
[illegible]行剎[illegible] 所願諸福分有量 處所無量行 一切變化願我知
[illegible]於[illegible]際 眾生界亦如是 盡於業與煩惱除 我之願際量亦然
[illegible]無量剎 [illegible]虛空[illegible]諸佛 人及諸天最勝樂 如剎塵劫最供養
[illegible] 隨喜深信大菩提 唯於此中生一信 即成最勝功德聚
[illegible]人分此普賢願 永離遠離諸惡趣 又以業垢諸惡受 是人速見阿彌陀
[illegible]普賢淨最勝奇 善來於此善人身 有如普賢大菩薩 皆能不久速成就
[illegible]明力所作 五無間等諸罪業 其人誦此普賢願 應時速得永消除
[illegible]於諸[illegible] 種族色相智圓備 眾魔外道不能壞 通於三界最供養
利[illegible]有情故 菩提樹下速安住 [illegible] 降伏一切魔軍眾
[illegible]行[illegible]願 受持讀誦演說者 此之異熟唯佛知 無上菩提勿疑惑

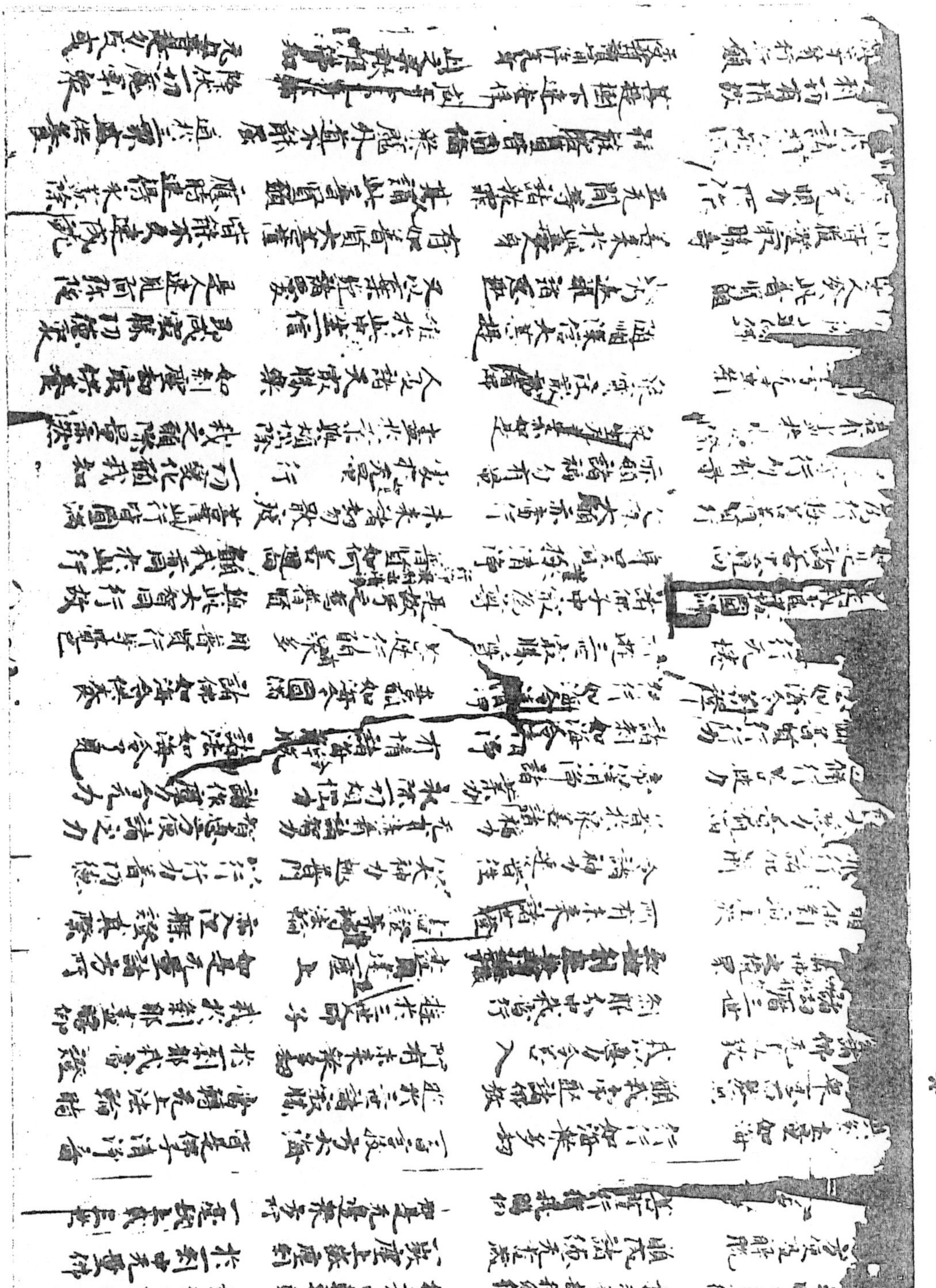

一切佛
……報生諸功德　我皆隨喜於一切
……於諸大導師　我請轉於无上輪
大……　今願住劫剎土塵
於積集少善根　皆用迴向大菩提
未來諸善逝　速令願滿證菩提
……樹下等覺尊　又諸供養諸圓滿
願眾生諸法我　願門常住通意[illegible]
……世[illegible]時　願我出家[illegible]淨
[illegible]尸羅寄　所作无[illegible]缺无識
有一切音　我隨彼音為說法
……語[illegible]言詞　如是皆願盡消滅
持林前進華　經眾[illegible]……月
至有情安樂處　……諸行剎……
求善賢菩薩行　盡未來劫行此行
……惡業　與彼行行願為一
　我終不逆於彼……
行大供養　……眾……
普賢菩薩行　於未來劫我修行
方便及解脫　圓滿諸德无盡藏
……　普賢行……我……佛
……量……海　行行……海眾多劫

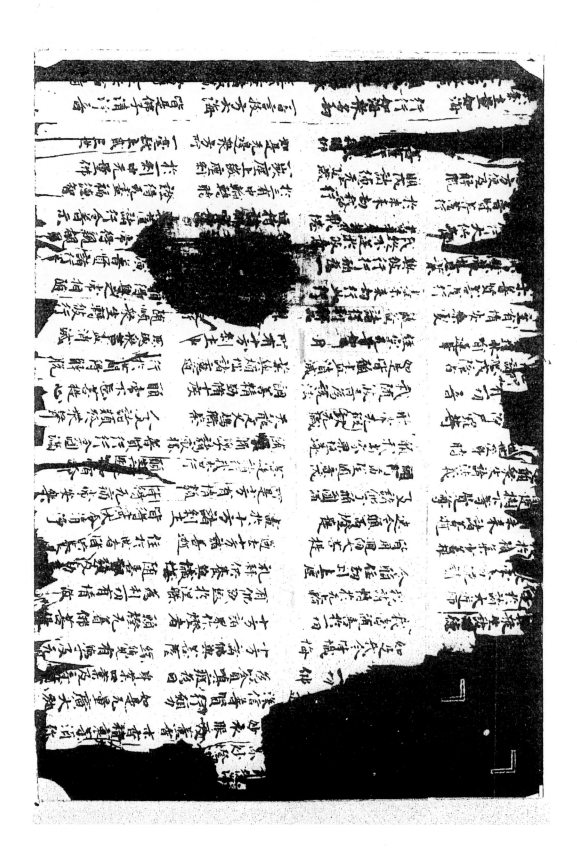

……妙燈
妙衣眼[illegible]蓋薰香　末香積聚須彌等
深信普賢行願力　如是无量廣大劫
我以貪瞋癡為因　身業口業及意業
十方諸佛與菩薩　緣覺有學及无學
十方諸界作燈者　願證无著佛菩提
有佛欲趣於涅槃　為利一切有情故
禮拜供養與懺悔　隨喜[illegible]發[illegible]
過去十方諸善逝　住於世者皆[illegible]
盡於十方諸剎土　皆得廣大令清淨
所是十方有情類　皆得无病常安樂
……是諸行我出行　願生六趣[illegible]百[illegible]
隨[illegible]修學諸戒[illegible]　普賢行行令圓滿
天龍及又鳩槃荼　人及諸類[illegible]
調善精勤脩十度　願常不忘菩提心
業與煩惱諸魔道　行於世間得解脫
所有十方剎土中　[illegible]眾苦盡消滅
……　隨順眾生轉彼行
……　[illegible]得與之常相隨
……　[illegible]普賢諸行[illegible]
……　常得親覲[illegible]
恒持[illegible]　……諸行令普示
於三有中輪轉時　證得无盡福德智
一塵座上微塵剎　於一剎中无量佛
如是无邊眾方所　一塵既[illegible]三世
一音言投方大海　皆是佛子清淨音

[illegible]

佛身圓光在中尊　一毫照上戴三世　如是無邊眾方便

行行如海於多劫　佛與剎土量如海　皆是諸佛淨清音

一音言枝方大海　願我常趣諸佛教　隨其眾意而教演

※ 意轉勇上法輪時　接於世三諸帝勝　摸深勝勝勝所

般若波羅蜜多心經　般若波羅蜜多心經觀自在菩薩

當轉無上法輪時

菩提樹下菩薩等　及諸佛願圓滿　所是十方有情類
願得無病常安樂　所是眾生諸法義　願所希望隨意成
菩提諸行我當行　願生六趣皆宿命　若於世世受身時
願我出家果恆遂　隨順修學諸戒勝　普賢行行令圓滿
無垢清淨尸羅等　願常無缺無破穢　天龍夜叉鳩槃荼
人及諸類發眾聲　各各所有一切音　我隨彼音為說法
調善精勤於十度　願常不忘菩提心　所有諸惡咸障者
如是皆願盡消滅　業與煩惱諸魔道　行於世間得解脫
不著於水盡蓮華　經空無等如日月　所有十方剎等
惡趣眾苦盡消除　令彼有情安樂處　饒益諸行利群品
能令圓滿菩薩行　隨順眾生轉彼行　盡未來劫行此行
開示普賢菩薩行　一願得與之常相隨　所能與我同行者
與彼行行願為一　身業口業及意業　開演普賢諸行者
欲利於我諸善友　我不為背於彼意　如是願得常相遇
願我常得親觀見　佛子圍遶大導師　盡未來劫無厭倦
於中普行大供養　菩薩之行令悉示　恆持諸佛最妙法
於未來劫我願行　為淨普賢菩薩行　證得無盡福田　智
於三有中輪轉時　願成諸德無盡藏　定慧便方及解脫
於一剎中無量佛　一一塵上微塵剎　菩薩行行成勝御
佛子圍遶在中間　一毛尖上三世　如是無邊眾方便
行行如海眾劫海　佛與剎土量如海　皆是諸佛淨清音
一一於方大海　願我常趣諸佛教　隨其眾意而敷演
[illegible]

普賢菩薩行願王経

盡諸十方世界尊　善逝三世人師子　我身口意具清淨

是以今當悉稱普　以普賢行諸願力　一切殊勝相現前

佛刹量等刹土塵　身心恭敬於大聖　塵塵上常塵衆

各於其中佛々坐　是諸佛衆菩薩遶　如來皆遍當勝解

以諸得海量難盡　以音枝派諸支淮　諸佛功德數演故

一切善逝我讚頌　最勝妙華及花鬘　最勝妙燈及塗香

善蓋幢幡及寶嚴　恭敬供養一切佛　勝妙衣服及薰香

末香積聚等須彌　勝妙一切莊嚴具　恭敬供養於善逝

諸有無上廣供養　如是廣大　以信解力於十方

普於供養一切佛　於心[illegible]　身業口業及意業

若有所造業不善　如是我今皆懺悔　十方諸佛與菩薩

緣覺有學及無學　及與衆生諸功德　我當隨喜於一切

十方諸衆作燈者　願證無著佛菩提　如是[illegible]

我於轉於無上輪　有佛欲趣於涅槃　爲利一切有情故

我以合掌當勸請　令願住劫刹土塵　礼拜供養與懺悔

隨喜啓請及勸請　我於積集少善根　皆用迴向大菩提

過去十方諸善逝　住於世者皆供養　所有未來諸善逝

速令願滿證菩提　盡於十方諸刹土　皆得廣大令清淨

菩提樹下菩薩等　及諸佛願圓滿　所是十方有情類

願得無病常安樂　所化衆生諸法義　願所希望隨意成

菩提諸行我當行　願生六趣宿命　若於世世受身脩

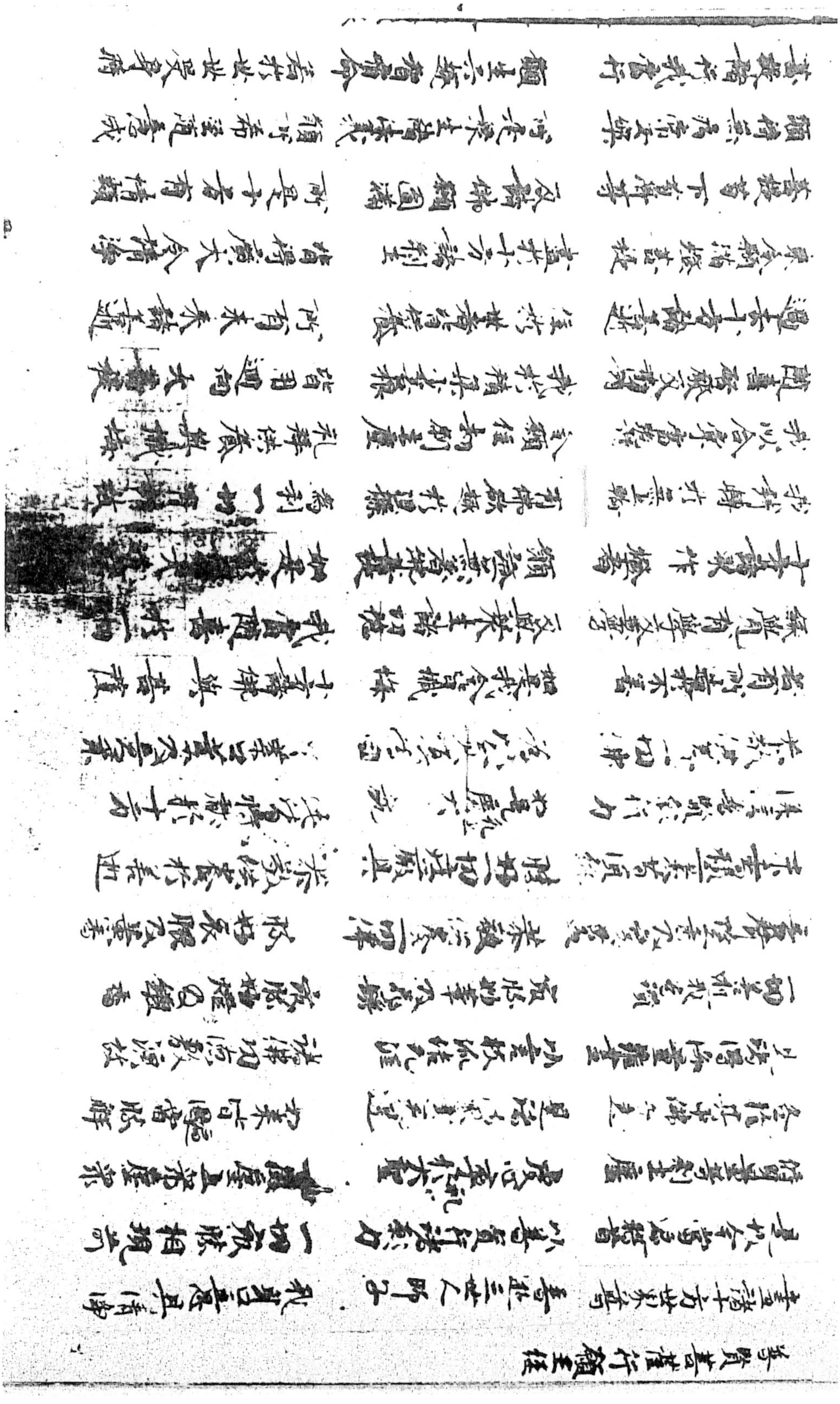

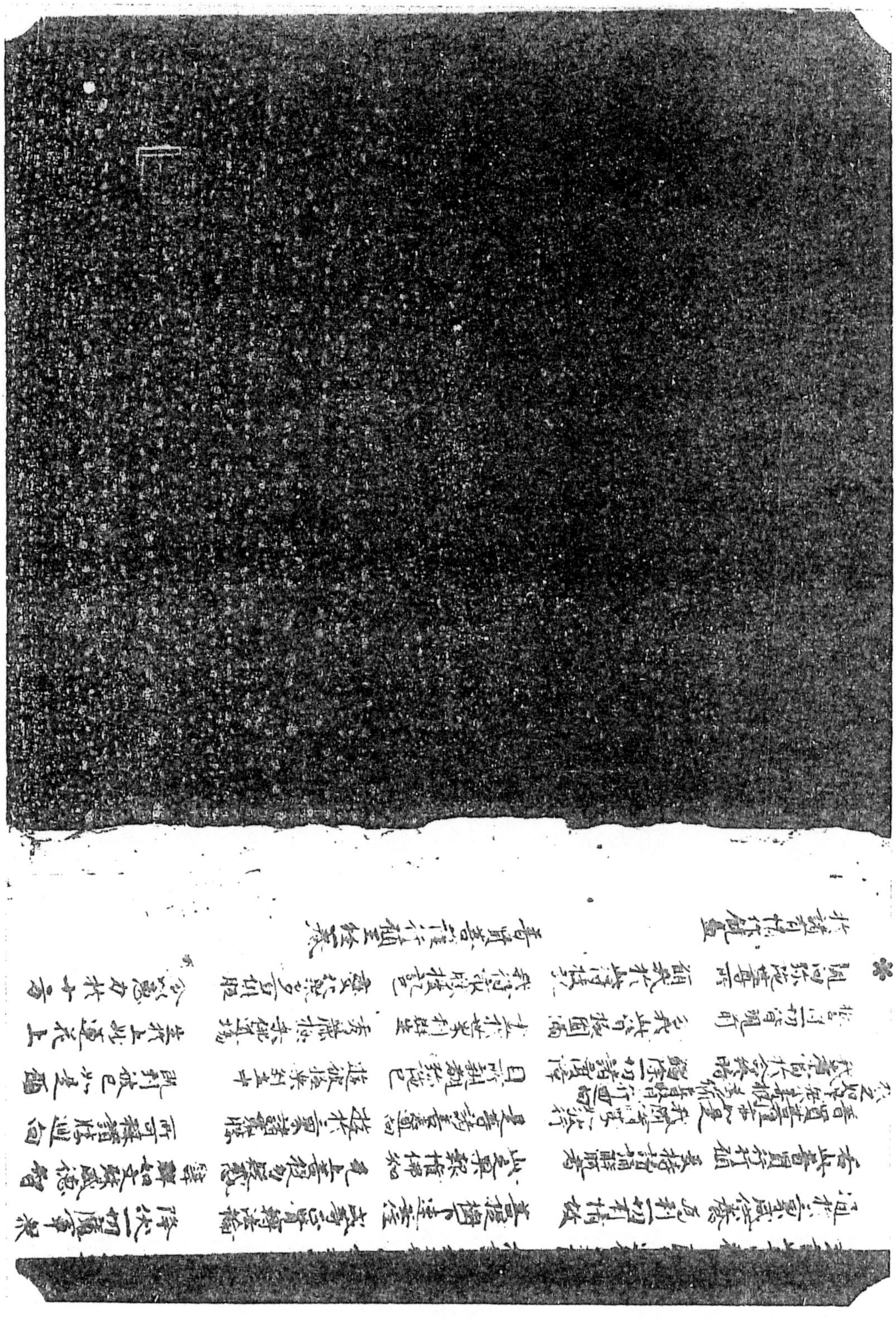

[illegible]

甚深?諸行令圓滿　為淨普賢菩薩行　於未來劫我當行　於三有中輪轉時　證得見盡福德智

定慧方便及解脫　願我諸得無盡藏　一塵塵上微塵剎　於一剎中見無量佛　佛子圍繞於中尊

甚深行行我悟人　如是無邊盡十方所　一毛端上我見三世　佛與剎土量如海　行行如海眾多劫

※

一音言根方大海　皆是諸佛清淨音　隨其眾意而演說　願我常聞諸佛教　遊於三世諸帝勝

當轉無上法輪時　如上諸佛菩薩教　我以慧力令善入　所有未來眾多劫　於一剎那我當證

如是諸劫為三世　剎那分中我皆入　遊於三世人師子　我於剎那盡觀察　亦於諸佛上境界

如幻解脫及威力　三世剎土悉莊嚴　盡開塵上一塵上　如是無量諸剎前　所有未來諸世燈

盡成菩提轉法輪　示入涅槃究竟際　願我行於諸佛前　亦願佛剎盡往詣　以大神力趣普門

以行力普功德　諸大慈力普遍流　普以福善諸嚴力　以有淨為諸智力　智慧方便諸靈力

令我積集菩提力　常清淨諸業力　永除一切煩惱力　諸作魔力令無力　圓滿普賢行行力

諸剎如海令清淨　有情諸海令解脫　諸法如海令分別　智慧如海令善證　行行如海令清淨

諸願如海令圓滿　諸佛如海令供養　歷劫如海行無倦　所證三世諸勝行　菩提行願眾有多

以普賢行悟菩提　如是我當悉圓滿　[illegible]　[illegible]　彼此大智同行故

如是諸善盡迴向　身口意業亦清淨　行淨剎土亦清淨　普賢如何善迴向　願我亦同於此行

為我遍淨普賢行　文殊大願亦當行　未來諸劫不疲倦　善行此行令圓滿　如是等行勿有量

亦願諸功勿有量　盡如於多量行　一切變化獨我知　若有虛空盡未際　眾生無盡亦如是

業煩惱無有際　我之願際亦無邊　所有十方無量剎　以寶莊嚴獻諸佛　人及諸天眾勝樂

如剎塵劫供於佛　每有聞此迴向經　隨順深信大菩提　唯於此中生一信　即成最勝功德聚

若人發此普賢願　常遠離諸惡趣　又以集絕諸惡友　是人速見阿彌陀　此皆獲得最勝壽

善來於此受人身　有如普賢大菩薩　得於不久速成就　證以無明力所作　五間罪等諸眾罪

其人誦此普賢願　所時速得成無際　於諸色相及智慧　種族容貌皆圓滿　眾魔外道不能屈

速於三界咸供養　為利一切有情故　菩提樹下速安住　成等正覺轉法輪　降伏一切魔軍眾

若此普賢行願經　受持讀誦解脫者　此之果報唯佛知　無上菩提勿疑惑　譬如文殊威德智

普賢菩薩亦如是　我隨彼等學一切行　是等諸善盡迴向　攝於三業諸惡勝　所可稱讚勝迴向

我當臨於命終時　願除一切諸障礙　目所親覩彌陀已　遊彼極樂剎土中　得到彼已如是願

皆得一切皆現前　乃我此皆悉圓滿　盡於世界利群生　秀蓮捨來佛道場　生於上妙蓮花上

普賢[illegible]經王　盡諸十方世界尊　普遊三界人師子
我身[illegible]淨[illegible]　[illegible]首　以普賢行諸願力　一切[illegible]前
偏身等同剎土塵　度[illegible]禮於大眾　敬禮　帝佛[illegible]達　是諸[illegible]
如來皆遍[illegible]　是諸[illegible]德量難量　[illegible]　諸佛[illegible]　一切[illegible]遊我[illegible]
廣[illegible]花[illegible]　寶[illegible]鐘[illegible]　音聲[illegible]　恭敬供養一切佛　[illegible]此[illegible]
[illegible]香積[illegible]　勝[illegible]　恭敬供[illegible]若[illegible]　深[illegible]行[illegible]　如是天[illegible]
[illegible]歎於十方　恭敬供養一切佛　善以[illegible]　[illegible]　若有[illegible]
如是我今皆懺悔　十方諸[illegible]菩薩　緣覺有學及無學　[illegible]　我皆隨喜於一切
十方諸[illegible]作[illegible]　願[illegible]菩提　如是於四方道師　我請轉於無上輪　有佛欲[illegible]於涅槃
為利一切有情　我以合掌[illegible]請　令[illegible]剎土塵　[illegible]懺悔　隨喜[illegible]請
我於[illegible]　皆回向大菩提　過去十方諸善逝　住於世者[illegible]供養　一切未來諸善逝
速令願滿[illegible]菩提　盡於十方諸剎土　[illegible]　菩提樹下[illegible]　及諸佛[illegible]圓滿
所是十方有情類　皆得[illegible]常[illegible]　是願[illegible]法[illegible]　同行[illegible]隨[illegible]　菩提諸行我當行
願生[illegible]　棄[illegible]世受身時　願我[illegible]果[illegible]　[illegible]諸取[illegible]　普賢行行[illegible]圓滿
[illegible]　願常[illegible]　天龍夜叉[illegible]　及諸[illegible]　各各所有一切音
我隨彼音為說法　調善精勤於十度　願常不忘菩提心　一切諸[illegible]障者　如是皆願盡消滅
業與煩惱諸[illegible]　行於世間得解脫　不著於水[illegible]　猶如日月　一切十方剎土中
惡趣眾苦盡消除　令我有情[illegible]　能[illegible]諸行利群[illegible]　能令圓滿菩提行　隨順眾生稱彼行
開示普賢菩薩行　盡未來劫行無[illegible]　願得與我同行行　願得與諸常相隨　身業口業及意業
與彼行行願為一　欲利於我諸善友　開演普賢諸行者　如是願得常相遇　我終不違於彼意
佛子圍遶大導師　願我常得親觀見　於世廣行大供養　盡未來劫無厭倦　恒持諸佛微妙法
菩薩諸行令普[illegible]　為淨普賢菩薩行　於未來劫我願行　於三有中輪轉時　能得無盡福德智
定慧方便合解脫　願我諸行無盡意　一塵座上微塵剎　於一剎中無量佛　佛子圍繞居中尊
菩薩行行我[illegible]　如是無量無數所　一塵[illegible]上載三世　佛剎剎土量如海　行行如海眾多劫
一音支分[illegible]方大海　皆是諸佛[illegible]清淨音　隨其眾意妙[illegible]演　願我常[illegible]諸佛教　遊於三世諸剎勝

行行如海令清淨　[illegible]如海令圓滿　諸佛如海[illegible]　[illegible]如海行[illegible]

所遊三世最勝尊　菩提行願有衆多　用普賢行尊覺已　如是我當盡圓滿

諸佛子中最為尊　是故號之為普賢　與此大智同行故　如是諸善悉迴向

身口意業悉清淨　行淨衆剎亦清淨　普賢如何善迴向　願我亦同於此行

為行極善普賢行　文殊大願亦當行　未來諸劫[illegible]　菩薩其行皆圓滿

如是等行所有量　亦願諸德所有量　處於如是無量行　一切變化願我知

若有盡於虛空際　衆生無盡亦如是　盡於業與煩惱際　我之願際量亦然

所有十方無量剎　衆寶莊嚴獻諸佛　人及諸天最勝樂　如剎塵劫將供養

若有聞此迴向經　隨順深信大菩提　能於此中生一切　即成殊勝功德聚

若人發此普賢願　此乃遠離諸惡趣　又以棄絕諸惡友　是人速見阿彌陀

此皆獲證最勝壽　善來於[illegible]此人身　有如普賢大菩薩　皆能不久速成就

諸以無明力所作　五無間等諸惡罪　其人誦此普賢願　應時速得永盡除

於諸色相及智慧　種族容貌皆圓備　衆魔外道不能壞　通於三界成供養

為利一切有情故　菩提樹下速安住　成等正覺轉法輪　降伏一切魔軍衆

若此普賢行願　受持讀誦解說者　此之果報唯佛知　無上菩提勿生惑

擇如文殊威德智　普賢菩薩亦如是　我隨彼學如彼行　是等諸善悉迴向

遊於三世諸最勝　所可稱讚勝迴向　我之如是衆善根　為循普賢行迴向

願我當於命終時　斷除一切諸障礙　目前親覩彌陀已　遊彼極樂剎土中

生彼剎中如是願　現前一切皆圓滿　今於此皆[illegible]　盡於世界利群生

[illegible]殊勝常清淨　生於上妙蓮華上　親近彌陀世尊所　願我於此得授記

我得最勝授記已　變化衆多百俱胝　令以應得於智力　於諸有情作饒益

普賢菩薩行願王經

[illegible]

＊

業與煩惱諸魔道　行於世間得解脫　不著於水盡蓮華　經空无导如日月
所有十方剎土中　惡趣衆苦盡消除　令致有情安樂處　饒益諸行利群生
能令圓滿菩提行　隨順衆生歸彼行　闡示普賢菩薩行　盡未来劫行此行
孰能與我同行行　願得與之常相隨　身業口業及意業　與彼行行願為一
欲利於我諸善友　闡演普賢諸行者　如是願得常相遇　我不違背於彼意
佛子圍遶天道師　願我常得親覲見　於中皆行大供養　盡未来劫无厭倦
恒持諸佛微妙法　菩薩之行令普示　為淨普賢菩薩行　於未来劫我願行
於三有中輪轉時　證得无盡福田智　定慧方便及解脫　願於諸得无盡藏
一微塵上微塵剎　於一剎中无量佛　佛子圍遶在中尊　菩薩行行於瞻仰
如是无邊衆方所　一毫髮上盡三世　佛與剎土量如海　行行如海衆多劫
一音具枝方大海　皆是諸佛清淨音　隨其衆意而數演　願我常趣諸佛教
遊於三世諸威勝　當轉无上法輪時　如上諸佛无盡教　我以惠力令普入
所有未來衆多劫　於一剎那我當證　如是諸劫歷三世　剎那分中我當行
遊於三世人師子　我於剎那盡證佛　證得如幻解脫力　常入諸佛之境界
三世剎土衆莊嚴　盡用遠立一塵上　如是无量諸方所　我願速入佛淨土
所有未來諸世燈　未證菩提轉法輪　求入涅槃證真際　我願行於諸佛前
令諸神力速普往　以大乘力趣普門　以行行力普功德　諸大慈力普遍滿
普於衆善諸福力　无有染著大智力　智慧方便諸定力　令正勝行菩提力
常以清淨諸業力　永除一切煩惱力　諸伏魔力令无有　圓滿普賢行行力
諸剎如海令清淨　有情諸海令解脫　諸法如海令了見　智慧如海令盡證
行行如海令清淨　極願如海令圓滿　諸佛如海令供養　歷劫如海行无倦
所遊三世衆修尊　菩提行願有衆多　用普賢行悉覺已　如是我當盡圓滿
諸佛子中說為尊　此故号之為普賢　與此大智同行故　如是諸善悉迴向

[illegible]

普賢菩薩行願王經

於諸十方世界尊　普遊三世人師子　我身口意具清淨　是故今當遍稽首

以普賢行願諸力　一切最勝相現前　俯身塵等剎土塵　虔心敬禮於大聖

一塵塵上衆最衆　各於其中佛子遶　是諸法界盡無遺　如來皆遍當勝解

是諸德海量難盡　以言說海盡無涯　諸佛功德數讚故　一切善逝我當讚

最勝妙華及華鬘　最勝妙燈及燒香　音聲塗香及寶蓋　恭敬供養一切佛

勝妙衣服及華香　末香積聚等須彌　勝妙一切莊嚴具　恭敬供養於善逝

深信普賢行願力　如是無上廣大施　此皆將獻於十方　恭敬供養一切佛

為以貪嗔癡為門　身業口業及意業　若有所造及不善　如是我今皆懺悔

十方諸佛與菩薩　緣覺有學及無學　及與衆生諸福供　我當隨喜於一切

十方諸界作燈者　願證無著佛菩提　如是於諸大道師　我請轉於無上輪

有佛欲趣於涅槃　為利一切有情故　我以合掌當勸請　……一切剎土塵

禮拜供養與懺悔　隨喜啓發及勸請　我於諸……　……向大菩提

過去十方諸善逝　住於世者皆供養　所有未來諸善逝　速令願滿證菩提

盡於十方諸剎土　皆得廣大令清淨　菩提樹下等覺尊　及諸佛子願圓滿

所是十方有情類　願得無病常安樂　所是衆生諸法義　願所希望隨意成

菩提諸行我當成　願生六趣智宿命　若於世世受生時　願我出家果恒遂

隨順修學諸如來　普賢行行令圓滿　無垢清淨尸羅等　願常無缺無瑕穢

天龍夜叉鳩槃荼　人及諸類衆生語　各各所有一切音　我隨彼音為說法

調善精勤修十度　願常不忘菩提心　所有諸惡及障者　如是皆願盡消滅

業與煩惱諸魔道　行於世間得解脫　不著於水盡蓮華　雖空無畏如日月

所有十方剎土中　惡趣……盡消除　令獲有情……　……諸行利群生

由處眾勝功德聚　若人發此普賢願
此乃遠離諸惡趣　又以棄絕諸惡友
是人速見阿弥陁　此皆獲證眾勝受
善來於此受人身　有如普賢大菩薩
皆能不久速成就　誰以無明力所作
五無間等諸眾罪　其人誦此普賢願
應時速得永盡除　於諸色相及智惠
種族容貌皆圓備　眾魔外道不能摧
通於三界咸供養　為利一切有情故
菩提樹下速安住　處等正覺轉法輪
降伏一切魔羣眾　若此普賢行行願
受持讀誦解說者此知果報唯佛知無上
菩提勿生疑辟如文殊虎得智普賢菩薩亦
如是我隨修學如彼行是等諸善悉迴向趣
於三世諸最殊所可稱讚勝迴向我之如是業
善根為修普賢行迴向若我當於命終時臨
除一切諸覆障目所觀覩弥陁已由彼極樂剎中
既到彼已如是願誓得一切皆現前今我此皆起
圓滿盡於世界利群生香饜起樂佛道場生於
上妙蓮華上親向弥陁世尊所願我於此得受記
我得受撥受記已變化眾多百俱知今以慧力
於十方於諸有情作饒益

永除一切煩惱力　諸作魔力令无力
圓滿普賢行行力　諸剎如海令清淨
有情諸海令解脫　諸法海如令了見
* 智惠如海令善證　行行如海令清淨
誓願如海令圓滿　諸佛如海令供養
歷劫如海行无倦　敬遊三世最勝尊
菩提行願有衆多　以普賢行等覺已

如是我當盡圓滿　諸佛子中最為尊
是故号之為普賢　與此大智同行故
如是諸善悉迴向　身口意業極清淨
行淨衆剎亦清淨　普賢如何善迴向
願我亦同於此行　為行熾善普賢行
文殊大願亦當行　未來諸劫勿散疲
菩薩此行皆圓滿　如是等行勿有量
亦願諸福勿有量　爰於如是无量行
一切變化願我知　若有盡於虛空際
衆生无盡亦如是　盡於業與煩惱際
我之願際量亦然　所有十方无量剎
衆寶莊嚴悉諸佛　人及諸天最勝樂
如剎塵劫將供養　孚有聞此迴向經
隨順深信大菩提　嗟於此中生一信
即成最勝功德聚　若人發此普賢願
此乃遠離諸惡趣　又以棄絕諸惡友
是人速見阿弥陁　此皆獲證最勝受
善來於此受人身　有如普賢大菩薩

願身諸得無盡藏　一微塵上微塵剎
於一剎中無量佛　佛子圍遶居中尊
菩薩行行我修仰　如是无邊衆方數
一毫既上載三世　佛與剎土量如海
行行如海令清淨　一音言枝方大海
皆是諸清淨音佛　隨其衆音而敷演
願我常趣諸佛教　遊於三世諸取勝
當轉无上法輪時　如上諸佛无盡教
我以惠力令善入　所有未來衆多劫
於一剎那我當證　如是諸劫歷三世
剎那分中我當行　遊於三世人師子
我於剎那盡瞻仰　證得如幻解脫力
常入諸佛之境界　三世剎土衆莊嚴
盡用遠立一塵上　如是无量諸方數
我願遍入佛淨土　所有未來諸世燈
盡證等覺轉法輪　亦入涅槃證真際
我願行於諸佛前　令諸神力速普往
以大乘神力趣普門　以行行力普功德
諸大慈力普遍滿　普於衆善諸福力
無有染着大智力　智惠方便諸定力
令心循行菩提力　常以清淨諸業力
永除一切煩惱力　諸作魔力令无力
圓滿普賢行行力　諸剎如海令清淨
有情諸海令解脫　諸法海如令了見
智惠如海令善證　行行如海令清淨

降伏一切魔軍衆
受持讀誦解說者
无上菩提勿生惑
＊普賢菩薩亦如是
是等諸行悉迴向
所可稱讚勝迴向
為脩普賢行迴向
銷除一切諸障㝵
遊彼極樂剎土中
皆得一切皆現前
盡於世界利群生
生於上妙蓮華上
覩我於此得授記
變化衆多百俱胝
於諸有情作饒益

若此普賢行行願
此之果報唯佛知
譬如文殊威德智
我随脩學如彼行
遊於三世諸歎勝
我之如是衆善根
若我當於命終時
目所親覩弥陁已
既到彼已如是願
今我此皆極圓満
秀嚴極樂佛道場
親向弥陁世尊所
我得蒙勝授記已
今以慧力於十方

*

文殊大願亦當行
菩提此行皆圓滿
亦願諸福勿有量
一切變化願我知
衆生无盡亦如是
我之願際量亦然
衆寶莊嚴獻諸佛
如刹塵劫將供養
隨順深信大菩提
歸依最勝功德聚
此乃遠離諸惡趣
是人速見阿弥陀
善來於此壽人身
皆能不久速成就
五无間等諸罪人
應時速得永盡除
種族容質皆圓備
通於三世咸供養
菩提樹下速安住
降伏一切魔軍衆
受持讀誦解說者
无上菩提勿生感

未來諸劫勿戰疲
如是等行勿有量
震於如是无量行
若有盡於虛空際
盡於業與煩惱際
所有十方无量刹
人及諸天最勝樂
寧有聞此迴向經
唯於此中生一信
若人發此普賢願
又以棄絕諸惡友
此皆獲證最勝壽
有如普賢大菩薩
誰以无明力所作
其人誦此普賢願
於諸色相及智慧
衆魔外道不能屈
為利一切有情故
我等正覺轉法輪
若此普賢行行願
此之果報唯佛知
譬如文殊威德智

當轉无上法輪時
我以惠力令善入
* 於一剎那我當證
剎那分中我當行
我於剎那盡瞻仰
當入諸佛之境界
盡用建立一塵上
我願遍入佛淨土
盡證等覺轉法輪
我願行於諸佛前
歷劫如海行无倦
菩提行願有多衆
如是我當盡圓滿
是故號之為普賢
如是諸善盡迴向
行淨衆剎亦清淨
願我亦同於此行
文殊大願亦當行
菩薩此行皆圓滿
亦願諸福勿有量
一切變化願我知

如上諸佛无盡教
所有未來衆多劫
如是諸劫歷三世
趣於三世人師子
證得如是解脫力
三世剎土衆莊嚴
如是无量諸方所
所有未來諸世燈
亦入涅槃證真際
今諸神力速普往
所趣三世最勝尊
用普賢行等覺已
諸佛子中最為尊
與此大智同行故
身口意業極清淨
普賢如何普迴向
為行慇善普賢行
未來諸劫勿默疲
如是等行勿有量
處於如是无量行
若有盡於虛空際

隨順衆生轉彼行
盡未來劫行此行
願得與之常相隨
＊與彼行行願為一
開演普賢諸行者
我不違背於彼意
願我常得親覩見
盡未來劫無厭倦
菩薩之行令普示
於未來劫我願行
證得無盡福德智
願成諸德无盡藏
於一刹中无量佛
菩薩行行我瞻仰
一毫端上載三世
行行如海衆多劫
皆是諸佛清淨音
願我常趣諸佛教
當轉无上法輪時
我以慧力令善入
於一刹那我當證

開示普賢菩薩行
無能與我同行行
身業口業及意業
欲刹於我諸善友
如是願得常相遇
佛子違遠大尊師
於中廣行大供養
恒持諸佛微妙法
為淨普賢菩薩行
於三有中輪轉時
定慧方便及解脱
一微塵上微塵刹
佛子圍遶居中尊
如是无邊衆方所
佛與刹土量如海
一音言枝方大海
隨其衆意而敷演
越於三世諸衆勝
如上諸佛无盡教
所有未來衆多劫
如是諸劫歷三世

住於世者皆供養
速令圓滿證菩提
皆得廣大令清淨
及諸佛子願圓滿
願得无病常安樂
* 願所希望隨意成
願生六趣智宿命
願我出家果恒遂
普賢行行令圓滿
願常无缺无瑕穢
人及諸類發衆聲
我隨彼音為說法
願常不忘菩提心
如是皆有盡消滅
行於世間得解脫
經空无导如日月
悉趣衆苦盡消除
饒益諸行利群品
隨順衆生轉彼行
盡未來劫行此行
願得與之常相隨
[illegible]

所有未來諸善逝
盡於十方諸刹土
菩提樹下等覺尊
所是十方有情類
所是衆生諸法義
菩提諸行我當行
若於世世受身時
隨順修學諸戒勝
无垢清淨尸羅等
天龍夜叉鳩槃荼
於彼所有一切音
詞善精勤修十度
所有諸惡成障者
業與煩惱諸魔道
不著於水蓮花
所有十方刹土中
安致有情安樂處
能令圓滿菩提行
開示普賢菩薩行
熟能與我同行行
身業口業及意業

[illegible]
[illegible]佛
末香積聚等須彌
恭敬供養於菩薩
如是无上廣大[illegible]
恭敬供養一切佛
[illegible]
[illegible]
[illegible]
[illegible]
[illegible]提
我[illegible]无上輪
為利一切有情故
令願住劫剎土塵
隨喜悔發及勸請
皆用迴向大菩提
住於世者皆供養
速令願滿證菩提
皆得廣大令清淨
及諸佛子願圓滿
願得无病常安樂

香鬘塗香及寶蓋
勝妙衣服及董香
勝妙一切莊嚴具
深信普賢行願力
此皆將獻於十方
我以貪瞋癡惑因
若有所造於不善
十方諸佛與菩薩
及與眾生諸功德
十方諸界作燈者
如是於諸大導師
有佛欲趣於涅槃
我以合掌當跪請
禮拜供養與懺悔
我於積集少善根
過去十方諸善逝
所有未來諸善逝
盡於十方諸剎土
菩提樹下等覺尊
所是十方有情類
所是眾生諸法義

*

佛與剎土量如海　行行如疎衆多劫　一音言[illegible]

曾是佛才[illegible]　[illegible]諸佛教

進於上世普家勝　當轉無上法輪時　如上諸佛無量數

我以悉力令善入

2

菩提樹下尊業尊　及諸佛子衆圓滿　所是十方有情類
*皆總无病常安樂　悉願衆生諸法義　同行聖望隨意成
菩提諸行我當行　願生六趣知宿命　若於世〻受身時
願我出家界恒迹　隨學修學諸衆勝　普賢行行令圓滿
无垢清淨尸羅行　願常无瑕缺无穢　天龍夜叉鳩槃荼
人及諸類發衆辯　各各所有一切音　我隨彼音為說法
願善精勤修十度　願常不忘菩提心　所有諸惡成障者
如是皆願盡消滅　業与煩惱諸魔道　行於世間得解脫
不著於水喻蓮華　經空无导如日月　所有十方剎土中
惡趣衆生盡消滅　令至有情安樂處　饒益諸行利群品
能令圓滿菩提行　隨順衆生轉彼彼　開示普賢菩薩行
盡未來劫行此行　孰能與我同行行　願得與之常隨相
身業口業及意業　與彼行行願為一　歎剎於我諸善友
開演普賢諸行者　如是願得常相遇　我終不逆於彼意
佛子圍遶大道師　願我常得親覲見　於中廣行大供養
盡未來劫无厭惓　恒持諸佛寂妙法　菩薩諸行令普示
為淨普賢菩薩行　於未來劫我願行　於三有中輪轉時
證得无上福德智　定慧方便及解脫　願成就得无盡藏
一微塵上微塵數　於一剎中无量佛　佛子圍遶最尊
菩薩行行我瞻仰　如是无邊衆方所　一毫毯上載三世
佛與剎土量如海　行行如海衆多劫　一音[illegible]

盡諸十方世界尊　普遊三界人師子　我身口意皆清淨
是故今當遍稽首　以普賢行諸願力　一切如懷想現前
備身量等剎土塵　虔心稟礼於大衆　一微塵上衆塵佛
[illegible]其中佛子遶　是諸法界盡无邊　如來皆遍當勝解
於諸德海量難盡　以言校喻浩无涯　諸佛功德敬演歎
一切善逝我當讚　取勝妙鬘及花鬘　衆樂妙香及鐙燭
音聲塗香及寶蓋　供敬供養一切佛　勝妙衣服及名香
末香積聚等須彌　勝妙一切莊嚴具　供敬供養於善逝
深信普賢行願力　如是无量廣大施　此皆持獻於十方
恭敬供養一切佛　爲以貪嗔癡爲因　身業口業及意業
若有所造於不善　如是我今皆懺悔　十方諸佛與菩薩
緣覺有學及无學　及與衆生諸功德　我當隨喜於一切
十方諸界作燈者　願證无著佛菩提　如是於諸大道師
我請轉於无上論　有佛欲趣於涅槃　爲利一切有情故
我以合掌當殷請　今願住劫剎土塵　禮拜供養與懺悔
隨喜勸請及勸請　我於積集少善根　皆用迴向大菩提
過去十方諸善逝　住於世者皆供養　所有未來諸善逝
速令願滿證菩提　盡於十方諸剎土　皆得廣大令清淨
菩提樹下等覺尊　及諸佛子願圓滿　所是十方有情類

若於盡於虛空際　衆生无盡亦如然
盡於業與煩惱際　我之願際量亦然
所有十方无量剎　衆寶莊嚴獻諸佛
人及諸天最勝樂　如剎塵劫皆供養
寧有聞此迴向王　隨順深信大菩提
唯於此中生一信　所成最勝功德聚
若人發此普賢願　此人永離諸惡趣
又以業絕諸惡友　是人速見阿彌陀
此皆獲證最勝壽　善來於此受人身
有如普賢大菩薩　皆能不久速成就
誰以无明力所作　五无間等諸衆罪
其人誦此普賢願　應時速得永盡除
於諸色相及智慧　種族容貌皆圓滿
衆魔外道不能屈　通於三界咸供養
為利一切有情故　菩提樹下速安住
成等正覺轉法輪　降伏一切魔軍衆
若此普賢行行願　受持讀誦解說者
此之果報唯佛知　无上菩提勿生惑
譬如文殊威德智　普賢菩薩亦如是
我隨脩學如彼行　是等諸善悉迴向
遊於三世諸最勝　所可稱讚勝迴向

*

16

以大乘力趣普門
諸大慈力普遍前
令正修行菩提力
无有染著大智力
永除一切煩惱力
圓滿普賢行行力
有情諸海令解脫
智慧如海令善證
誓願如海令圓滿
所遊三世最勝尊（歷劫如海行无惓）
用普賢行菩提已
諸佛子中最為尊
與此大智同行故
身口意業擬清淨
普賢如何善迴向
為行極善普賢行
未來諸劫勿厭疲
如是善行勿有量
處於如是无量行
皆於盡於虛實際
盡於業與煩惱際

以淨行力普功德
普於衆[illegible]力
智慧方便諸定力
常以清淨諸業力
諸行魔力令无力
諸剎如海令清淨
諸法如海令分見
行行如海令清淨
諸佛如海令供養
菩提行願有衆多
如是我當盡圓滿
是故号之為普賢
如是諸善悉迴向
行淨衆剎亦清淨
願我亦同於此行
文殊大願亦當行
菩薩此行皆圓滿
亦願諸福勿有量
一切變化願我知
衆生不盡亦如是
我之願際量亦然

15

於未來劫我循行
證得无盡福德智
循成諸德无盡藏
*
於一剎中无量佛
菩薩行行我瞻仰
一毫端上載三世
行行如海眾多劫
皆是諸佛清淨音
願我常趣諸佛教
當轉无上法輪時
我以惠力令善入
於一剎那我當證
剎那分中我當行
我於剎那盡瞻仰
常入諸佛之境界
盡力建立一塵上
我願遍入佛淨土
盡證菩提轉法輪
我願行於諸佛前
以大乘力趣普門
諸大慈力普遍滿

於三有中輪轉時
定惠方便及解脫
一微塵上微塵剎
佛子圍遶居中尊
如是无邊眾方所
佛興剎量量如海
一音言枝方大海
隨其眾音[illegible]聲演
遊於三世諸宣[illegible]
如上諸佛无量教
所有未來[illegible]多劫
如是諸劫歷三世
遊於三世人師子
證得如幻解脫力
三世剎土眾莊嚴
如是无量諸方所
所有未來諸世燈
示入涅槃證真際
令諸神力遍普往
以行行力普功德
普於眾善[illegible][illegible]力

14

*

願常无盡无[illegible]　天龍夜叉鳩槃茶
人天諸願發音解　各各所有一切音
我隨彼音爲說法　調伏精勤備十度
願常不忘菩提心　所有諸惡業障者
如是皆願盡消滅　皆無煩惱諸魔道
行於世間得解脫　不著於水猶蓮華
經空无碍如日月　所有十方剎土中
惡趣衆苦盡消除　令致有情安隱處
饒益諸行利群品　能令圓滿菩提行
隨順衆生轉彼行　開示普賢菩薩行
盡未來劫行此行　孰能與我同行行
願得與之常相隨　身業口業及意業
與彼行行願〻一　欲離於我諸善友
開演普賢諸行者　如是願得常相隨
我不違背於彼意　佛子圍遶大導師
願我常得親覩見　於中廣行大供養
盡未來劫无疲惓　恒持諸佛微妙法
菩薩之行令普示　爲淨普賢菩薩行
於未來劫我願行　於三有中輪轉時
證得无盡福德智　定惠方便及解脫
願成諸德无盡藏　一微塵上微塵剎

[illegible]方　[illegible]所有一切佛

*

悉以貪瞋癡為因　[illegible]身口業及意業

若有所造於不善　以此我今皆懺悔

十方諸佛與菩薩　縁覺有學及无學

及與衆生諸功德　我當隨喜於一切

十方諸界作燈者　願證无著佛菩提

如是於諸大尊師　我請轉於无上輪

有佛欲趣於涅槃　為利一切有情故

我以合掌當跪請　令彼住劫剎土塵

礼拜供養與懺悔　隨喜啓發及勧請

我於積集少善根　皆用迴向大菩提

過去十方諸善逝　住於世者皆供養

所有未来諸善逝　速令願滿證菩提

盡於十方諸剎土　菩提樹下壽覺尊

及諸佛子願圓滿　所是十方有情類

願行无病常安樂　所是衆生諸法義

願所希望隨意成　菩提諸行我當行

願生六趣知宿命　若於世世受身時

願於出家果恒修　隨順佛學諸𦝽勝

普賢行行令圓滿　无垢清淨尸羅行

願常无缺无瑕穢　天龍夜叉鳩槃荼

12

普賢菩薩行願王經
盡諸十方世界尊
我身口意具清淨
以普賢行諸願力
府身量等剎土塵
一微塵上眾塵佛
是諸法界盡无邊
是諸德海量難盡
諸佛功德數演說
最勝妙華及華鬘
音聲塗香及寶蓋
勝妙衣服及薰香
勝妙一切莊嚴具
深信普賢行願力
此皆將獻於十方
為以貪瞋癡為曰

普遊三世人師子
是故今當遍稽首
一切最勝相現前
虔心華礼於大聖
各居其中佛子遶
如來皆遍當勝解
以音枝派浩无涯
一切善逝我當讚
最勝妙燈及燒香
恭敬供養一切佛
末香積聚等須彌
恭敬供養於善逝
如是无上廣大施
恭敬供養一切佛
身業口業及意業

於未來劫我修行　於三有中諸劫時　獲得無盡福德智　[illegible]解脫

福智諸德無盡藏　一微塵上塵數剎　於一剎中見量佛　佛子圍遶[illegible]

[illegible]

[illegible]
十方諸眾作燈者　所證乃善佛菩提　如來於諸大道師　我請轉於無上輪
有佛欲趣於涅槃　爲利一切有情故　我以合掌當陳請　令願住劫剎土塵
礼拜供養與懺悔　隨喜勸發及勸請　我作稱集少善根　皆用迴向大菩提
過去十方諸善逝　往於世者皆供養　所有未來諸善逝　速令願滿證菩提
盡於十方諸剎土　皆得廣大令清淨　菩提樹下等覺尊　及諸佛子咸圍遶
所是十方有情類　皆得無病常安樂　所是眾生諸法義　同行普望願咸成
菩提諸行我當行　願生六趣知宿命　若於世世受身時　願我出家果恒遠
隨由備學諸眾勝　普賢行行令圓滿　無垢清淨尸羅行　願常無缺無瑕穢
天龍夜叉鳩槃荼　人及諸類眾眾聲　各各所有一切音　我隨彼音為說法
調善精勤滿十度　願常不忘菩提心　所有諸惡及障者　願盡無餘悉消滅
業與煩惱諸魔道　行於世間得解脫　不著於水如蓮花　於空無著如日月
所有十方剎土中　惡趣眾苦並消除　令眾有情皆安樂　饒益諸行利群生
餘令圓滿菩提行　隨順眾生轉彼行　開示普賢清淨行　盡未來劫行此行
眾共與我同行行　願得與之常相遇　身業口業及意業　無餘行行願為一
欲剎於我益善友　開演普賢諸行者　如是願得常相遇　我終不退於彼意
佛子圍遶大尊師　願我常得現面見　於中廣行大供養　盡未來劫無厭倦
恒持諸佛菩提法　普賢諸行令嚴潔　為行普賢菩薩行　於未來劫我願行
於三有中輪轉時　證得無盡福德智　定慧方便及解脫　願成諸德無盡藏
一微塵上微塵剎　於一剎中無量佛　佛子圍遶牟尼尊　菩薩行行我瞻佛
如是無邊無方所　一塵頭上現三世　佛與剎土量如海　行行如海眾多劫
一音言詞方大海　皆是佛子清淨音　隨其眾意無數深　願我常能諸佛教
往於三世諸眾勝　當轉無上法輪時　如上諸佛無盡教　我以慧力令普入
所有未來眾多劫　於一剎那我當證　如是諸劫歷三世　剎那亦如我當行
遊於三世人師子　我於剎那悉瞻仰　常於諸佛上境界　如幻解脫力所證
三世剎土眾莊嚴　盡用毛端塵土上　如是無盡諸方所　亦願佛剎遍莊嚴
所有未來諸世燈　盡證等覺轉法輪　示入涅槃證寂際　願我行於諸佛前
以神通力速普疾　以乘善力遍普門　以行行力普功德　諸大慈力普遍滿
普於眾善福莊嚴　無有染著智慧力　智慧方便諸定力　今皆修行菩提力
常能清淨諸業力　永除一切煩惱力　諸作魔力令無力　圓滿普賢行行力
諸剎如海令清淨　有情諸海令解脫　諸法如海令了見　智慧如海令善證
行行如海令清淨　誓願如海令圓滿　諸佛如海令供養　歷劫如海令無倦
所遊三世眾勝者　菩提行願自他多　願普賢行得覺已　如是我當盡[illegible]
[illegible]

識如其大因及緣若不具足而不然　因緣交缺具足之時乃可得然生
无我之法无我我所猶如虛空依彼幻法因及衆緣无不具足之故所生之亦入於
母胎則能成就種子之識業煩惱所生名色之芽是故應如是觀內因緣法
緣相應事　應以五種觀內因緣之法云何為五不常不斷不移從於小因
而生大果與彼相似云何不常所謂彼後滅蘊與彼生分各異為後滅蘊非
生分故彼後滅蘊亦滅生分亦得顯故是故不常云何不斷非依後滅蘊滅
壞之時生分得有亦非不滅彼後滅蘊亦滅當爾之時生分之蘊如秤高下
得故是故不斷云何不移為諸有情從非衆同分能生衆同分故
是故不移云何從於小因而生大果作於小業感大異熟是故從於小因而生大
果云何與彼相似如所作業感彼異熟故是故與彼相似以五種觀內因緣之法　尊者舍利
子若復有人能以正智常觀如來所說因緣之法无壽離壽如實性无錯
謬无生无起无作无為无障礙无境界寂靜无畏无侵奪不寂
靜相不有虛假无堅實如病如癰如箭過失无常苦空无我者我於
過去而有生耶而不分別過去之際於未來世生於何處亦不分別未來
之際此是何耶此復云何而作何物此諸有情從何而來從於此滅而生何處
亦不分別現在之有　復能滅於世間沙門婆羅門不同諸見所謂我見衆
生見壽者見人見希有見吉祥見開合之見善了知如多羅樹明了
斷除諸根識已於未來世證得无生无滅之法　尊者舍利子若復有
具足如是无生法忍善能了別此因緣法者如來應供正遍知明行足善逝
世間解无上士調御丈夫天人師佛世尊即與授阿耨多羅三藐三菩提
記　尒時彌勒菩薩摩訶薩說是語已舍利子及一切世尊天人阿脩羅乾
闥婆等聞彌勒菩薩摩訶薩所說之法信受奉行　大乘稻芉經一卷

普賢菩薩行願經王一卷

盡諸十方世界尊　普遊三界人師子　我身口意具清淨　是故今當遍禮[illegible]
以普賢行諸願力　一切衆勝想現前　倚身量等剎塵數　虔心摩禮於大衆
一微塵上衆塵佛　各居其中佛子衆　是諸法界悉无邊　如來皆應當勝解
是諸德海量難盡　以言聲海讚无涯　請佛功德歎演故　一切善逝我當讚
最勝鮮花及花鬘　衆勝妙燈大塗香　[illegible]　未來供養一切佛
勝妙衣服及薰香　末香積聚等須彌　勝妙一切莊嚴具　恭敬供養於善逝
讚諸普賢行願力　如是无量廣大施　此皆持敬於十方　恭敬供養一切佛
為以貪嗔癡無因　自身口意及意業　若有所造於不善　如是我今皆懺悔
十方諸佛與菩薩　緣覺有學及无學　及與衆生諸功德　我當隨喜於一切
十方諸衆作燈者　所證无著佛菩提　如是於諸大道師　我請轉於无上輪
有佛欲故於涅槃　為利一切有情故　我以合掌當虔請　令願住劫剎土塵

若有盡於虛空際　衆生業盡亦如是　盡於業與煩惱際
我之願際亦盡是　所有十方無邊剎　衆寶莊嚴獻諸佛
人及諸天最勝樂　如剎微塵劫供養　寧聞此迴向經
隨順深信大菩提　唯於此中生一信　即成最勝功德聚
若人發此普賢願　此乃遠離諸惡趣　又以棄絕諸惡友
是人速見阿彌陀　此皆精誠最勝壽　善來於此受人身
當如是普賢大菩薩　皆能不久速成就　諸以無明力所作
五無間等諸罪業　世誦此普賢願　應時速得永盡除
色族諸相及智慧　種族容貌皆圓滿　衆魔外道不能侵
遍於三界成供養　為利一切有情故　菩提樹下速坐往
成等正覺轉法輪　降伏一切魔軍衆　若有普賢行行願
受持讀誦解說者　此之果報唯佛知　凡是菩提勿疑惑
譬如文殊威德智　普賢菩薩亦如是　我隨修學彼如行
是等諸善悉迴向　我之如是殊勝根　皆稱三世諸最勝　為修普賢行迴向　所可稱讚勝迴向
我之當於命終時　斷除一切諸罪障　因得親睹彌陀已
遊往極樂剎土中　既到彼已如來願　普得一切皆現前
今我此皆悉圓滿　盡於世界利群生　彼佛衆會甚清淨
生於上妙蓮華上　親向彌陀世尊前　願我於此得授記
我得授授記已　變化衆多百億種　令以智力於十方
於諸有情作饒益

普賢菩薩行願王經一卷

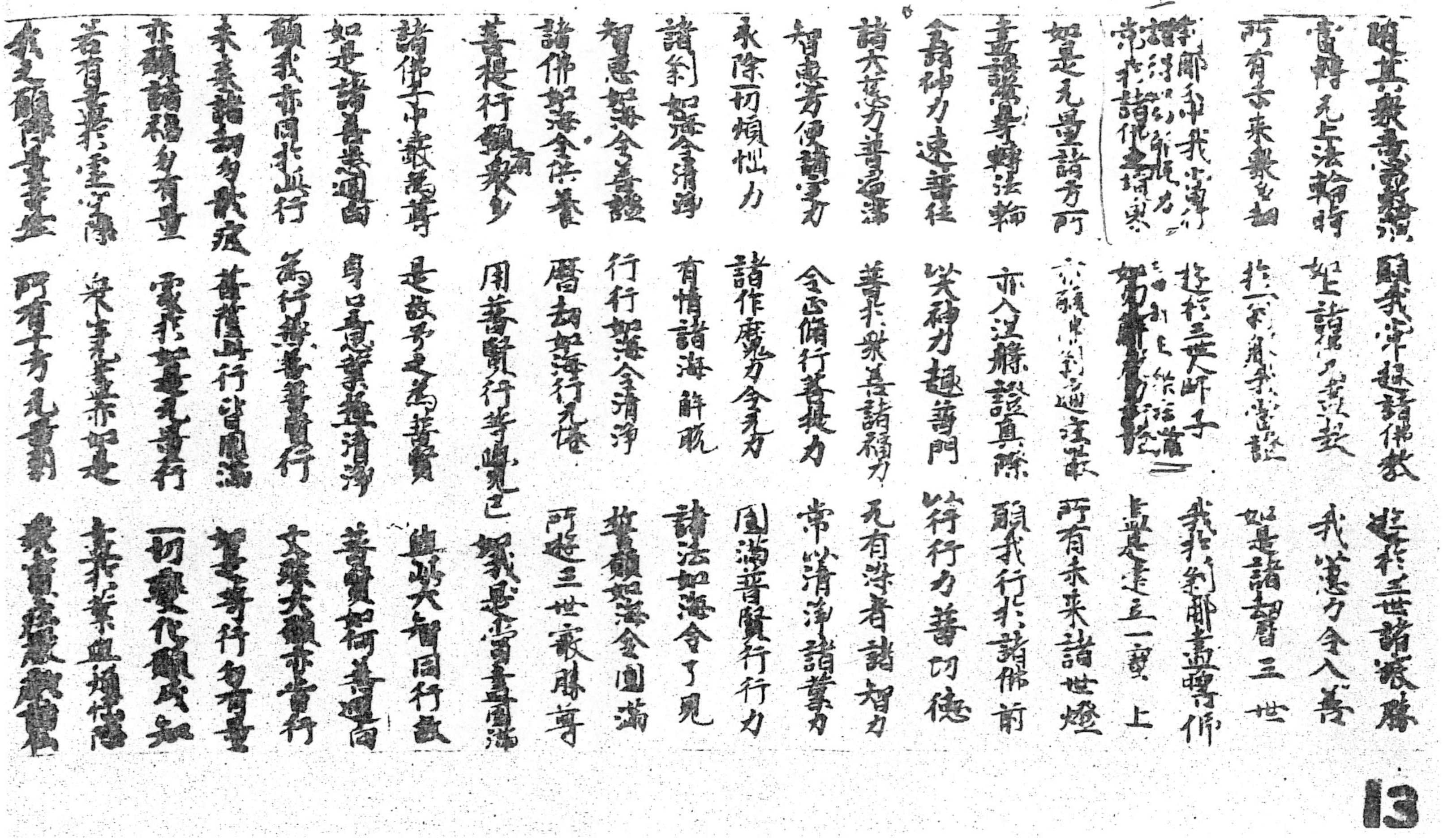
聞其衆妙音聲演　願我常得遊諸佛教　遊於三世諸殊勝
常轉无上法輪時　如是諸佛之所說　我當乃令入善
所有未來衆生劫　於一念中我當證　如是諸劫曆三世
諸佛刹中我淨行　諸法行願力　常於諸佛之境界　遊於三世人師子　我於刹那盡見佛
[illegible]　亦是速立一塵上
如是无量諸方所　於一塵中刹道莊嚴　所有未來諸世燈
盡諸衆生轉法輪　亦入涅槃證真際　願我行於諸佛前
令諸神力速普往　以神力趣善門　以行力普功德
諸大慈力普遍滿　善於衆善諸福力　无有染著諸智力
智慧方便諸威力　令正備行菩提力　常以清淨諸業力
永除一切煩惱力　諸作魔力令无力　圓滿普賢行行力
諸刹如海令清淨　有情諸海解脫　諸法如海令了見
智慧如海令善證　行行如海令清淨　於諸願海令圓滿
諸佛如海令供養　曆劫如海行无倦　所遊三世最勝尊
菩提行願衆多　用普賢行菩提已　願我是當盡圓滿
諸佛子中最為尊　是故我之為普賢　與彼大智同行故
如是諸善迴向　身口意業悉清淨　普賢如何善迴向
願我亦同於此行　為行無量普賢行　文殊大願亦當行
未來諸劫勿狀疲　菩薩此行皆圓滿　智慧等行勿有量
亦願諸福勿有量　當於其事无量行　一切變化願成知
若有衆生至妙際　衆生業亦如是　衆業煩惱
我之願行當等虛　所有十方无量刹　衆寶莊嚴
13

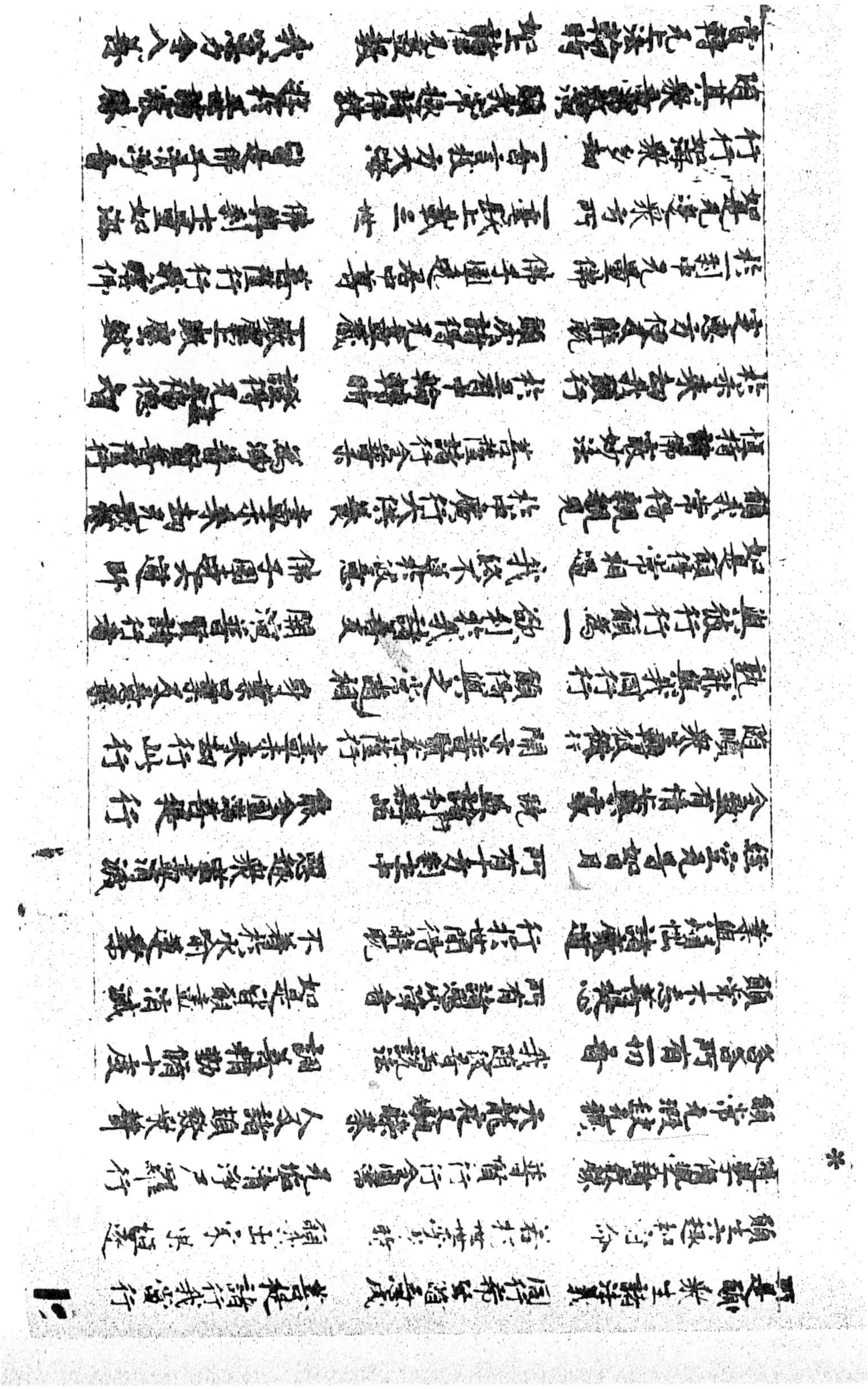

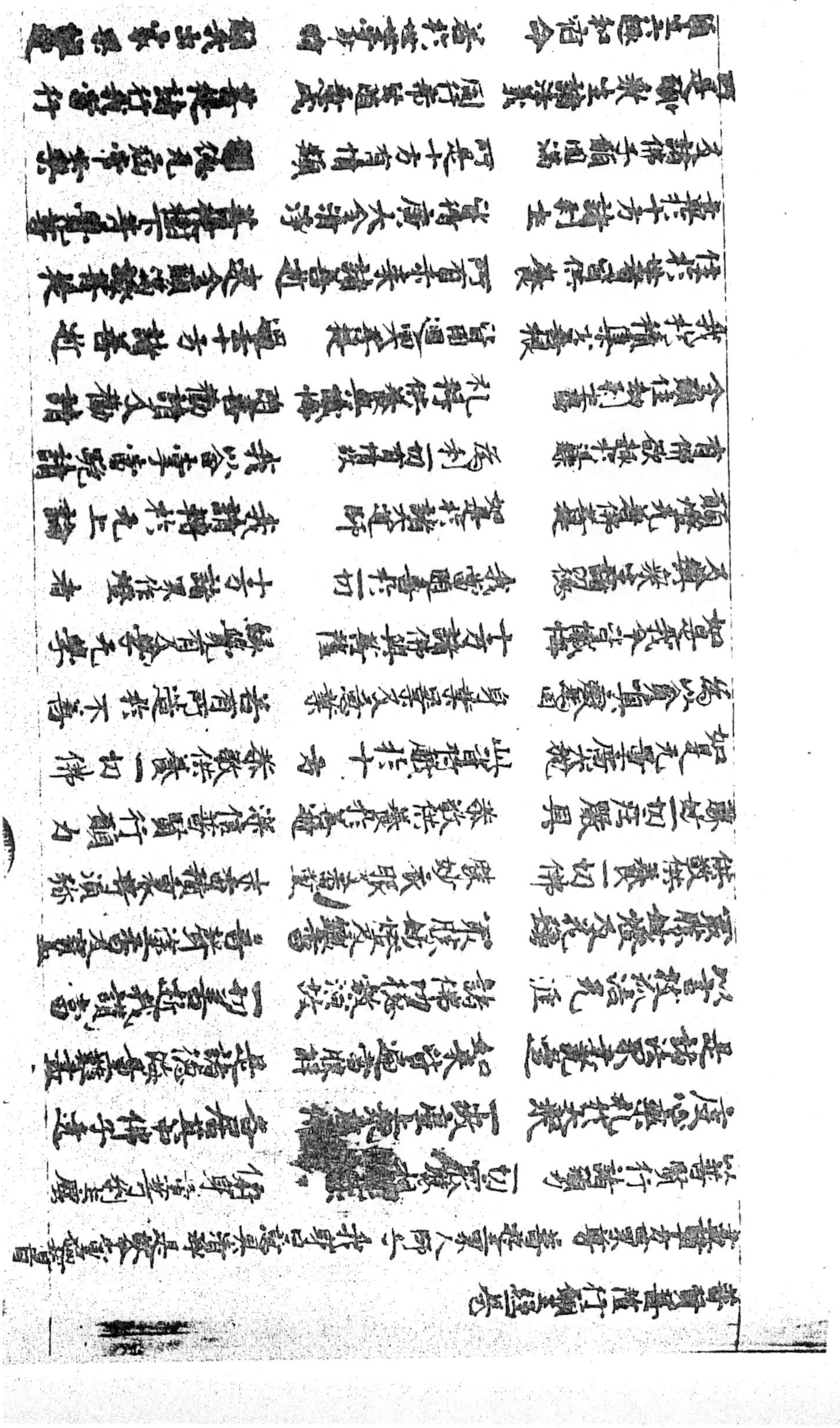

普賢菩薩行願王經一卷
普[illegible]十方界尊　善逝三界人師子　我身口意具清淨　是故今禮遍[illegible]
以普賢行諸願力　一切[illegible]　佛身等[illegible]剎上塵
度心禮孔於大衆　一[illegible]塵上[illegible]　各居其中佛子遶
是諸法界盡無邊　如來皆遍當勝解　是諸德海量難盡
以善妙[illegible]語無涯　諸佛功德歎演說　一切善逝我讚當
最勝[illegible]燈及花鬘　最勝[illegible]燈及[illegible]　善[illegible]香及寶蓋
供敬供養一切佛　勝妙衣服以香薰　末香積聚等須彌
最勝一切莊嚴具　恭敬供養於善逝　深信普賢行願力
如是無量廣大施　此皆[illegible]獻於十方　恭敬供養一切佛
為以貪嗔[illegible]　身業語業及意業　若有所造於不善
如是我今皆懺悔　十方諸佛與菩薩　緣覺有學及無學
及餘衆生諸功德　我當隨喜於一切　十方諸界作燈者
願證無上菩提　如是於諸大道師　我請轉於無上輪
有佛欲[illegible]於涅槃　為利一切有情故　我以合掌當勸請
合願住劫剎塵數　礼拜供養其懺悔　隨喜勸請及勸請
我於積集少善根　皆悉迴向大菩提　遍至十方諸善逝
住於世者皆供養　所有未來諸善逝　速令願滿證菩提
盡於十方諸剎土　皆得廣大令清淨　菩提樹下[illegible]
及諸佛子願圓滿　所是十方有情類　願彼無病常安樂
所是一切衆生諸法義　同行希望道意成　菩提諸行我當行
願生六趣知宿命　當於世尊[illegible]　願我出家[illegible]

敦煌宝蔵

於彼獲得受記莂　親對無量光如來
於彼獲得授記已　變化俱胝無量種
廣作有情諸利樂　十方世界以慧力
若人誦持普賢願　所有善根而積集
以一剎那得如願　以此羣生獲勝願
我獲得此普賢行　殊勝無量福德聚
所有羣生溺惡習　皆往無量光佛宮

普賢菩薩行願讚

四十　二十八

速疾滿普賢行願陀羅尼曰

曩麼悉底哩也(四合)地尾(一合)迦(引)南(二)怛佗(引)孽哆南(二)唵(引三)阿(引)戍嚩囉尾擬你娑嚩(二合)(引)訶(引四)

每日誦普賢菩薩行願讚後即誦此眞言纔誦一徧普賢行願悉皆圓滿修三摩地人速得三昧現前福德智慧二種莊嚴獲堅固法速疾成就

音釋

鐶(胡關切)　篅(市專切)　痔(丈里切後病也)　框(去王切)　氍毹(氍强魚切毹春朱切氍毹毛席也)　緂(吐敢切)　礦(古猛切)　揁(音貞)　絣(補耕切以繩直物也)　稕(朱閏切束稈也)　鷦(燋之切鷦鷯也)　鵰(丁聊切鷲也)　蔓菁(蔓謨官切菁子巠切蔓菁菜名)　芨(極曄切)　鑷(尼輒切箝也)　僧脚欹(梵語也此云掩腋欹丘奇切)　觔(舉欣切與筋同)　刷(數刮切刮刷也)　姑(處占昌涉二切)　杴(虛嚴切鍤屬)　衦(古旱切衦石碾衣石也)　帔(披義切帬屬)　繢(求位切織餘也)　幬(陳留大到二切襌帳也)　賭(當五切博財也)　駮(北角切不純也)　踦(丘奇切)　賃(女禁切傭也)　罽(居例切)　淄(莊持切)　廏(居又切馬舍也)

四十　二十九

於諸未來劫無倦　一切圓滿作無餘
所修勝行無能量　所有功德不可量
無量修行而住已　盡知一切彼神通
乃至虛空得究竟　衆生無餘究竟然
及業煩惱乃至盡　乃至我願亦皆盡
若有十方無邊刹　以寶莊嚴施諸佛
天妙人民勝安樂　如刹微塵劫捨施
若人於此勝願王　一聞能生勝解心
於勝菩提生渴仰　獲得殊勝前福聚
彼得遠離諸惡趣　彼皆遠離諸惡友
呂十　二十七
速疾得見無量壽　唯憶普賢勝行願
得大利益勝壽命　善來爲此人生命
如彼普賢大菩薩　彼人不久當獲得
所作罪業五無間　由無智慧而所作
彼誦普賢行願時　速疾消滅得無餘

智慧容色及相好　族姓品類得成就
於魔外道得難摧　常於三界得供養
速疾往詣菩提樹　到彼坐已利有情
覺悟菩提轉法輪　摧伏魔羅并營從
若有持此普賢願　讀誦受持及演說
如來具知得果報　得勝菩提勿生疑
如妙吉祥勇猛智　亦如普賢如是智
我當習學於彼時　一切善根悉迴向
一切三世諸如來　以此迴向殊勝願
我皆一切諸善根　悉以迴向普賢行
當於臨終捨壽時　一切業障皆得轉
親覩得見無量光　速往彼刹極樂界
得到於彼此勝願　悉皆現前得具足
我當圓滿皆無餘　衆生利益於世間
於彼佛會甚端嚴　生於殊勝蓮華中

佛海及與剎土海　我入修行諸劫海
於一音聲功德海　一切如來清淨聲
一切羣生意樂音　常皆得入佛辯才
於彼無盡音聲中　一切三世諸如來
當轉理趣妙輪時　以我慧力普能入
以一剎那諸未來　我入未來一切劫
三世所有無量劫　剎那能入俱胝劫
所有三世人師子　以一剎那我咸見
於彼境界常得入　如幻解脫行威力
所有三世妙嚴剎　能現出生一塵端
如是無盡諸方所　能入諸佛嚴剎土
所有未來世間燈　彼皆覺悟轉法輪
示現涅槃究竟寂　我皆往詣於世尊
以神足力普迅疾　以乘威力普遍門
以行威力等功德　以慈威力普遍行
以福威力普端嚴　以智威力無著行
般若方便等持力　菩提威力皆積集
皆於業力而清淨　我今摧滅煩惱力
悉能降伏魔羅力　圓滿普賢一切力
普令清淨剎土海　普能解脫眾生海
悉能觀察諸法海　及以德源於智海
普令行海咸清淨　又令願海咸圓滿
諸佛海會咸供養　普賢行劫無疲倦
所有三世諸如來　菩提行願眾差別
願我圓滿悉無餘　以普賢行悟菩提
諸佛如來有長子　彼名號曰普賢尊
皆以彼慧同妙行　迴向一切諸善根
身口意業願清淨　諸行清淨剎土淨
如彼智慧普賢名　願我於今盡同彼
普賢行願普端嚴　我行曼殊室利行

所有十方諸刹土　願皆廣大咸清淨
諸佛咸詣覺樹王　諸佛子等皆充滿
所有十方諸衆生　願皆安樂無衆患
一切羣生獲法利　願得隨順如意心
我當菩提修行時　於諸趣中憶宿命
若諸衆生爲生滅　我皆常當爲出家
戒行無垢恒清淨　常行無缺無孔隙
天語龍語夜叉語　鳩槃茶語及人語
所有一切羣生語　皆以諸音而說法
妙波羅蜜常加行　不於菩提心生迷
所有衆罪及障礙　悉皆滅盡無有餘
於業煩惱及魔境　世間道中得解脫
猶如蓮華不著水　亦如日月不著空
諸惡趣苦願寂靜　一切羣生令安樂
於諸羣生行利益　乃至十方諸刹土

常行隨順諸衆生　菩提妙行令圓滿
普賢行願我修習　我於未來劫修行
所有共我同行者　共彼咸得常聚會
於身口業及意業　同一行願而修習
所有善友益我者　爲我示現普賢行
共彼常得而聚會　唱十　二十五　於彼皆得無厭心
常得面見諸如來　與諸佛子共圍繞
於彼皆興廣供養　皆於未來劫無倦
常持諸佛微妙法　皆令光顯菩提行
咸皆清淨普賢行　皆於未來劫修行
於諸有中流轉時　福德智慧得無盡
般若方便定解脫　獲得無盡功德藏
如一塵端如塵刹　彼中佛刹不思議
佛及佛子坐其中　常見菩提勝妙行
如是無盡一切方　於一毛端三世量

普賢菩薩行願讚

六十二頌頌別四句每句七字除題目外計有一千七百三十六字

唐特進試鴻臚卿三藏沙門大廣智不空奉　詔譯

所有十方世界中　一切三世人師子
我今禮彼盡無餘　皆以清淨身口意
身如剎土微塵數　一切如來我悉禮
皆以心意對諸佛　以此普賢行願力
於一塵端如塵佛　諸佛佛子坐其中
如是法界盡無餘　我信諸佛悉充滿
於彼無盡功德海　以諸音聲功德海
闡揚如來功德時　我常讚歎諸善逝
以勝華鬘及塗香　及以伎樂勝傘蓋
一切嚴具皆殊勝　我悉供養諸如來
以勝衣服及諸香　末香積聚如須彌
殊勝燈明及燒香　我悉供養諸如來
所有無上廣供養　我悉勝解諸如來
以普賢行勝解力　我禮供養諸如來
我曾所作衆罪業　皆由貪欲瞋恚癡
由身口意亦如是　我皆陳說於一切
所有十方羣生福　有學無學辟支佛
及諸佛子諸如來　我皆隨喜咸一切
所有十方世間燈　以證菩提得無染
我皆勸請諸世尊　轉於無上妙法輪
所有欲現涅槃者　我皆於彼合掌請
惟願久住剎塵劫　爲諸羣生利安樂
禮拜供養及陳罪　隨喜功德及勸請
我所積集諸功德　悉皆迴向於菩提
於諸如來我修學　圓滿普賢行願時
願我供養過去佛　所有現住十方世
所有未來速願成　意願圓滿證菩提

第七七冊　普賢菩薩行願讚　一一・一一三七
一四一　龍藏

音釋

矚之欲切視也觀也 抃皮變切拊手也 兢惕兢居陵切兢懼也惕他歷切怵惕也 啗徒濫切食也

生界一切皆如善財童子得佛正見具足智
慧見不可思議眞善知識咸生歡喜得佛廣
大普光明照離諸貪著成就無垢普賢菩薩
最勝行願伏願書此大乘經典進奉功德慈
氏如來成佛之時龍華會上早得奉覲大聖
天王獲宿命智瞻見便識同受佛記盡虛空
遍法界廣度未來一切衆生速得成佛
貞元十一年十一月十八日進奉梵夾十二年六月五日奉
詔於長安崇福寺譯十四年二月二十四日譯畢進上
罽賓國三藏賜紫沙門般若宣梵文
東都天宮寺沙門廣濟譯語
西明寺賜紫沙門圓照筆受
保壽寺沙門智柔迴綴
保壽寺沙門智通迴綴
成都府正覺寺沙門道弘潤文

章敬寺沙門鑒虛潤文
大覺寺沙門道章校勘證義
千福寺沙門大通證禪義
太原府崇福寺沙門澄觀詳定
千福寺沙門虛邃詳定
專知官右神策軍散兵馬使銜前馬軍正將兼押衙特進行鄧
州司法參軍南珎貢
右神策軍護軍中尉兼右街功德使元從興元元從雲麾將軍右監門
衛大將軍知內侍省事上柱國交城縣開國男食邑三百戶臣霍仙鳴
左神策軍護軍中尉兼左街功德使元從興元元從驃騎大將軍行左監門
選十　十八
衛大將軍知內侍省事上柱國邠國公食邑三千戶臣竇文場等進

若人誦此普賢願　我說少分之善根
一念一切悉皆圓　成就衆生清淨願
我此普賢殊勝行　無邊勝福皆迴向
普願沉溺諸衆生　速往無量光佛刹

爾時普賢菩薩摩訶薩於如來前說此普賢廣大願王清淨偈已善財童子踊躍無量一切菩薩皆大歡喜如來讚言善哉善哉爾時世尊與諸聖者菩薩摩訶薩演說如是不可思議解脫境界勝法門時文殊師利菩薩而爲上首諸大菩薩及所成熟六千比丘彌勒菩薩而爲上首賢劫一切諸大菩薩無垢普賢菩薩而爲上首一生補處住灌頂位諸大菩薩及餘十方種種世界普來集會一切刹海極微塵數諸菩薩摩訶薩衆大智舍利弗摩訶目揵連等而爲上首諸大聲聞幷諸人天一切世主天龍夜叉乾闥婆阿脩羅迦樓羅緊那羅摩睺羅伽人非人等一切大衆聞佛所說皆大歡喜信受奉行

大方廣佛華嚴經卷第四十

南天竺烏茶國深信最勝善逝法者修行最勝大乘行者吉祥自在作清淨師子王上獻摩訶支那大唐國大吉祥天子大自在師子中大王手自書寫大方廣佛華嚴經百千偈中所說善財童子親近承事佛刹極微塵數善知識行中五十五聖者善知識入不思議解脫境界普賢行願品謹奉進上伏願大國聖王福聚高大超須彌山智慧深廣過四大海十方國土通爲一家及書此經功德願集彼無量福聚等虛空界一切世界海無盡衆

文殊師利勇猛智　普賢慧行亦復然
我今迴向諸善根　隨彼一切常修學
三世諸佛所稱歎　如是最勝諸大願
我今迴向諸善根　爲得普賢殊勝行
願我臨欲命終時　盡除一切諸障礙
迭十
十五
面見彼佛阿彌陀　即得往生安樂刹
我既往生彼國已　現前成就此大願
一切圓滿盡無餘　利樂一切衆生界
彼佛衆會咸清淨　我時於勝蓮華生
親覩如來無量光　現前授我菩提記
蒙彼如來授記已　化身無數百俱胝
智力廣大遍十方　普利一切衆生界
乃至虛空世界盡　衆生及業煩惱盡
如是一切無盡時　我願究竟恒無盡
十方所有無邊刹　莊嚴衆寶供如來

最勝安樂施天人　經一切刹微塵劫
若人於此勝願王　一經於耳能生信
求勝菩提心渴仰　獲勝功德過於彼
即常遠離惡知識　永離一切諸惡道
速見如來無量光　具此普賢最勝願
此人善得勝壽命　此人善來人中生
此人不久當成就　如彼普賢菩薩行
往昔由無智慧力　所造極惡五無間
誦此普賢大願王　一念速疾皆消滅
族姓種類及容色　相好智慧咸圓滿
諸魔外道不能摧　堪爲三界所應供
速詣菩提大樹王　坐已降伏諸魔衆
成等正覺轉法輪　普利一切諸含識
若人於此普賢願　讀誦受持及演說
果報唯佛能證知　決定獲勝菩提道

三世一切諸如來　於彼無盡語言海
恒轉理趣妙法輪　我深智力普能入
我能深入於未來　盡一切劫爲一念
三世所有一切劫　爲一念際我皆入
我於一念見三世　所有一切人師子
亦常入佛境界中　如幻解脫及威力
於一毛端極微中　出現三世莊嚴刹
十方塵刹諸毛端　我皆深入而嚴淨
所有未來照世燈　成道轉法悟群有
究竟佛事示涅槃　我皆往詣而親近
速疾周遍神通力　普門遍入大乘力
智行普修功德力　威神普覆大慈力
遍淨莊嚴勝福力　無著無依智慧力
定慧方便威神力　普能積集菩提力
清淨一切善業力　摧滅一切煩惱力

降伏一切諸魔力　圓滿普賢諸行力
普能嚴淨諸刹海　解脫一切衆生海
善能分別諸法海　能甚深入智慧海
普能清淨諸行海　圓滿一切諸願海
親近供養諸佛海　修行無倦經劫海
三世一切諸如來　最勝菩提諸行願
我皆供養圓滿修　以普賢行悟菩提
一切如來有長子　彼名號曰普賢尊
我今迴向諸善根　願諸智行悉同彼
願身口意恒清淨　諸行刹土亦復然
如是智慧號普賢　願我與彼皆同等
我爲遍淨普賢行　文殊師利諸大願
滿彼事業盡無餘　未來際劫恒無倦
我所修行無有量　獲得無量諸功德
安住無量諸行中　了達一切神通力

十方所有諸衆生　願離憂患常安樂
獲得甚深正法利　滅除煩惱盡無餘
我為菩提修行時　一切趣中成宿命
常得出家修淨戒　無垢無破無穿漏
天龍夜叉鳩槃荼　乃至人與非人等
所有一切衆生語　悉以諸音而說法
勤修清淨波羅蜜　恒不忘失菩提心
滅除障垢無有餘　一切妙行皆成就
於諸惑業及魔境　世間道中得解脫
猶如蓮華不著水　亦如日月不住空
悉除一切惡道苦　等與一切羣生樂
如是經於刹塵劫　十方利益恒無盡
我常隨順諸衆生　盡於未來一切劫
恒修普賢廣大行　圓滿無上大菩提
所有與我同行者　於一切處同集會

身口意業皆同等　一切行願同修學
所有益我善知識　為我顯示普賢行
常願與我同集會　於我常生歡喜心
願常面見諸如來　及諸佛子衆圍遶
於彼皆興廣大供　盡未來劫無疲厭
願持諸佛微妙法　光顯一切菩提行
究竟清淨普賢道　盡未來劫常修習
我於一切諸有中　所修福智恒無盡
定慧方便及解脫　獲諸無盡功德藏
一塵中有塵數刹　一一刹有難思佛
一一佛處衆會中　我見恒演菩提行
普盡十方諸刹海　一一毛端三世海
佛海及與國土海　我遍修行經劫海
一切如來語清淨　一言具衆音聲海
隨諸衆生意樂音　一一流佛辯才海

所有十方世界中　三世一切人師子
我以清淨身語意　一切遍禮盡無餘
普賢行願威神力　普現一切如來前
一身復現剎塵身　一一遍禮剎塵佛
於一塵中塵數佛　各處菩薩衆會中
無盡法界塵亦然　深信諸佛皆充滿
各以一切音聲海　普出無盡妙言辭
盡於未來一切劫　讚佛甚深功德海
以諸最勝妙華鬘　伎樂塗香及傘蓋
如是最勝莊嚴具　我以供養諸如來
最勝衣服最勝香　末香燒香與燈燭
一一皆如妙高聚　我悉供養諸如來
我以廣大勝解心　深信一切三世佛
悉以普賢行願力　普遍供養諸如來
我昔所造諸惡業　皆由無始貪瞋癡
從身語意之所生　一切我今皆懺悔
十方一切諸衆生　二乘有學及無學
一切如來與菩薩　所有功德皆隨喜
十方所有世間燈　最初成就菩提者
我今一切皆勸請　轉於無上妙法輪
諸佛若欲示涅槃　我悉至誠而勸請
唯願久住剎塵劫　利樂一切諸衆生
所有禮讚供養佛　請佛住世轉法輪
隨喜懺悔諸善根　迴向衆生及佛道
我隨一切如來學　修習普賢圓滿行
供養過去諸如來　及與現在十方佛
未來一切天人師　一切意樂皆圓滿
我願普隨三世學　速得成就大菩提
所有十方一切剎　廣大清淨妙莊嚴
衆會圍遶諸如來　悉在菩提樹王下

皆應禮敬一切衆生悉應供養此善男子善得人身圓滿普賢所有功德不久當如普賢菩薩速得成就微妙色身具三十二大丈夫相若生人天所在之處常居勝族悉能破壞一切惡趣悉能遠離一切惡友悉能制伏一切外道悉能解脫一切煩惱如師子王摧伏群獸堪受一切衆生供養又復是人臨命終時最後剎那一切諸根悉皆散壞一切親屬悉皆捨離一切威勢悉皆退失輔相大臣宮城內外象馬車乘珍寳伏藏如是一切無復相隨唯此願王不相捨離於一切時引導其前一剎那中即得往生極樂世界到已即見阿彌陀佛文殊師利菩薩普賢菩薩觀自在菩薩彌勒菩薩等此諸菩薩色相端嚴功德具足所共圍遶其人自見生蓮華中蒙佛授記得授記已經於無數百千萬億那由他劫普於十方不可說不可說世界以智慧力隨衆生心而爲利益不久當坐菩提道場降伏魔軍成等正覺轉妙法輪能令佛剎極微塵數世界衆生發菩提心隨其根性教化成熟乃至盡於未來劫海廣能利益一切衆生善男子彼諸衆生若聞若信此大願王受持讀誦廣爲人說所有功德除佛世尊餘無知者是故汝等聞此願王莫生疑念應當諦受受已能讀讀已能誦誦已能持乃至書寫廣爲人說是諸人等於一念中所有行願皆得成就所獲福聚無量無邊能於煩惱大苦海中拔濟衆生令其出離皆得往生阿彌陀佛極樂世界爾時普賢菩薩摩訶薩欲重宣此義普觀十方而說偈言

亦普分別知　解脫及境界　於一微塵中
出三世淨剎　一切十方塵　莊嚴剎亦然
悉見未來佛　成道轉法輪　究竟佛事已
示現入涅槃　神力徧遊行　大乘力普門
慈力覆一切　行力功德滿　功德力清淨
智慧力無礙　三昧方便力　逮得菩提力
清淨善業力　除滅煩惱力　壞散諸魔力
具普賢行力　嚴淨佛剎海　度脫衆生海
分別諸業海　窮盡智慧海　清淨諸行海
滿足諸願海　悉見諸佛海　我於劫海行
三世諸佛行　及無量大願　我皆悉具足
普賢行成佛　普賢菩薩名　諸佛第一子
我善根迴向　願悉與彼同　身口意清淨
自在莊嚴剎　逮成等正覺　皆悉同普賢
如文殊師利　普賢菩薩行　我所有善根
迴向亦如是　三世諸如來　所歎迴向道
我迴向善根　成滿普賢行　願我命終時
滅除諸障礙　面見阿彌陀　往生安樂剎
生彼佛國已　成滿諸大願　阿彌陀如來
現前授我記　嚴淨普賢行　滿足文殊願
盡未來際劫　究竟菩薩行

文殊師利發願經

我以貪恚癡　造一切惡行　身口意不善
悔過悉除滅　一切衆生福　諸聲聞緣覺
菩薩及諸佛　功德悉隨喜　十方一切佛
初成等正覺　我今悉勸請　轉無上法輪
示現涅槃者　合掌恭敬請　住一切塵劫
安樂諸群生　我所集功德　廻向施衆生
究竟菩薩行　逮無上菩提　悉供養過去
現在十方佛　願未來世尊　速成菩提道
普莊嚴十方　一切諸佛刹　如來坐道場
菩薩衆充滿　令十方衆生　除滅諸煩惱
深解眞實義　常得安樂住　我修菩薩行
成就宿命智　除滅一切障　永盡無有餘
悉遠離生死　諸魔煩惱業　猶日處虛空
蓮華不著水　徧遊十方土　教化諸群生
除滅惡道苦　具足菩薩行　雖隨順世間
不捨菩薩道　盡未來際劫　具修普賢行
若有同行者　願常集一處　身口意善業
皆悉令同等　若遇善知識　開示普賢行
於此菩薩所　親近常不離　常見一切佛
菩薩衆圍繞　盡未來際劫　悉恭敬供養
守護諸佛法　讚歎菩薩行　盡未來劫修
究竟普賢道　雖在生死中　具無盡功德
智慧巧方便　諸三昧解脫　一一微塵中
見不思議刹　於一一刹中　見不思議佛
見如是十方　一切世界海　一一世界海
悉見諸佛海　於一言音中　具一切妙音
一一妙音中　具足最勝音　甚深智慧力
入無盡妙音　轉三世諸佛　清淨正法輪
一切未來劫　能悉作一念　三世一切劫
悉為一念際　一念中悉見　三世諸如來

清刻龍藏佛説法變相圖

四經同卷　既十

文殊師利發願經
六菩薩名亦當誦持經
小道地經
阿含口解十二因緣經 既十

文殊師利發願經

東晉佛陀跋陀羅譯

身口意清淨　除滅諸垢穢　一心恭敬禮
十方三世佛　普賢願力故　悉覩見諸佛
一一如來所　一切剎塵禮　於一微塵中
見一切諸佛　菩薩衆圍繞　法界塵亦然
以衆妙音聲　宣揚諸最勝　無量功德海
不可得窮盡　以普賢行力　無上衆供具
供養於十方　三世一切佛　以妙香華鬘
種種諸伎樂　一切妙莊嚴　普供養諸佛

乾隆大蔵経

迴向亦如是　三世諸如來　所歎迴向道
我迴向善根　成滿普賢行　願我命終時
滅除諸障礙　面見阿彌陀　往生安樂刹
生彼佛國已　成滿諸大願　阿彌陀如來
現前授我記　嚴淨普賢行　滿足文殊願
盡未來際劫　究竟菩薩行

文殊師利發願經

六菩薩名亦當誦持經

後漢失譯人名見費長房錄

師子戲菩薩　師子奮迅菩薩
師子幡菩薩　師子作菩薩
堅勇精進菩薩　擊金剛慧菩薩

巍巍十方佛　堂堂聖中王　妙相三十二
衆好八十章　身出妙光明　普照諸十方
願身自歸命　稽首諸法王　巍巍十方佛
無極大慈悲　興立諸大誓　濟度諸群黎
多聞歡喜者　功德叵稱載　願身自歸命

悉見諸佛海　於一言音中　具一切妙音
一一妙音中　具足最勝音　甚深智慧力
入無盡妙音　轉三世諸佛　清淨正法輪
一切未來劫　能悉作一念　三世一切劫
悉爲一念際　一念中悉見　三世諸如來
亦普分別知　解脱及境界　於一微塵中
出三世淨刹　一切十方塵　莊嚴刹亦然
悉見未來佛　成道轉法輪　究竟佛事已
示現入涅槃　神力徧遊行　大乘力普門
慈力覆一切　行力功德滿　功德力清淨

智慧力無礙　三昧方便力　逮得菩提力
清淨善業力　除滅煩惱力　壞散諸魔力
具普賢行力　嚴淨佛刹海　度脱衆生海
分別諸業海　窮盡智慧海　清淨諸行海
滿足諸願海　悉見諸佛海　我於劫海行
三世諸佛行　及無量大願　我皆悉具足
普賢行成佛　普賢菩薩名　諸佛第一子
我善根迴向　願悉與彼同　身口意清淨
自在莊嚴刹　逮成等正覺　皆悉同普賢
如文殊師利　普賢菩薩行　我所有善根

既十　三

安樂諸群生　我所集功德　迴向施衆生
究竟菩薩行　速無上菩提　悉供養過去
現在十方佛　願未來世尊　速成菩提道
普莊嚴十方　一切諸佛刹　如來坐道場
菩薩衆充滿　令十方衆生　除滅諸煩惱
深解眞實義　常得安樂住　我修菩薩行
成就宿命智　除滅一切障　永盡無有餘
悉遠離生死　諸魔煩惱業　猶日處虛空
蓮華不著水　徧遊十方土　教化諸群生
除滅惡道苦　具足菩薩行　雖隨順世間

不捨菩薩道　盡未來際劫　具修普賢行
若有同行者　願常集一處　身口意善業
皆悉令同等　若遇善知識　開示普賢行
於此菩薩所　親近常不離　常見一切佛
菩薩衆圍繞　盡未來際劫　悉恭敬供養
守護諸佛法　讚歎菩薩行　盡未來劫修
究竟普賢道　雖在生死中　具無盡功德
智慧巧方便　諸三昧解脫　一一微塵中
見不思議刹　於一一刹中　見不思議佛
見如是十方　一切世界海　一一世界海

四經同卷

文殊師利發願經
六菩薩名亦當誦持經
小道地經
阿含口解十二因緣經

文殊師利發願經 既十

東晉佛陀跋陀羅譯

身口意清淨　除滅諸垢穢　一心恭敬禮
十方三世佛　普賢願力故　悉覩見諸佛
一一如來所　一切剎塵禮　於一微塵中

既十

見一切諸佛　菩薩衆圍繞　法界塵亦然
以衆妙音聲　宣揚諸最勝　無量功德海
不可得窮盡　以普賢行力　無上衆供具
供養於十方　三世一切佛　以妙香華鬘
種種諸伎樂　一切妙莊嚴　普供養諸佛
我以貪恚癡　造一切惡行　身口意不善
悔過悉除滅　一切衆生福　諸聲聞緣覺
菩薩及諸佛　功德悉隨喜　十方一切佛
初成等正覺　我今悉勸請　轉無上法輪
示現涅槃者　合掌恭敬請　住一切塵劫

歆梵語也此云掩脓歆丘奇切　筋舉欣切與筋同　刷數刮切刮刷也　姑處占昌涉二切　杴虛嚴切臿屬　衦古旱切衦石䙊衣石也　帔披義切髲屬　繢求位切織餘也　幬陳留大到二切禪帳也　賭董五切博財也　駮北角切色不純也　崎丘奇切　賃女禁切傭也　罽居例切　淄莊持切　廐居又切馬舍也

習十

艽

我獲得此普賢行　殊勝無量福德聚
所有羣生溺惡習　皆往無量光佛宮

普賢菩薩行願讚

速疾滿普賢行願陀羅尼曰

曩麼悉底哩也(四合)地尾(二合)迦(引)南(二)怛佗(引)孽哆南(二)唵(引三)阿(引)戍嚩囉尾擬你娑嚩(二合)(引)訶(引四)

每日誦普賢菩薩行願讚後即誦此眞言纔誦一徧普賢行願悉皆圓滿修三摩地人速得三昧現前福德智慧二種莊嚴獲堅固法速疾成就

音釋

鏍(胡關切)　篅(市專切)　痔(丈里切後病也)　框(去王切)　氍毹(氍强魚切毹春朱切氍毹毛席也)　緂(吐敢切)　礦(古猛切)　揁(音貞)　絣(補耕切以繩直物也)　稃(朱閩切來稈也)　鷀(牆之切鸕鷀也)　鵰(丁聊切鷲也)　蔓菁(蔓謨官切菁子盈切蔓菁菜名)　笈(極曄切)　鑷(尼輒切箝也)　僧脚

智慧容色及相好　族姓品類得成就
於魔外道得難摧　常於三界得供養
速疾往詣菩提樹　到彼坐已利有情
覺悟菩提轉法輪　摧伏魔羅并營從
若有持此普賢願　讀誦受持及演說
如來具知得果報　得勝菩提勿生疑
如妙吉祥勇猛智　亦如普賢如是智
我當習學於彼時　一切善根悉迴向
一切三世諸如來　以此迴向殊勝願
我皆一切諸善根　悉以迴向普賢行

當於臨終捨壽時　一切業障皆得轉
親覩得見無量光　速往彼剎極樂界
得到於彼此勝願　悉皆現前得具足
我當圓滿皆無餘　衆生利益於世間
於彼佛會甚端嚴　生於殊勝蓮華中
於彼獲得受記莂　親對無量光如來
於彼獲得授記已　變化俱胝無量種
廣作有情諸利樂　十方世界以慧力
若人誦持普賢願　所有善根而積集
以一剎那得如願　以此羣生獲勝願

諸佛如來有長子　彼名號曰普賢尊
皆以彼慧同妙行　迴向一切諸善根
身口意業願清淨　諸行清淨剎土淨
如彼智慧普賢名　願我於今盡同彼
普賢行願普端嚴　我行曼殊室利行
於諸未來劫無倦　一切圓滿作無餘
所修勝行無能量　所有功德不可量
無量修行而住已　盡知一切彼神通
乃至虛空得究竟　衆生無餘究竟然
及業煩惱乃至盡　乃至我願亦皆盡

若有十方無邊剎　以寶莊嚴施諸佛
天妙人民勝安樂　如剎微塵劫捨施
若人於此勝願王　一聞能生勝解心
於勝菩提生渴仰　獲得殊勝前福聚
彼得遠離諸惡趣　彼皆遠離諸惡友
唱十
速疾得見無量壽　唯憶普賢勝行願
得大利益勝壽命　善來爲此人生命
如彼普賢大菩薩　彼人不久當獲得
所作罪業五無間　由無智慧而所作
彼誦普賢行願時　速疾消滅得無餘

以一刹那諸未來　我入未來一切劫
三世所有無量劫　刹那能入俱胝劫
所有三世人師子　以一刹那我咸見
於彼境界常得入　如幻解脱行威力
所有三世妙嚴刹　能現出生一塵端
如是無盡諸方所　能入諸佛嚴刹土
所有未來世間燈　彼皆覺悟轉法輪
示現涅槃究竟寂　我皆往詣於世尊
以神足力普迅疾　以乘威力普遍門
以行威力等功德　以慈威力普遍行

以福威力普端嚴　以智威力無著行
般若方便等持力　菩提威力皆積集
皆於業力而清淨　我今摧滅煩惱力
悉能降伏魔羅力　圓滿普賢一切力
普令清淨刹土海　普能解脱衆生海
四十　廿六
悉能觀察諸法海　及以德源於智海
普令行海咸清淨　又令願海咸圓滿
諸佛海會咸供養　普賢行劫無疲倦
所有三世諸如來　菩提行願衆差別
願我圓滿悉無餘　以普賢行悟菩提

常行隨順諸衆生　菩提妙行令圓滿
普賢行願我修習　我於未來劫修行
所有共我同行者　共彼咸得常聚會
於身口業及意業　同一行願而修習
所有善友益我者　爲我示現普賢行
共彼常得而聚會　於彼皆得無厭心
唱十　廿五
常得面見諸如來　與諸佛子共圍繞
於彼皆興廣供養　皆於未來劫無倦
常持諸佛微妙法　皆令光顯菩提行
咸皆清淨普賢行　皆於未來劫修行

於諸有中流轉時　福德智慧得無盡
般若方便定解脫　獲得無盡功德藏
如一塵端如塵刹　彼中佛刹不思議
佛及佛子坐其中　常見菩提勝妙行
如是無盡一切方　於一毛端三世量
佛海及與刹土海　我入修行諸劫海
於一音聲功德海　一切如來清淨聲
一切羣生意樂音　常皆得入佛辯才
於彼無盡音聲中　一切三世諸如來
當轉理趣妙輪時　以我慧力普能入

禮拜供養及陳罪　隨喜功德及勸請
我所積集諸功德　悉皆迴向於菩提
於諸如來我修學　圓滿普賢行願時
願我供養過去佛　所有現住十方世
所有未來速願成　意願圓滿證菩提
所有十方諸刹土　願皆廣大咸清淨
諸佛咸詣覺樹王　諸佛子等皆充滿
所有十方諸衆生　願皆安樂無衆患
一切羣生獲法利　願得隨順如意心
我當菩提修行時　於諸趣中憶宿命
若諸衆生爲生滅　我皆常當爲出家
戒行無垢恒清淨　常行無缺無孔隙
天語龍語夜叉語　鳩槃茶語及人語
所有一切羣生語　皆以諸音而說法
妙波羅蜜常加行　不於菩提心生迷
所有衆罪及障礙　悉皆滅盡無有餘
於業煩惱及魔境　世間道中得解脫
猶如蓮華不著水　亦如日月不著空
諸惡趣苦願寂靜　一切羣生令安樂
於諸羣生行利益　乃至十方諸刹土

身如剎土微塵數　一切如來我悉禮
皆以心意對諸佛　以此普賢行願力
於一塵端如塵佛　諸佛佛子坐其中
如是法界盡無餘　我信諸佛悉充滿
於彼無盡功德海　以諸音聲功德海
闡揚如來功德時　我常讚歎諸善逝
以勝華鬘及塗香　及以伎樂勝傘蓋
一切嚴具皆殊勝　我悉供養諸如來
以勝衣服及諸香　末香積聚如須彌
殊勝燈明及燒香　我悉供養諸如來

所有無上廣供養　我悉勝解諸如來
以普賢行勝解力　我禮供養諸如來
我曾所作衆罪業　皆由貪欲瞋恚癡
由身口意亦如是　我皆陳說於一切
所有十方羣生福　有學無學辟支佛
及諸佛子諸如來　我皆隨喜咸一切
所有十方世間燈　以證菩提得無染
我皆勸請諸世尊　轉於無上妙法輪
所有欲現涅槃者　我皆於彼合掌請
惟願久住剎塵劫　爲諸羣生利安樂

翻經婆羅門龍播國大達官准五品
臣李輸羅證譯
金紫光禄大夫守尚書左僕射同中
書門下三品上柱國史鄅國公臣韋
詎源等及修文館學士三十三人同
監
判官朝散大夫行著作佐郎臣劉令
植
使金紫光禄大夫私書監檢校殿中
兼知内外閑廐隴右三使上柱國嗣
號臣王邕

普賢菩薩行願讚 六十二頌頌別四句每句七字除題目外計有一千七百三十六字

唐特進試鴻臚卿三藏沙門大廣智不空奉　詔譯

所有十方世界中　一切三世人師子
我今禮彼盡無餘　皆以清淨身口意

音釋

矚之欲切視也覩也 抃皮變切拊手也 競惕競居陵切競懼也惕他歷切怵惕也 啗徒濫切食也

東都天宮寺沙門廣濟譯語
西明寺賜紫沙門圓照筆受
保壽寺沙門智柔迴綴
保壽寺沙門智通迴綴
成都府正覺寺沙門道弘潤文
章敬寺沙門鑒虛潤文
大覺寺沙門道章校勘證義
千福寺沙門大通證禪義
太原府崇福寺沙門澄觀詳定
千福寺沙門虛邃詳定

專知官右神策軍散兵馬使衙前馬軍正將兼押衙特進行鄧
州司法參軍南珎貢
右神策軍護軍中尉兼右街功德使元從興元元從雲麾將軍右監門
衛大將軍知內侍省事上柱國交城縣開國男食邑三百戶臣霍仙鳴
左神策軍護軍中尉兼左街功德使元從興元元從驃騎大將軍行左監門
衛大將軍知內侍省事上柱國邠國公食邑三千戶臣竇文場等進

遐十　十八

蒙彼如來授記已　化身無數百俱胝
智力廣大遍十方　普利一切衆生界
乃至虛空世界盡　衆生及業煩惱盡
如是一切無盡時　我願究竟恒無盡
十方所有無邊刹　莊嚴衆寶供如來
最勝安樂施天人　經一切刹微塵劫
若人於此勝願王　一經於耳能生信
求勝菩提心渴仰　獲勝功德過於彼
即常遠離惡知識　永離一切諸惡道
速見如來無量光　具此普賢最勝願
此人善得勝壽命　此人善來人中生
此人不久當成就　如彼普賢菩薩行
往昔由無智慧力　所造極惡五無間
誦此普賢大願王　一念速疾皆消滅
族姓種類及容色　相好智慧咸圓滿
諸魔外道不能摧　堪爲三界所應供
速詣菩提大樹王　坐已降伏諸魔衆
成等正覺轉法輪　普利一切諸含識
若人於此普賢願　讀誦受持及演說
果報唯佛能證知　決定獲勝菩提道

若人誦此普賢願　我說少分之善根
一念一切悉皆圓　成就衆生清淨願
我此普賢殊勝行　無邊勝福皆迴向
普願沉溺諸衆生　速往無量光佛刹

爾時普賢菩薩摩訶薩於如來前說此普賢廣大願王清淨偈已善財童子踊躍無量一切菩薩皆大歡喜如來讚言善哉善哉爾時世尊與諸聖者菩薩摩訶薩演說如是不可思議解脫境界勝法門時文殊師利菩薩而爲上首諸大菩薩及所成熟六千比丘彌勒菩薩而爲上首賢劫一切諸大菩薩無垢普賢菩薩而爲上首一生補處住灌頂位諸大菩薩及餘十方種種世界普來集會一切刹海極微塵數諸菩薩摩訶薩衆大智舍利弗摩訶目揵連等而爲上首諸大聲聞幷諸人天一切世主天龍夜叉乾闥婆阿脩羅迦樓羅緊那羅摩睺羅伽人非人等一切大衆聞佛所說皆大歡喜信受奉行

大方廣佛華嚴經卷第四十

蒙彼如來授記已　化身無數百俱胝
智力廣大遍十方　普利一切眾生界
乃至虛空世界盡　眾生及業煩惱盡
如是一切無盡時　我願究竟恒無盡
十方所有無邊剎　莊嚴眾寶供如來
最勝安樂施天人　經一切剎微塵劫
若人於此勝願王　一經於耳能生信
求勝菩提心渴仰　獲勝功德過於彼
即常遠離惡知識　永離一切諸惡道
速見如來無量光　具此普賢最勝願

此人善得勝壽命　此人善來人中生
此人不久當成就　如彼普賢菩薩行
往昔由無智慧力　所造極惡五無間
誦此普賢大願王　一念速疾皆消滅
族姓種類及容色　相好智慧咸圓滿
諸魔外道不能摧　堪為三界所應供
速詣菩提大樹王　坐已降伏諸魔眾
成等正覺轉法輪　普利一切諸含識
若人於此普賢願　讀誦受持及演說
果報唯佛能證知　決定獲勝菩提道

三世一切諸如來　最勝菩提諸行願
我皆供養圓滿修　以普賢行悟菩提
一切如來有長子　彼名號曰普賢尊
我今迴向諸善根　願諸智行悉同彼
願身口意恒清淨　諸行刹土亦復然
如是智慧號普賢　願我與彼皆同等
我爲遍淨普賢行　文殊師利諸大願
滿彼事業盡無餘　未來際劫恒無倦
我所修行無有量　獲得無量諸功德
安住無量諸行中　了達一切神通力

文殊師利勇猛智　普賢慧行亦復然
我今迴向諸善根　隨彼一切常修學
三世諸佛所稱歎　如是最勝諸大願
我今迴向諸善根　爲得普賢殊勝行
願我臨欲命終時　盡除一切諸障礙
廿十　十五
面見彼佛阿彌陀　即得往生安樂刹
我既往生彼國已　現前成就此大願
一切圓滿盡無餘　利樂一切衆生界
彼佛衆會咸清淨　我時於勝蓮華生
親覩如來無量光　現前授我菩提記

三世一切諸如來　於彼無盡語言海
恒轉理趣妙法輪　我深智力普能入
我能深入於未來　盡一切劫爲一念
三世所有一切劫　爲一念際我皆入
我於一念見三世　所有一切人師子
亦常入佛境界中　如幻解脫及威力
於一毛端極微中　出現三世莊嚴刹
十方塵刹諸毛端　我皆深入而嚴淨
所有未來照世燈　成道轉法悟群有
究竟佛事示涅槃　我皆往詣而親近

速疾周遍神通力　普門遍入大乘力
智行普修功德力　威神普覆大慈力
遍淨莊嚴勝福力　無著無依智慧力
定慧方便威神力　普能積集菩提力
清淨一切善業力　摧滅一切煩惱力
降伏一切諸魔力　圓滿普賢諸行力
普能嚴淨諸刹海　解脫一切衆生海
善能分別諸法海　能甚深入智慧海
普能清淨諸行海　圓滿一切諸願海
親近供養諸佛海　修行無倦經劫海

悉除一切惡道苦　等與一切羣生樂
如是經於剎塵劫　十方利益恒無盡
我常隨順諸衆生　盡於未來一切劫
恒修普賢廣大行　圓滿無上大菩提
所有與我同行者　於一切處同集會
身口意業皆同等　退十　一切行願同修學　十二
所有益我善知識　爲我顯示普賢行
常願與我同集會　於我常生歡喜心
願常面見諸如來　及諸佛子衆圍遶
於彼皆興廣大供　盡未來劫無疲厭

願持諸佛微妙法　光顯一切菩提行
究竟清淨普賢道　盡未來劫常修習
我於一切諸有中　所修福智恒無盡
定慧方便及解脫　獲諸無盡功德藏
一塵中有塵數剎　一一剎有難思佛
一一佛處衆會中　我見恒演菩提行
普盡十方諸剎海　一一毛端三世海
佛海及與國土海　我遍修行經劫海
一切如來語清淨　一言具衆音聲海
隨諸衆生意樂音　一一流佛辯才海

諸佛若欲示涅槃　我悉至誠而勸請
唯願久住剎塵劫　利樂一切諸眾生
所有禮讚供養福　請佛住世轉法輪
隨喜懺悔諸善根　迴向眾生及佛道
我隨一切如來學　修習普賢圓滿行
迴十　十二
供養過去諸如來　及與現在十方佛
未來一切天人師　一切意樂皆圓滿
我願普隨三世學　速得成就大菩提
所有十方一切剎　廣大清淨妙莊嚴
眾會圍遶諸如來　悉在菩提樹王下

十方所有諸眾生　願離憂患常安樂
獲得甚深正法利　滅除煩惱盡無餘
我為菩提修行時　一切趣中成宿命
常得出家修淨戒　無垢無破無穿漏
天龍夜叉鳩槃荼　乃至人與非人等
所有一切眾生語　悉以諸音而說法
勤修清淨波羅蜜　恒不忘失菩提心
滅除障垢無有餘　一切妙行皆成就
於諸惑業及魔境　世間道中得解脫
猶如蓮華不著水　亦如日月不住空

所有十方世界中　三世一切人師子
我以清淨身語意　一切遍禮盡無餘
普賢行願威神力　普現一切如來前
一身復現剎塵身　一一遍禮剎塵佛
於一塵中塵數佛　各處菩薩衆會中
無盡法界塵亦然　深信諸佛皆充滿
各以一切音聲海　普出無盡妙言辭
盡於未來一切劫　讚佛甚深功德海
以諸最勝妙華鬘　伎樂塗香及傘蓋
如是最勝莊嚴具　我以供養諸如來

最勝衣服最勝香　末香燒香與燈燭
一一皆如妙高聚　我悉供養諸如來
我以廣大勝解心　深信一切三世佛
悉以普賢行願力　普遍供養諸如來
我昔所造諸惡業　皆由無始貪瞋癡
從身語意之所生　一切我今皆懺悔
十方一切諸衆生　二乘有學及無學
一切如來與菩薩　所有功德皆隨喜
十方所有世間燈　最初成就菩提者
我今一切皆勸請　轉於無上妙法輪

永楽北藏

我皆一切諸善根　悉已迴向普賢行
當於臨終捨壽時　一切業障皆得轉
親覩得見無量光　速往彼刹極樂界
得到於彼此勝願　悉皆現前得具足
我當圓滿皆無餘　衆生利益於世間
於彼佛會甚端嚴　生於殊勝蓮花中
於彼獲得受記莂　親對無量光如來
於彼獲得受記已　變化俱胝無量種
廣作有情諸利樂　十方世界以慧力
若人誦持普賢願　所有善根而積集
以一刹那得如願　以此群生獲勝願
我獲得此普賢行　殊勝無量福德聚
所有群生溺惡習　皆往無量光佛宮

八大菩薩讚（出八大菩薩曼荼羅經末）

圓寂宮城門　能摧戶扇者　諸佛法受用
救世我頂禮　自手流清水　能除餓鬼渴
三界如意樹　頂禮蓮花手　大慈水為心
能息嗔恚火　頂禮慈氏尊　能斷欲弓弦
虛空藏妙慧　虛空寂靜尊　生死流解脫
頂禮佛心子　無邊有情惑　能息無益心
普賢我頂禮　善逝上首子　塵勞盡僮僕
超勝魔羅軍　頂禮金剛手　能說一切明
頂禮妙吉祥　持妙童子形　舒遍智慧燈

攘奪三界明　一切除蓋障　是故我頂禮
無盡智慧尊　能生無竭辯　如地諸有情
所依一不斷　堅慧悲愍藏　地藏我頂礼
此眞善逝子　讚揚所獲福　以此諸有情
如彼成讚器

普賢菩薩行願讚

丙午歲高麗國大藏都監奉
勅雕造

K. no. 1283

百千頌大集經地藏菩薩請問法身讚　弁

開府儀同三司特進試鴻臚卿肅國公食邑三千戶賜紫贈司空諡
大鑒正號大廣智大興善寺三藏沙門　不空奉　詔譯

歸命禮法身　住於諸有情　彼由不遍知
輪迴於三有　其性即生死　淨時亦復然
清淨是涅槃　亦即是法身　譬如乳相雜
醍醐不可得　如煩惱相雜　法界不可見
譬如淨乳已　酥精妙無垢　如淨其煩惱
法界極清淨　如燈在其瓶　光耀無所有
如在煩惱瓶　法界不照耀　彼彼令一邊
其瓶若得穴　由彼彼一邊　光明而外出
以三摩地杵　破壞煩惱瓶　遍滿於虛空
普遍光照耀　法界亦不生　亦不曾壞滅
一切時不染　初中常無垢　譬如火琉璃
常時極光明　石藏以覆蔽　彼光不照耀
如是煩惱覆　法界妙清淨　不照於生死
於涅槃光明　有性若有功　則見於眞金
無性若有功　困而無所獲　如糠覆其上
不名為粳米　煩惱覆其上　亦不名為佛
若得離於糠　顯現於粳米　遠離於煩惱
法身得顯現　世間作譬喻　芭蕉無堅實
而有眞實果　食味如甘露　如無實生死

常行隨順諸衆生 菩提妙行令圓滿
普賢行願我修習 我於未来劫修行
所有共我同行者 共彼常得咸聚會
於身口業及意業 同一行願而修習
所有善友益我者 為我示現普賢行
共彼常得而聚會 於彼皆得無厭心
常得面見諸如来 與諸佛子共圍遶
於彼皆興廣供養 皆於未来劫無倦
常持諸佛微妙法 皆令光顯菩提行
咸皆清淨普賢行 皆於未来劫修行
於諸有中流轉時 福德智慧得無盡
般若方便定解脱 獲得無盡功德藏
如一塵端如塵刹 彼中佛刹不思議
佛及佛子坐其中 常見菩提勝妙行
如是無量一切方 於一毛端三世量
佛海及與刹土海 我入修行諸劫海
於一音聲功德海 一切如来清淨聲
一切群生意樂音 常皆得入佛辯才
於彼無盡音聲中 一切三世諸如來
當轉理趣妙輪時 以我慧力普能入
以一刹那諸未來 我入未來一切劫
三世所有無量劫 刹那能入俱胝劫
所有三世人師子 以一刹那我咸見

於彼境界常得入 如幻解脱行威力
所有三世妙嚴刹 能現出生一塵端
如是無盡諸方所 能入諸佛嚴刹土
所有未来世間燈 彼皆覺悟轉法輪
示現涅槃究竟寂 我皆往詣於世尊
以神足力普迅疾 以乗威力普遍門
以行威力等功德 以慈威力普遍行
以福威力普端嚴 以智威力無著行
般若方便等持力 菩提威力皆積集
皆於業力而清淨 我今摧滅煩惱力
悉能降伏魔羅力 圓滿普賢一切力
普令清淨刹土海 普能解脱衆生海
悉能觀察諸法海 及以得源於智海
普令行海咸清淨 又令願海咸圓滿
諸佛海會咸供養 普賢行劫無疲倦
所有三世諸如来 菩提行願衆差別
願我圓滿悉無餘 以普賢行悟菩提
諸佛如来有長子 彼名号曰普賢尊
皆以彼慧同妙行 迴向一切諸善根
身口意業願清淨 諸行清淨刹土淨
如彼智慧普賢名 願我於今盡同彼
普賢行願普端嚴 我行曼殊室利行
於諸未來 劫無倦 一切圓滿作無餘

所須勝行無能量 所有功德不可量
無量修行而住已 盡知一切彼神通
乃至虚空得究竟 衆生無餘究竟然
及業煩惱乃至盡 乃至我願亦皆盡
若有十方無邊刹 以寶莊嚴施諸佛
天妙人民勝安樂 如刹微塵劫捨施
若人於此勝願王 一聞能生勝解心
於勝菩提求渴仰 獲得殊勝前福聚
彼得遠離諸惡趣 彼皆遠離諸惡友
速疾得見無量壽 唯憶普賢勝行願
得大利益勝壽命 善來為此人生命
如彼普賢大菩薩 彼人不久當獲得
所作罪業五無間 由無智慧而所作
彼誦普賢行願時 速疾銷滅得無餘
智慧容色及相好 族姓品類得成就
於魔外道得難摧 常於三界得供養
速疾往詣菩提樹 到彼坐已利有情
覺悟菩提轉法輪 摧伏魔羅并營從
若有持此普賢願 讀誦受持及演説
如來具知得果報 得勝菩提勿生疑
如妙吉祥勇猛智 亦如普賢如是智
我當習學於彼時 一切善根悉迴向
一切三世諸 如來 以此迴向殊勝願

諸毒消除凡毒惡有情皆得降伏亦能
與彼生男女加持八千一切戰陣皆
勝亦能令外賊降伏
又以多刹（二合）路訶（三）（金即金銀銅）長六指許
作蓮花日三時香湯洗浴不與一切
人語於塔中誦五洛叉然供養三日
不食持其蓮花無間斷誦比花火然
得將三千人乘空得往生極樂國土
與一切聖者等一切菩薩同住
又食大麥食日三浴三換衣誦一俱
胝得心中悉地
又畫觀自在像如前法右廂加畫向
刹多衆菩薩立於蓮花臺上身色如檀
木以寶莊嚴髮向上結戴蓮花冠著
白天衣合掌恭敬作禮自在狀畫已
設大供養誦三洛叉得心中一切悉地
尒時觀自在菩薩摩訶薩說此微妙
秘密甚深法已於是會中大菩薩衆
天龍八部一切金剛聞是法已皆大
歡喜禮佛而退

阿刹多羅阿嚕力經

丙午歲高麗國大藏都監奉

勅雕造

阿刹多羅阿嚕力經　第三十三張　孖

K. no. 1282

普賢菩薩行願讚

開府儀同三司特進試鴻臚卿肅國公食邑三千戶賜紫贈司空謚
大鑒正號大廣智大興善寺三藏沙門　不空奉　詔譯

所有十方世界中　一切三世人師子
我今禮彼盡無餘　皆以清淨身口意
身如刹土微塵數　一切如來我悉禮
皆以心意對諸佛　以此普賢行願力
於一塵端如塵佛　諸佛佛子坐其中
如是法界盡無餘　我信諸佛悉充滿
於彼無盡功德海　以諸音聲功德海
闡揚如來功德時　我常讚歎諸善逝
以勝花鬘及塗香　及以伎樂勝傘蓋
一切嚴具皆殊勝　我悉供養諸如來
以勝衣服及諸香　末香積聚如須弥
殊勝燈明及燒香　我悉供養諸如來
所有無上廣大供　我悉勝解諸如來
以普賢行勝解力　我禮供養諸如來
我曾所作衆罪業　皆由貪欲恚瞋癡
由身口意亦如是　我皆陳說於一切
所有十方群生福　有學無學辟支佛
及諸佛子諸如來　我皆隨喜咸一切
所有十方世間燈　以證菩提得無染
我今勸請諸世尊　轉於無上妙法輪
所有欲現涅槃者　我皆於彼合掌請
唯願久住刹塵劫　為諸群生利安樂
禮拜供養及陳罪　隨喜功德及勸請
我所積集諸功德　悉皆迴向於菩提
於諸如來我修學　圓滿普賢行願時
願我供養過去佛　所有現住十方世
所有未來速願成　意願圓滿證菩提
所有十方諸刹土　願皆廣大咸清淨
諸佛咸詣覺樹王　諸佛子等皆充滿
所有十方諸衆生　願皆安樂無衆患
一切群生獲法利　願得隨順如意心
我當菩提修行時　於諸趣中憶宿命
若諸生中為生滅　我皆常當為出家
戒行無垢恒清淨　常行無缺無孔隙
天語龍語夜叉語　鳩槃茶語及人語
所有一切群生語　皆以諸音而說法
妙波羅蜜常加行　不於菩提心生迷
所有衆罪及障礙　悉皆滅盡無有餘
於業煩惱及魔境　世間道中得解脫
猶如蓮花不著水　亦如日月不著空
諸惡趣苦願寂靜　一切群生令安樂
於諸群生行利益　乃至十方諸刹土

普賢菩薩行願讚　第二張　尹

普賢菩薩行願讚

八〇五

一切圓滿盡無餘 貞元經第四十 刹樂一切衆生界 第十四幅 實
彼佛衆會咸清淨 我時於勝蓮華生
親覩如來無量光 現前授我菩提記
蒙彼如來授記已 化身無數百俱胝
智力廣大徧十方 普利一切衆生界
乃至虛空世界盡 衆生及業煩惱盡
如是一切無盡時 我願究竟恒無盡
十方所有無邊刹 莊嚴衆寶供如來
最勝安樂施天人 經一切刹微塵劫
若人於此勝願王 一經於耳能生信
求勝菩提心渴仰 獲勝功德過於彼
即常遠離惡知識 永離一切諸惡道
速見如來無量光 具此普賢最勝願
此人善得勝壽命 此人善來人中生
此人不久當成就 如彼普賢菩薩行
往昔由無智慧力 所造極惡五無間
誦此普賢大願王 一念速疾皆銷滅
族姓種類及容色 相好智慧咸圓滿
諸魔外道不能摧 堪為三界所應供
速詣菩提大樹王 坐已降伏諸魔衆
成等正覺轉法輪 普利一切諸含識
若人於此普賢願 讀誦受持及演說
果報唯佛能證知 決定獲勝菩提道
若人誦此普賢願 我說少分之善根

一念一切悉皆圓 貞元經第四十 成就衆生清淨願 第十五幅 實
我此普賢殊勝行 無邊勝福皆迴向
普願沈溺諸衆生 速往無量光佛刹

爾時普賢菩薩摩訶薩於如來前說此普賢廣大願王清淨偈已善財童子踊躍無量一切菩薩皆大歡喜如來讚言善哉善哉

爾時世尊與諸聖者菩薩摩訶薩演說如是不可思議解脫境界勝法門時文殊師利菩薩而為上首諸大菩薩及所成熟六千比丘彌勒菩薩而為上首賢劫一切諸大菩薩無垢普賢菩薩而為上首一生補處住灌頂位諸大菩薩及餘十方種種世界普來集會一切刹海極微塵數諸菩薩摩訶薩衆大智舍利弗摩訶目揵連等而為上首諸大聲聞并諸人天一切世主天龍夜叉乾闥婆阿脩羅迦樓羅緊那羅摩睺羅伽人非人等一切大衆聞佛所說皆大歡喜信受奉行

大方廣佛華嚴經卷第四十

懺悔上楚鑒切下荒內切 酥燈上桑孤切 剥皮上北角切
折骨上旨熱切 刺血上七迹切 爲墨下莫北切
卵生上盧管切 祈木上許貴切 沙磧下七迹切
敢肉上徒敢切 羣獸下首音

K. no. 1263
新華嚴經論卷第一 勒
長者李通玄撰

夫以有情之本依智海以為源含識之流摠法身而為體只為情生智隔想變體殊達本情亡知心體合今此大方廣佛華嚴經者明衆生之本際示諸佛之果源其為本也不可以功成其為源也不可以行得功亡本就行盡源成本無功能隨緣自在者即此毗盧遮那也以本性為光智隨根應大悲濟物以此為名依本如是設其教澤滂流法界以潤含生於是寄位四天示形八相菩提場內示蘭若以始成普光法堂處報身之大宅普賢長子畢果德於藏身文殊小男創啓蒙於金色以海印之三昧周法界而降靈用普眼之法門示塵中之刹海依正二報身土交泰因果兩門體用相徹以釋天之寶網彰十刹以重重取離垢之摩尼明十身而隱隱無邊刹境自他不隔於毫端十世古今始終不移於當念其為廣也以虛空而為量其為小也處極微而無跡十方無卷匪虧於小相之中纖塵不舒含十方而非礙恒居智海分果德於五位之門常住法堂示進修於九天之上此方如是十刹同然聖衆如雲海會相入智凡不礙狀多鏡以納衆形彼此無

供養過去諸如來　及與現在十方佛
未來一切天人師　一切意樂皆圓滿
我願普隨三世學　速得成就大菩提
所有十方一切刹　廣大清淨妙莊嚴
衆會圍遶諸如來　悉在菩提樹王下
十方所有諸衆生　願離憂患常安樂
獲得甚深正法利　滅除煩惱盡無餘
我爲菩提修行時　一切趣中成宿命
常得出家修淨戒　無垢無破無穿漏
天龍夜叉鳩槃荼　乃至人與非人等
所有一切衆生語　悉以諸音而說法
勤修清淨波羅蜜　恒不忘失菩提心
滅除障垢無有餘　一切妙行皆成就
於諸惑業及魔境　世間道中得解脫
猶如蓮華不著水　亦如日月不住空
悉除一切惡道苦　等與一切羣生樂
如是經於刹塵劫　十方利益恒無盡
我常隨順諸衆生　盡於未來一切劫
恒修普賢廣大行　圓滿無上大菩提
所有與我同行者　於一切處同集會
身口意業皆同等　一切行願同修學
所有益我善知識　爲我顯示普賢行
常願與我同集會　於我常生歡喜心
願常面見諸如來　及諸佛子衆圍遶

於彼皆興廣大供　盡未來劫無疲厭
願持諸佛微妙法　光顯一切菩提行
究竟清淨普賢道　盡未來劫常修習
我於一切諸有中　所修福智恒無盡
定慧方便及解脫　獲諸無盡功德藏
一塵中有塵數刹　一一刹有難思佛
一一佛處衆會中　我見恒演菩提行
普盡十方諸刹海　一一毛端三世海
佛海及與國土海　我徧修行經劫海
一切如來語清淨　一言具衆音聲海
隨諸衆生意樂音　一一流佛辯才海
三世一切諸如來　於彼無盡語言海
恒轉理趣妙法輪　我深智力普能入
我能深入於未來　盡一切劫爲一念
三世所有一切劫　爲一念際我皆入
我於一念見三世　所有一切人師子
亦常入佛境界中　如幻解脫及威力
於一毛端極微中　出現三世莊嚴刹
十方塵刹諸毛端　我皆深入而嚴淨
所有未來照世燈　成道轉法悟羣有
究竟佛事示涅槃　我皆往詣而親近
速疾周徧神通力　普門徧入大乘力
智行普修功德力　威神普覆大慈力
徧淨莊嚴勝福力　無著無依智慧力

定慧方便諸威力　普能積集菩提力
清淨一切善業力　摧滅一切煩惱力
降伏一切諸魔力　圓滿普賢諸行力
普能嚴淨諸刹海　解脫一切衆生海
善能分別諸法海　能甚深入智慧海
普能清淨諸行海　圓滿一切諸願海
親近供養諸佛海　修行無倦經劫海
三世一切諸如來　最勝菩提諸行願
我皆供養圓滿修　以普賢行悟菩提
一切如來有長子　彼名号曰普賢尊
我今迴向諸善根　願諸智行悉同彼
願身口意恒清淨　諸行刹土亦復然
如是智慧号普賢　願我與彼皆同等
我爲徧淨普賢行　文殊師利諸大願
滿彼事業盡無餘　未來際劫恒無倦
我所修行無有量　獲得無量諸功德
安住無量諸行中　了達一切神通力
文殊師利勇猛智　普賢慧行亦復然
我今迴向諸善根　隨彼一切常修學
三世諸佛所稱歎　如是最勝諸大願
我今迴向諸善根　爲得普賢殊勝行
願我臨欲命終時　盡除一切諸障礙
面見彼佛阿彌陀　即得往生安樂刹
我既往生彼國已　現前成就此大願

貞元經第四十　第八幅　賓　牧梓

則能成滿普賢菩薩諸行願海是故善男子
汝於此義應如是知若有善男子善女人以
滿十方無量無邊不可説不可説佛刹極微
塵數一切世界上妙七寶及諸人天最勝安
樂布施爾所一切世界所有衆生供養爾所
一切世界諸佛菩薩經爾所佛刹極微塵數
劫相續不斷所得功德若復有人聞此願三
一經於耳所有功德比前功德百分不及一
千分不及一乃至優波尼沙陀分亦不及一
或復有人以深信心於此大願受持讀誦乃
至書寫一四句偈速能除滅五無間業所有
世間身心等病種種苦惱乃至佛刹極微塵
數一切惡業皆得銷除一切魔軍夜叉羅刹
若鳩槃茶若毗舍闍若部多等飲血噉肉諸
惡鬼神皆悉遠離或時發心親近守護是故
若人誦此願者行於世間無有障礙如空中
月出於雲翳諸佛菩薩之所稱讃一切人天
皆應禮敬一切衆生悉應供養此善男子善
得人身圓滿普賢所有功德不久當如普賢
菩薩速得成就微妙色身具三十二大丈夫
相若生人天所在之處常居勝族悉能破壞
一切惡趣悉能遠離一切惡友悉能制伏一
切外道悉能解脱一切煩惱如師子王摧伏
羣獸堪受一切衆生供養又復是人臨命終

貞元經第四十　第九幅　賓　孫梓

時最後刹那一切諸根悉皆散壞一切親屬
悉皆捨離一切威勢悉皆退失輔相大臣宮
城内外象馬車乘珍寶伏藏如是一切無復
相隨唯此願王不相捨離於一切時引導其
前一刹那中即得往生極樂世界到已即見
阿彌陀佛文殊師利菩薩普賢菩薩觀自在
菩薩彌勒菩薩等此諸菩薩色相端嚴功德
具足所共圍遶其人自見生蓮華中蒙佛授
記得授記已經於無數百千萬億那由他劫
普於十方不可説不可説世界以智慧力隨
衆生心而爲利益不久當坐菩提道場降伏
魔軍成等正覺轉妙法輪能令佛刹極微塵
數世界衆生發菩提心隨其根性教化成熟
乃至盡於未來劫海廣能利益一切衆生善
男子彼諸衆生若聞若信此大願王受持讀
誦廣爲人説所有功德除佛世尊餘無知者
是故汝等聞此願王莫生疑念應當諦受受
已能讀讀已能誦誦已能持乃至書寫廣爲
人説是諸人等於一念中所有行願皆得成
就所獲福聚無量無邊能於煩惱大苦海中
拔濟衆生令其出離皆得往生阿彌陀佛極
樂世界爾時普賢菩薩摩訶薩欲重宣此義
普觀十方而説偈言

所有十方世界中　三世一切人師子

貞元經第四十　第十幅　賓　孫梓

我以清淨身語意　一切徧禮盡無餘
普賢行願威神力　普現一切如來前
一身復現刹塵身　一一徧禮刹塵佛
於一塵中塵數佛　各處菩薩衆會中
無盡法界塵亦然　深信諸佛皆充滿
各以一切音聲海　普出無盡妙言辭
盡於未來一切劫　讃佛甚深功德海
以諸最勝妙華鬘　妓樂塗香及傘蓋
如是最勝莊嚴具　我以供養諸如來
最勝衣服最勝香　末香燒香與燈燭
一一皆如妙高聚　我悉供養諸如來
我以廣大勝解心　深信一切三世佛
悉以普賢行願力　普徧供養諸如來
我昔所造諸惡業　皆由無始貪恚癡
從身語意之所生　一切我今皆懺悔
十方一切諸衆生　二乘有學及無學
一切如來與菩薩　所有功德皆隨喜
十方所有世間燈　最初成就菩提者
我今一切皆勸請　轉於無上妙法輪
諸佛若欲示涅槃　我悉至誠而勸請
唯願久住刹塵劫　利樂一切諸衆生
所有禮讃供養福　請佛住世轉法輪
隨喜懺悔諸善根　迴向衆生及佛道
我隨一切如來學　修習普賢圓滿行

K. no. 1029

文殊師利發願經　歎

東晉天竺三藏佛陀跋陀羅 譯

身口意清淨　除滅諸垢穢　一心恭敬禮
十方三世佛　普賢願力故　悉覩見諸佛
一一如來所　一切剎塵礼　於一微塵中
見一切諸佛　菩薩衆圍遶　法界塵亦然
以衆妙音聲　宣揚諸最勝　無量功德海
不可得窮盡　以普賢行力　無上衆供具
供養於十方　三世一切佛　以妙香花鬘
種種諸伎樂　一切妙莊嚴　普供養諸佛
我以貪恚癡　造一切惡行　身口意不善
悔過悉除滅　一切衆生福　諸聲聞緣覺
菩薩及諸佛　功德悉隨喜　十方一切佛
初成等正覺　我今悉勸請　轉無上法輪
示現涅槃者　合掌恭敬請　住一切塵劫
安樂諸群生　我所集功德　迴向施衆生
究竟菩薩行　逮無上菩提　悉供養過去
現在十方佛　願未來世尊　速成菩提道
普莊嚴十方　一切諸佛剎　如來坐道場
菩薩衆充滿　令十方衆生　除滅諸煩惱
深解真實義　常得安樂住　我修菩薩行
成就宿命智　除滅一切障　永盡無有餘

悉遠離生死　諸魔煩惱業　猶日處虛空
蓮花不著水　遍行遊十方　教化諸群生
除滅惡道苦　具足菩薩行　雖隨順世間
不捨菩薩道　盡未來際劫　具修普賢行
若有同行者　願常集一處　身口意善業
皆悉令同等　若遇善知識　開示普賢行
於此菩薩所　親近常不離　常見一切佛
菩薩衆圍遶　盡未來際劫　悉恭敬供養
守護諸佛法　讚歎菩薩行　盡未來劫修
究竟普賢道　雖在生死中　具無盡功德
智慧巧方便　諸三昧解脫　一一微塵中
見不思議剎　於一一剎中　見不思議佛
見如是十方　一切世界海　一一世界海
悉見諸佛海　於一言音中　具一切妙音
一一妙音中　具足最勝音　甚深智慧力
入無盡妙音　轉三世諸佛　清淨正法輪
一切未來劫　悉能作一念　三世一切劫
悉為一念際　一念中悉見　三世諸如來
亦普分別知　解脫及境界　於一微塵中
出三世淨剎　一切十方塵　莊嚴剎亦然
悉見未來佛　成道轉法輪　究竟佛事已
示現入涅槃　神力遍遊行　大乘力普門
慈力覆一切　行力功德滿　功德力清淨

智慧力無㝵　三昧方便力　逮得菩提力
清淨善業力　除滅煩惱力　壞散諸魔力
具普賢行力　嚴淨佛剎海　度脫衆生海
分別諸業海　窮盡智慧海　清淨諸行海
滿足諸願海　悉見諸佛海　我於劫海行
三世諸佛行　及無量大願　我皆悉具足
普賢行成佛　普賢菩薩名　諸佛第一子
我善根迴向　願悉與彼同　身口意清淨
自在莊嚴剎　逮成等正覺　皆悉同普賢
如文殊師利　普賢菩薩行　我所有善根
迴向亦如是　三世諸如來　所歎迴向道
我迴向善根　成滿普賢行　願我命終時
除滅諸障㝵　面見阿弥陁　往生安樂國
生彼佛國已　成滿諸大願　阿弥陁如來
現前授我記　嚴淨普賢行　滿足文殊願
盡未來際劫　究竟菩薩行

文殊師利發願經

乙巳歲高麗國大藏都監奉
勅雕造

高麗大蔵経

虛空何無涯謂之法爾乎哉佛海世界海衆生海無涯謂之如虛空乎哉斯普賢願王入佛海入衆生界衆生業煩惱之中而攝取不倦修證不盡江海爲墨知其不足須彌爲筆知其不足斯六十二頌攝雜華而大小施設爲頌有四句句有十一字字字攝談與虛空無盡與衆生無盡與佛海無盡書寫㠯共之遐邇梵本四般其所承也一則無量壽院所藏一則金剛三昧院所藏一則得之左海後批云總持寺金剛臺三本並竪書一則得之攝州小曾根海輪者寄之於予其文横書今之所寫依準横書而參伍餘本云天明三癸卯夏　小比丘慈雲敬拜識

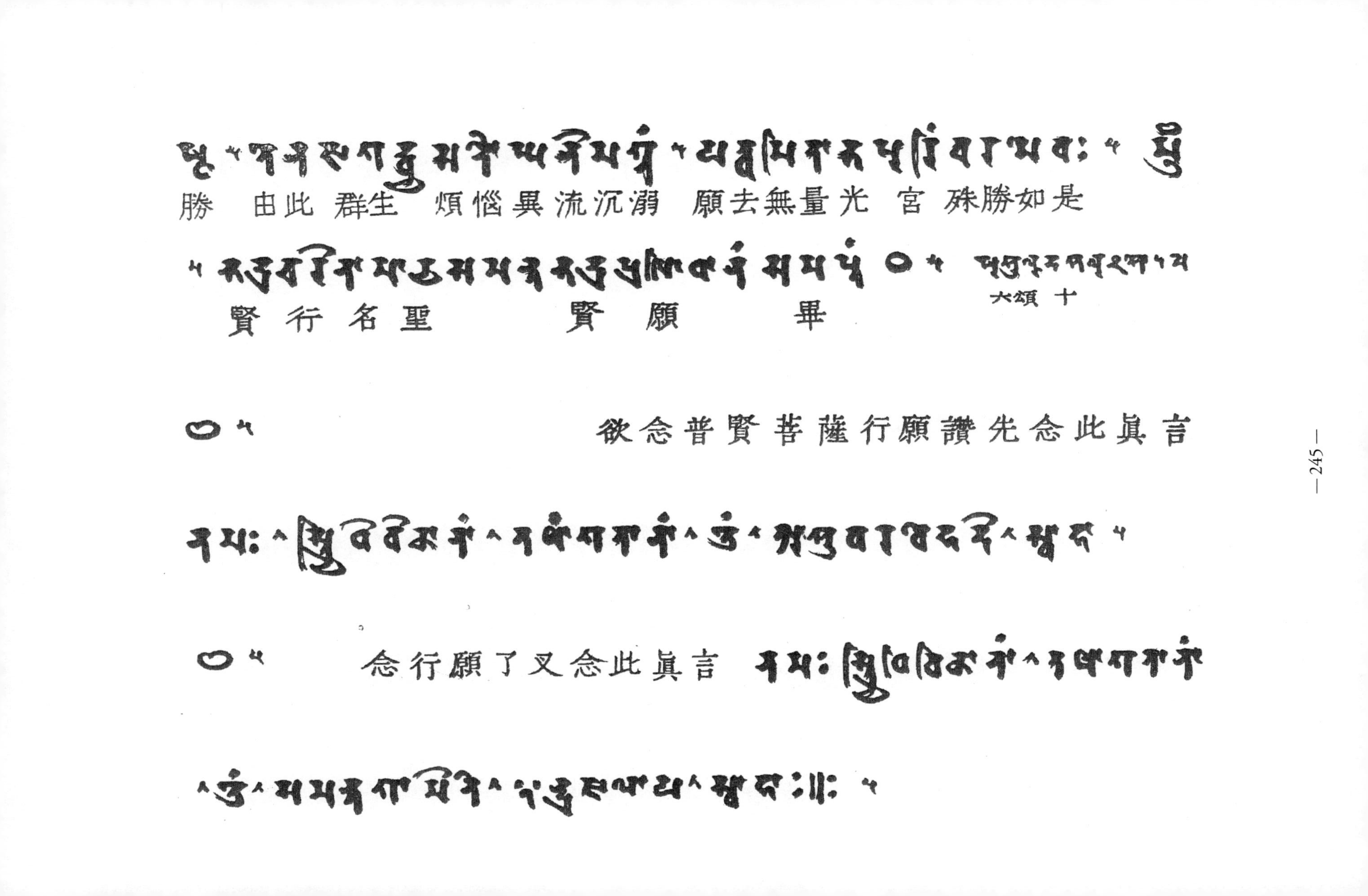

勝　由此 群生　煩惱異流沉溺　願去無量光　宮　殊勝如是

賢　行　名　聖　　　賢　願　　　畢　　　　六頌　十

欲念普賢菩薩行願讚先念此眞言

念行願了又念此眞言

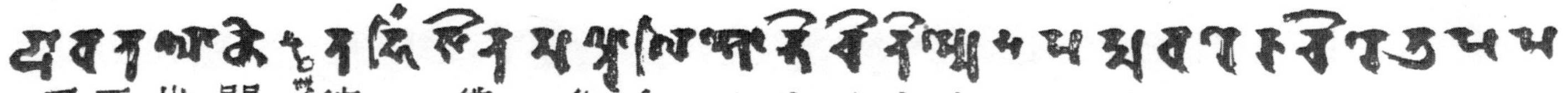

乃至世間 彼　佛　集會 瑞嚴悦意處　蓮華 勝 妙　　生

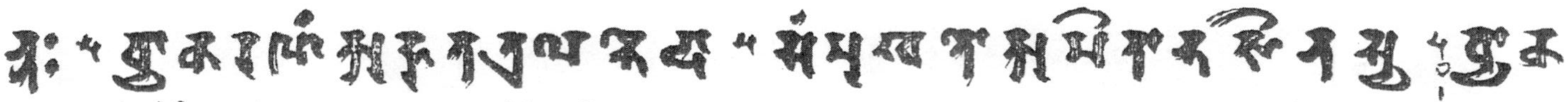

授　記　　於 得　　　　於　　　佛 之

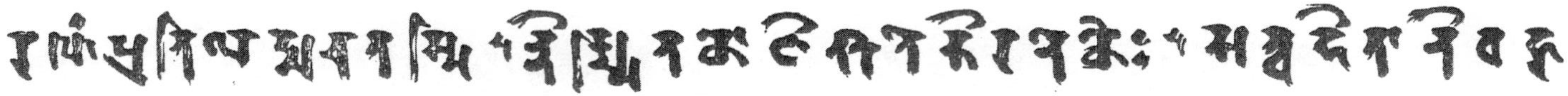

利益　多

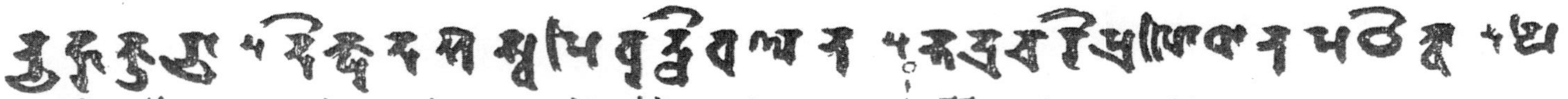

我 作　　方　十　　於 慧　力　　賢　行　願　　　　所

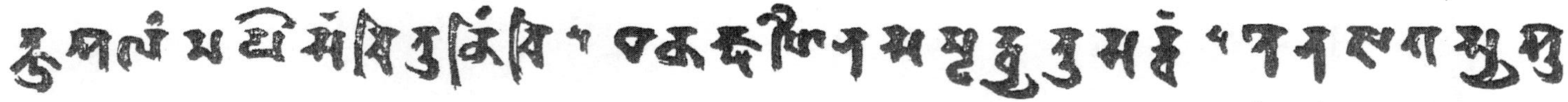

善　　我　積 集 所 有　一　刹 那　如 作 意　一 切　由 此 群 之 生 端

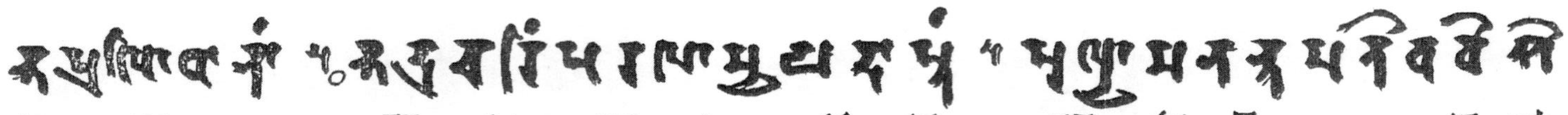

嚴　願　　　賢　行　囬　向　所　得　福　無 量　　　極 殊

[illegible]

我阿學當回向善此一切一切

[illegible]

三世佛及所回向色勝彼我

[illegible]

善此一切回向我勝此之臨終

[illegible]

時我作時障退一切對面見

[illegible]

彼無量光彼樂具土往彼到此願遍

[illegible]

現一切爲齊集彼我圓滿無餘衆生利益作

娃　爲　具　外道　魔衆　無摧　供養

爲并一切三世　速疾　去　菩提樹王　已　坐

悟　菩提　轉　輪　摧　魔并連

一切若此賢行　願　持　讀　說

或　佛　智　此中受報　菩提最勝勿疑惑

妙　音　如　知　彼　，爾如　彼

卅九 遠離彼 爲 惡趣 遠離彼 爲 惡友

速 并 見 彼無量光 乘此 行 願 卌 利

善得 活 彼 善來彼此 人 生 如彼

普遍 賢 彼 亦如不久 爲 卌一 罪 五 無

間 以不 智 由 所作 彼此 誦 時

遠 盡 卌二 智 色 相 具 色

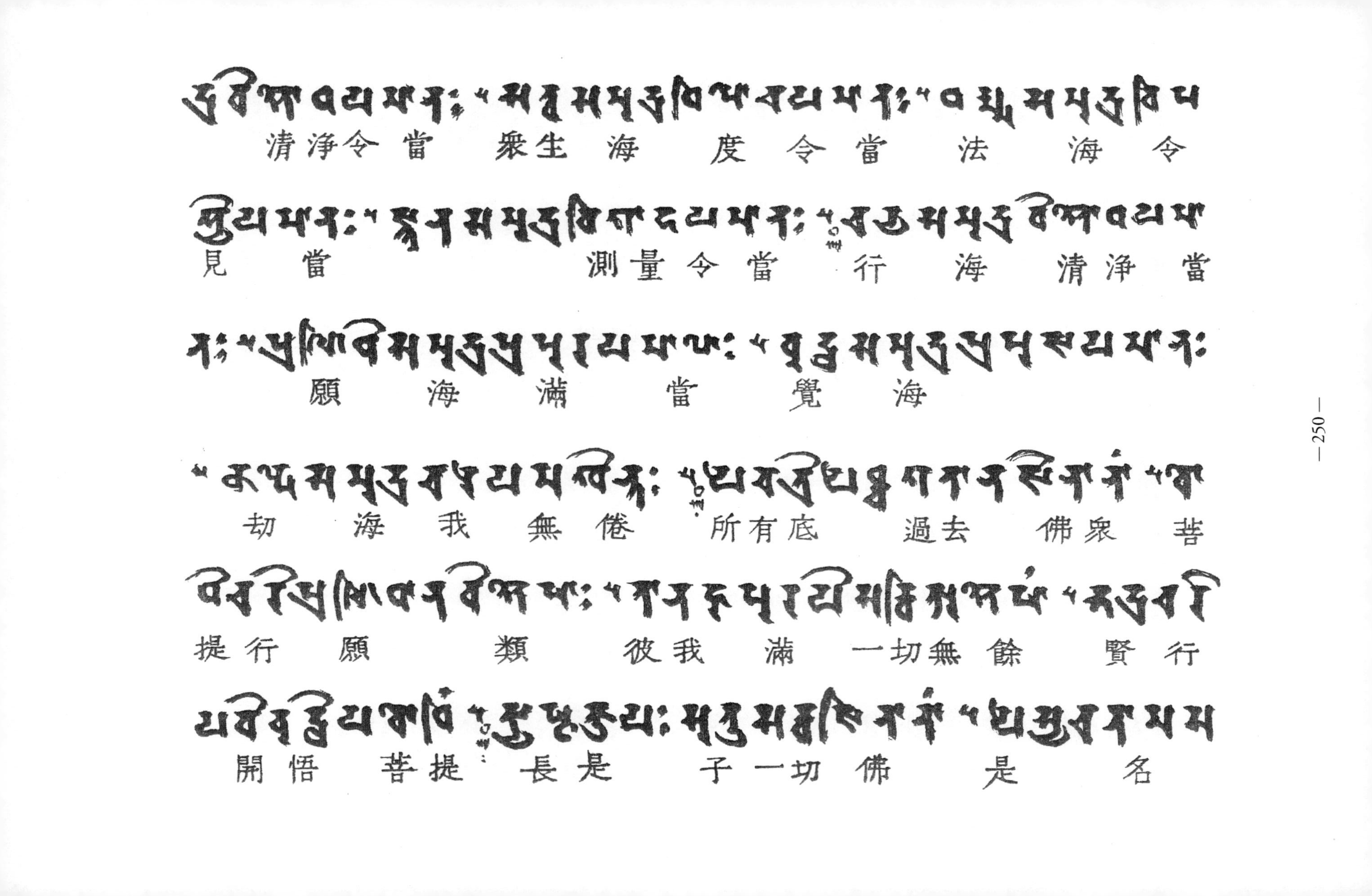

清淨令當　衆生海　度令當　法　海　令

見　當　　測量令當　行　海　清淨　當

願　海　滿　當　覺　海

切　海　我　無　倦　所有底　過去　佛衆　普

提行　願　類　彼我　滿　一切無餘　賢行

開悟　菩提　長是　子一切佛　是　名

清浄　我　往詣　尊　卅[illegible]神通力　普　進迅疾

乘力　普　門以　行　力　普　功徳　慈

力　普　到　卅七福　力以　普　端嚴　慧　力以

無著行　智　方便三昧　力　菩提力　積集

當　卅八業　力　圓　浄　當　煩悩力　圓　摧伏　當

魔力無力　作　當　滿　賢　行　力一切　卅九刹　海

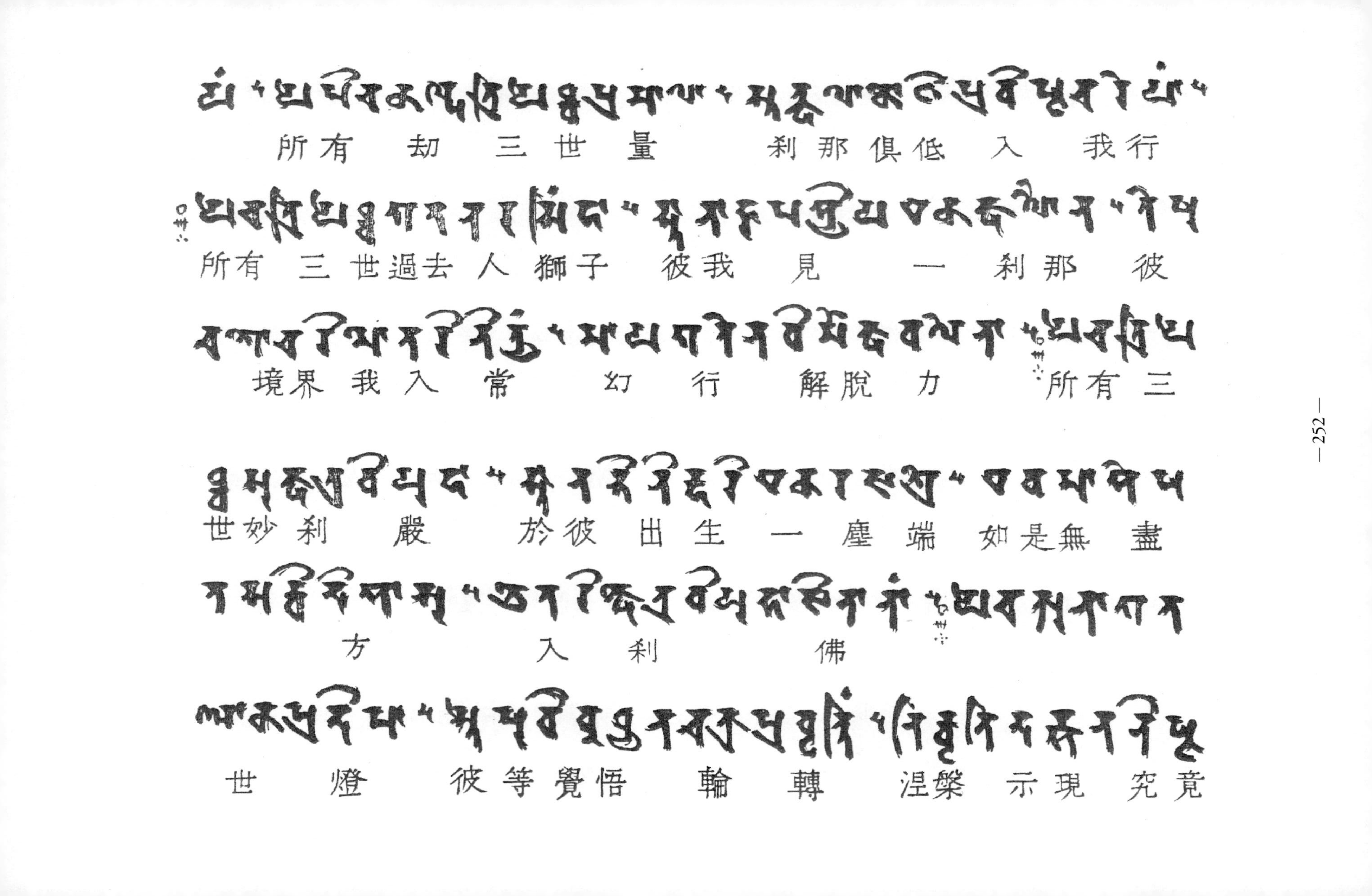

所有　劫　三　世　量　　刹那俱低　入　我行

所有　三　世過去人獅子　彼我　見　　一　刹那　彼

境界我入　常　　幻　　行　　解脱　力　　所有三

世妙刹　　嚴　　於彼　出　生　一　塵　端　如是無　盡

方　　　　　入　　刹　　　　　佛

世　　燈　　彼等覺悟　　輪　　轉　　涅槃　示現　究竟

端 三 世 量 佛 海 并 刹 海 我入

行 劫 海 一 音聲 海 以 一切佛

音聲 清浄 一切群生 如 音樂 聲 佛 辨

才 入 常 彼等 無盡 音聲 於 一切三 世去

佛 輪 理趣 轉 我當 慧 力 我 入

一 刹那瞬 未 來 一切 劫 入 我

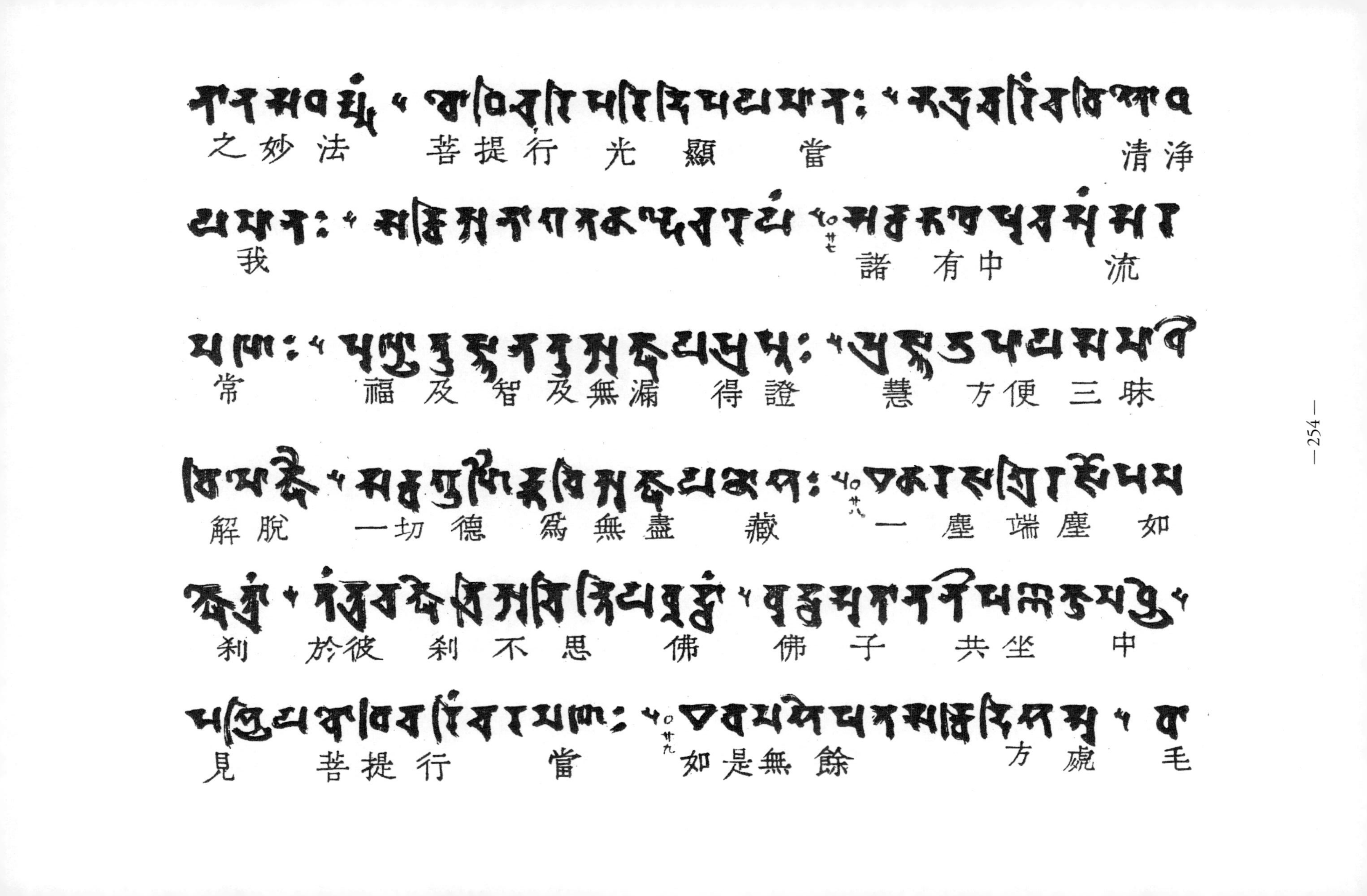

之妙法 菩提行 光顯 當 清淨

我 廿七 諸 有中 流

常 福及智及無漏 得證 慧 方便三昧

解脫 一切德 爲無盡 藏 廿八 一 塵端塵 如

剎 於彼 剎不思 佛 佛子 共坐 中

見 菩提行 當 廿九 如是無餘 方處 毛

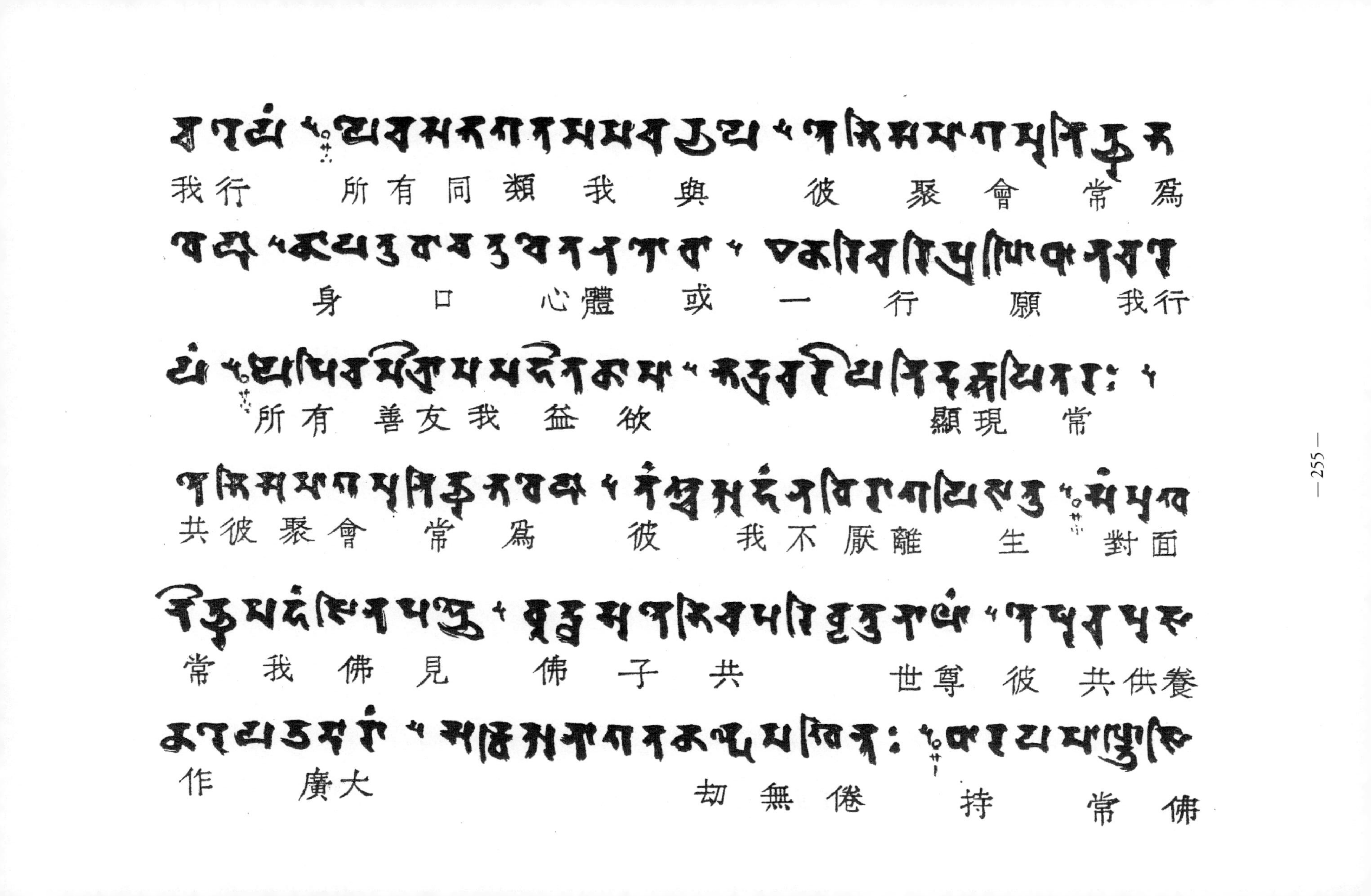

我行 所有同類我 與 彼 聚 會 常 爲

身 口 心體 或 一 行 願 我行

所有 善友我 益 欲 顯現 常

共彼 聚 會 常 爲 彼 我不厭離 生 對面

常 我 佛 見 佛 子 共 世尊 彼 共供養

作 廣大 劫 無 倦 持 常 佛

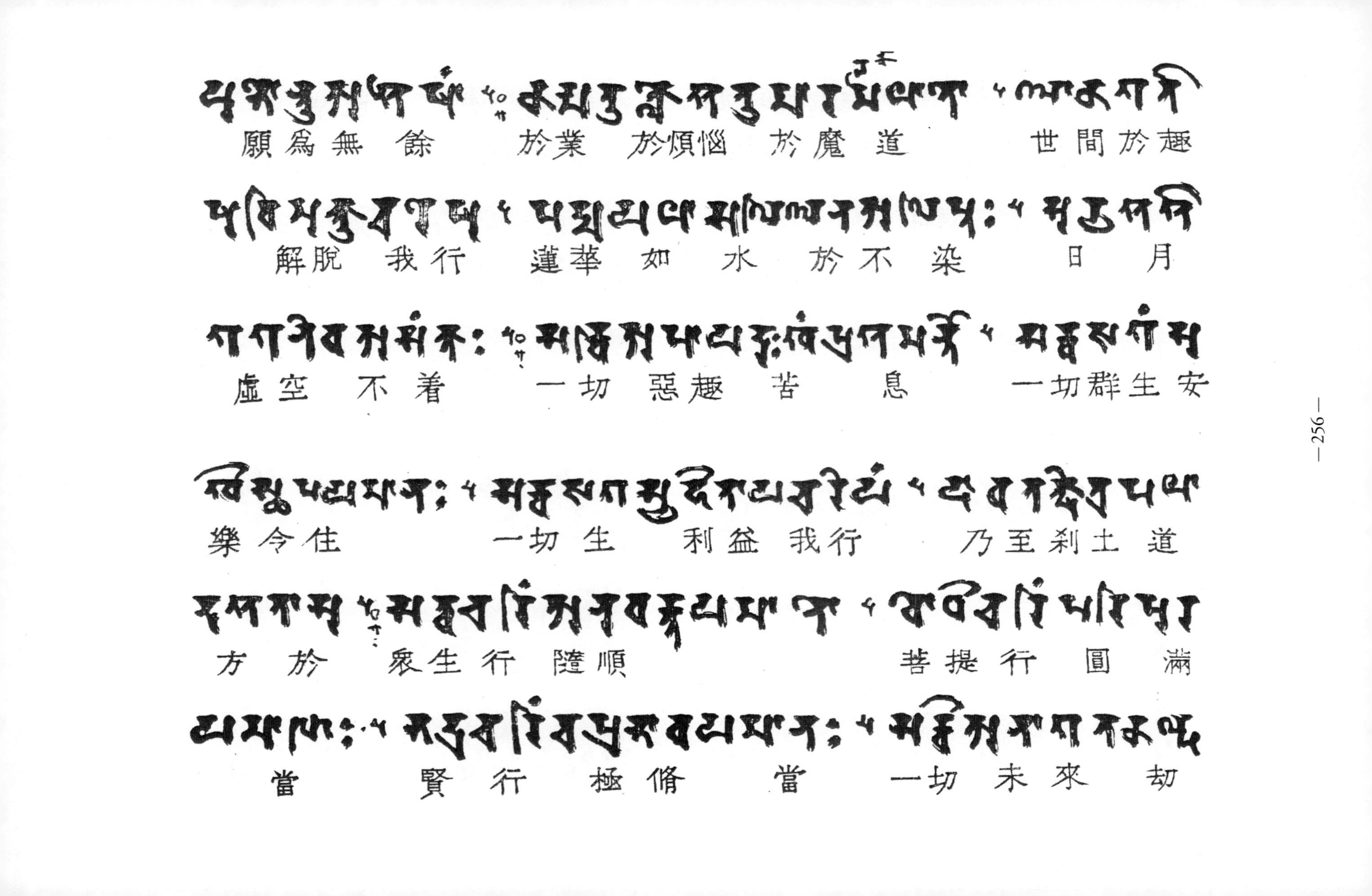

願爲無 餘 於業 於煩惱 於魔 道 世間於趣

解脱 我行 蓮華 如 水 於不 染 日 月

虛空 不着 一切 惡趣 苦 息 一切群生安

樂令住 一切 生 利益 我行 乃至刹土 道

方 於 衆生行 隨順 菩提 行 圓 滿

當 賢 行 極 脩 當 一切 未來 劫

爲宿命 趣於 一切 生於死生

出家我常爲 戒行無垢 清淨常

無鉠無孔我行 天音以 龍以音 藥又鳩

槃荼人以言音 衆多一切群生 言音 一切言音

我演說法 勝妙波羅蜜多諸相應 菩提心

勿生迷惑 所有 障 彼皆咸盡

爲 過 去 佛　所 有 住 十 方 世　所 有 未

來　速 疾 爲　滿 意　證 佛 所 有

然二頌恒順衆生以順衆生即順諸仏故先嘆諸仏

十 方 刹　清 淨 爲　廣 大　菩 提 樹

王 至　佛　佛 子　爲 圓 滿　所 有　十

方 衆 生　彼 安 樂　常 爲 無 疾　一 切　法

善 利　願 爲　順　願 如 希 望　菩 提 行　我 行

菩提覺悟 無 礙 證已 彼等 一切 勸請我尊 輪無

別請佛住也

上 願轉 所有 涅槃欲 者 對彼勸請我

合掌 作 刹塵如 劫 願住 一切群生 利益

清涼科 取捨隨(有不必依準)
普皆回向

安樂 禮拜 供養 懺悔 爲 隨 喜 勸請

常隨佛學

善 我 積集 菩提 回向 皆悉一切 一

切覺 學 當 賢行圓滿 當 供養願

今此一頌總結上三願之文相但有供養礼敬二略有於其義含可思而知也貞元經異于此梵文清涼相不可依也

禮 有 無上 供 廣大 彼 甚信 一切 佛

次句道業用

賢 行 深 信 力 我禮供養 我 佛 一切

次句道業開

第八懺除業障初句所懺

所造 我 罪 首 曾 貪 瞋 癡 皆 由 身

後句陳懺悔

第九隨喜功德

口 意 亦 然 彼 對 前 陳 說 我 悉 皆 所 有 十

第十請轉法輪

方 諸 群生 學 無學 辟 支 佛 佛 子 彼 一切

佛 彼 隨 喜 我皆悉 所有 十 方 世 燈

後一偈讃

勝信 圓滿 佛 彼 無盡 類 海 一切聲

色 以 一切 佛 功德 我 彼善逝我

前三廣修供養 對供養三偈 初二偈前三句供具 後一句正申供養

讃 咸皆 花 以勝 鬘 勝 音樂 塗香

傘 以勝 一切 最勝 莊嚴 以勝 供養彼 佛

作 衣裳 以勝 香 以勝 末香 嚢 須彌

勝 煌 以勝 香以勝 供養 彼 佛 我

別行疏中三頌三　一頌正示普因二　別頌前十門八　一礼敬諸佛

初二句所礼

歸命　普　賢　乃至所有十　方　世

第三句周遍

一切三　世　人　獅子　彼等　我禮一切無

第四句能礼　第二頌初三句礼相

盡　身　語　意　清浄　土　塵如　身

數　一切佛　我作　禮　一切佛對　如意

第四句遍因　第二称讃如来 別 称讃二偈前偈所讃唯深信二字能讃

賢行　願　力　一塵端塵波　佛

佛子　坐　其　中　如是無盡　法　界　一切

普賢行願讃

悉曇文字テキスト

八事山仏教シリーズ４
『普賢行願讃』のテキスト資料 続編
Yagotosan Buddhist Series 4
Bhadracarīpraṇidhāna Text Vol. 2

価格　2,500円＋税

2024年３月20日　印　刷
2024年３月30日　発　行
編　者　周　　夏

発行者　八事山仏教文化研究所
〒466-0825　名古屋市昭和区八事本町78
宗教法人興正寺
TEL: 052-832-2801／ FAX: 052-832-8383
発　売　株式会社あるむ
〒460-0012　名古屋市中区千代田３丁目1-12
TEL: 052-332-0861／ FAX: 052-332-0862

ISDN 978-4-86333-204-1 C3015